Weitere BLV Zimmerpflanzenbücher

Baumgardt	Ikebana
Betzema	100 Blattpflanzen in Farbe
Bravenboer	200 Kakteen in Farbe
Hecht	Kakteen und andere Sukkulenten
Herwig	Die 200 schönsten Zimmerpflanzen
Jacobi	Hausbuch der Zimmerpflanzen
Koide/Kato/Takeyama	Bonsai
Lamb	100 Kakteen und andere Sukkulenten in Farbe
Richter	Blüten und Zweige zauberhaft arrangiert
Rysy	Orchideen
Sass	Gestalten mit Trockenblumen
Schubert	Mehr Blumenfreude durch Hydrokultur
Schubert/Herwig	Wohnen mit Blumen
Wegener	Ikebana
Wickham	Mit Zimmerpflanzen schöner wohnen

BLV Gartenbücher

Brookes	Der eigene Garten richtig geplant und gestaltet
de Haas	Naturgemäßer Obstbaumschnitt
Hage	201 Ziergehölze in Farbe
Herkner	Rund um den Wassergarten
Herwig	Gartengestaltung – Tips und Ideen
Herwig	Leichter gärtnern
Herwig	201 Gartenpflanzen in Farbe
Jacobi	Pflanzen auf Balkon, Dachgarten und Terrasse
Jacobi/Mierswa	Gärtnern unter Glas und Folie
Kreuter	Kräuter und Gewürze aus dem eigenen Garten
Lelley	Pilze aus dem eigenen Garten
Michaeli-Achmühle	Gartenpraxis A–Z
Mierswa	Kleingewächshäuser – Folien und Frühbeete
Oldale	Gartenpflanzen richtig vermehren
Oudshoorn	201 Sommerblumen in Farbe
Oudshoorn	201 Stauden in Farbe
Scheerer	Rosen in unserem Garten
Schmitt/Jacobi	Der Garten im Jahreslauf
Schubert	Im Garten zu Hause
Stangl	Gartenarbeit richtig gemacht
Stangl	Garten-Jahrbuch 2
Stangl	Garten-Jahrbuch 3
Stangl	Gesundes Obst und Gemüse aus dem eigenen Garten
Toms/Dahl	Krankheiten und Schädlinge an Obst und Gemüse
Zinkernagel	Gartenblumen

Rob Herwig

350 Zimmerpflanzen in Farbe

Vierte Auflage

BLV Verlagsgesellschaft München Wien Zürich

Das Foto gegenüber der Titelseite zeigt ein
Prachtexemplar einer *Yucca aloifolia.*

CIP-Kurztitelaufnahme der Deutschen Bibliothek

Herwig, Rob:
350 [Dreihundertfünfzig] Zimmerpflanzen in Farbe/
Rob Herwig. [Übers.: Otto Hahn]. – 4. Aufl. –
München, Wien, Zürich: BLV Verlagsgesellschaft, 1980.
  Einheitssacht.: Driehondered en vijftig
  kamerplanten ⟨dt.⟩
  ISBN 3-405-12187-6

Bildnachweis

J. van Dommelen: 36 unten, 163 unten
W. Stehling: 88 oben
Alle anderen Aufnahmen: Rob Herwig

Übersetzung: Otto Hahn, Bonn

Titel der holländischen Originalausgabe:
»350 Kamerplanten«
© Zomer & Keuning Boeken B. V., Wageningen

© der deutschsprachigen Ausgabe:
BLV Verlagsgesellschaft mbH, München, 1980

Satz: acomp Lichtsatz Appl KG, Wemding
Druck und Buchbinder: Carl Ueberreuter, Wien
Printed in Austria · ISBN 3-405-12187-6

Vorwort

Dieses Buch über Zimmerpflanzen bietet ein großes Sortiment an. In der Kombination Text und Farbfoto werden so ziemlich alle Pflanzen vorgestellt, die sich für die Zimmerkultur eignen. Außerdem wird noch zusätzlich auf einige Raritäten hingewiesen, die von Zeit zu Zeit in den Blumengeschäften auftauchen.

Damit die Angaben über die Wachstumsbedingungen leichter aufgefunden werden können, wurden die Ansprüche der Pflanzen an Licht, Temperatur, Wasser, Luftfeuchtigkeit und Erdzusammensetzung mit Hilfe von Symbolen dargestellt. Pflanzen mit gleichen Ansprüchen wurden im Anhang dieses Buches als gesonderte Gruppen ausgewiesen.

Um die breite Verwendungsmöglichkeit der beschriebenen Zimmerpflanzen aufzuzeigen, wurde eine Anzahl von Wohnungen und Büroräumen mit Pflanzen fotografiert. Diese Bilder finden Sie auf den Seiten 14 bis 21. Es werden die Vor- und Nachteile der in Mode gekommenen Pflanzencontainer besprochen, aber auch Blumenfenster, Pflanzenarrangements in Büroräumen und Fragen der Hydrokultur berücksichtigt.

Ich hoffe, daß sowohl der Pflanzenliebhaber als auch der Fachmann in diesem Buch alles an Information findet, was er benötigt. Für Ergänzungen und Anregungen bin ich jederzeit dankbar. All denen, die mir bei der Erarbeitung und Zusammenstellung des Buches behilflich waren, danke ich herzlich. Und zum Schluß: Viel Spaß mit Ihren Pflanzen.

Rob Herwig

Inhalt

Aloe arborescens – eine Pflanze,
die 3 m Höhe erreichen kann.

Pflege der Zimmerpflanzen

Zimmerpflanzen können nur dann gut gedeihen, wenn sie optimale Bedingungen vorfinden. Um zu wissen, was man darunter zu verstehen hat, sind vorab einige Grundinformationen erforderlich, die auf den nun folgenden Seiten vermittelt werden. Außerdem werden bei der Beschreibung der einzelnen Pflanzen die Ansprüche an die Wachstumsfaktoren mit Hilfe von Symbolen dargestellt, und zwar für Licht, Temperatur, Wasser, Luftfeuchtigkeit und Erdart.

Licht

Entsprechend den Lichtbedürfnissen der Pflanzen kann man zwischen voller Sonne, leichtem Schatten, Schatten und tiefem Schatten unterscheiden. Aber was versteht man darunter eigentlich? Volle Sonne bedeutet, daß die Pflanze am liebsten an einem ungeschützten Südfenster steht. Leichten Schatten erzielt man an einem Südfenster durch halb geschlossene Metall- oder Kunststoffjalousien. Ebenso kann ein Ostfenster mit Sonneneinstrahlung bis 10 Uhr unter »leichter Schatten« eingereiht werden. Ein Nordfenster ohne Behinderung des Lichteinfalles durch Bäume bietet einen schattigen Standort. Ein sonnenloser Standort im Abstand von ca. 1 bis 2 m von einem Südfenster bekommt etwa die gleiche Lichtmenge. Tiefer Schatten herrscht an sonnenlosen Standorten, die einige Meter vom Fenster entfernt sind. An diesen lichtarmen Plätzen halten nur spezielle Pflanzen mit geringem Lichtbedürfnis aus. Derartige Pflanzen werden im Rahmen der Beschreibung der einzelnen Arten noch vorgestellt.

Ich habe mir eine Methode ausgedacht, mit deren Hilfe auf einfache Art und Weise die

zur Verfügung stehende Lichtmenge festgestellt werden kann. Der beste Zeitpunkt hierfür ist im Mai, Juni oder Juli mittags um 12 Uhr bei unbewölktem Himmel und verwendet wird ein fotografischer Belichtungsmesser. Es geht auch eine Kamera mit eingebautem Belichtungsmesser. Man hält die Meßzelle des Belichtungsmessers im Abstand von 20 cm vor einen weißen Karton, auf den das vorhandene Licht fällt. Den Belichtungsmesser stellt man auf 18 DIN (= 50 ASA) und liest ab bei $^1\!/_{125}$ Sec. Die sich ergebende Blendenzahl ist ein Maß für die Beleuchtungsstärke, die in Lux gemessen wird.

Volle Sonne: Bl. 16–22 (ca. 160000–320000 Lux)
Leichter Schatten: Bl. 8–11 (40000–80000 Lux)
Schatten: Bl. 4–5,6 (10000–20000 Lux)
Tiefer Schatten: Bl. 2,8 (5000 Lux)

5000 Lux mittags um 12 Uhr stellen das Minimum dar. Bei geringeren Lichtwerten hilft Kunstlicht. Am besten eignen sich hierfür spezielle Leuchtstoffröhren für die Pflanzenbelichtung, die man in Fachgeschäften erhält.

Besonders geeignet für die Pflanzenbelich-

tung sind Hochdruck-Quecksilberdampflampen. Die erforderlichen Armaturen können hinter einer Blende so eingebaut werden, daß die Pflanzen direkt bestrahlt werden. Ebenso ist eine Lösung wie auf dem Bild links möglich. Im Verlauf von 24 Stunden brauchen die Pflanzen eine Dunkelperiode von mindestens 6 Stunden. Das rechtzeitige Ein- und Ausschalten zur Einhaltung der Hell- und Dunkelphasen läßt sich mit Hilfe einer Schaltuhr bewerkstelligen. Wer den Aufenthalt in Räumen mit Röhrenbeleuchtung nicht schätzt, kann die Belichtungszeiten so wählen, daß sie nicht stören. Man belichtet z.B. von 2 oder 3 Uhr nachts bis 8 Uhr morgens. So erzielt man eine Zusatzbelichtung von ca. 6 Stunden ohne persönliche Störung. Im Büro kann man entweder diese Regelung wählen oder die Abendstunden durch Zusatzbelichtung entsprechend verlängern. Schutz gegen zuviel Sonne erzielt man am besten durch Metall- oder Kunststoffjalousien. Ein Beispiel hierfür zeigt das rechte Foto. Aber auch ein Tüllvorhang kann wertvolle Dienste bei der Schattierung leisten. Bei Pflanzen mit Lichtschutzbedürfnis können gelbe Blätter ein Anzeichen für zuviel Licht sein.

Temperatur

Bei weitem nicht alle Pflanzen gedeihen gut bei einer konstanten Raumtemperatur von 20 °C. Allerdings ist es am Fenster meist etwas kühler und davon profitieren manche Pflanzen, z. B. das Alpenveilchen. Größere Pflanzen, die gerne kühler stehen, bringt man besser in Eingangshallen, Fluren, Schlafzimmern oder vergleichbaren kühleren Räumen unter. In diesem Buch wird stets die Minimum-Nachttemperatur während des Sommers angegeben. 16–20 °C werden als warm, 10–16 °C als mäßig warm und 3–10 °C als kühl bezeichnet. Man hat mit Absicht diese Nachttemperaturen gewählt, weil die Temperaturen tagsüber viel stärker schwanken können, abhängig von der Intensität der Sonneneinstrahlung. So können sich hinter einem geschlossenen Fenster bei Sonneneinstrahlung 40 °C entwickeln. Das ist nicht gut, denn bei 44 °C beginnen die Pflanzen abzusterben. Aber 35 °C können von tropischen Pflanzen gut vertragen werden, wenn Licht und Luftfeuchtigkeit optimal sind.

Im Winter machen viele Pflanzen eine Ruheperiode mit, die durch niedrigere Temperaturen, naturgemäß weniger Licht und geringeres Wasserbedürfnis gekennzeichnet ist. Kakteen und vergleichbare Pflanzen werden bei 5–8 °C völlig trocken gehalten. Wenn eine Ruheperiode erforderlich ist, wird die Minimumtemperatur angegeben. Je genauer man die erforderlichen Temperaturen einhält, um so besser gedeihen die Pflanzen.

In den modernen Wohnungen mit Zentralheizung ist es schwierig, optimale Überwinterungsmöglichkeiten zu schaffen. Möglicherweise läßt sich die Garage mit Hilfe eines Fensters hell und bei ca. 5 °C halten. Eine weitere Alternative stellt ein heller, frostfreier Keller dar. Ideal wäre ein kleines Gewächshaus, das mit Hilfe einer Heizung frostfrei gehalten wird. In den Sommermonaten kann man das Gewächshaus für die Jungpflanzenanzucht oder für Gemüsekulturen (z. B. Tomaten) verwenden. In geschützter Lage ist der Energiebedarf eines derartigen Gewächshäuschens nicht hoch und kann durch Abdecken mit Strohmatten oder vergleichbarem Isoliermaterial noch erheblich gesenkt werden. Alles über »Kleingewächshäuser, Folien und Frühbeete« sowie über das »Gärtnern unter Glas und Folie« finden Sie in den entsprechenden BLV-Büchern.

Wasser

Beinahe noch wichtiger als die Einhaltung der richtigen Temperatur ist die Wasserversorgung der Topfpflanzen. Besonders kleine Töpfe sind häufig zu naß oder zu trocken und bei höheren Temperaturen kann ein mehrfaches Gießen pro Tag erforderlich sein. Dies gilt insbesondere für Tontöpfe. Im Gegensatz dazu verdunstet durch die Wand von Plastiktöpfen kein Wasser.

Häufig wird zuviel gegossen. Dies ist nicht

so schlimm, wenn die Topferde durchlässig ist, der Topf ein Abzugloch besitzt und in einem Untersatz steht. Aber ein Zuviel an Wasser kann zur Katastrophe werden in glasierten Ziertöpfen, in Plastiktöpfen oder in größeren Pflanzgefäßen aus Plastik. Spezielle Angaben zu den Eigenschaften der Töpfe werden auf Seite 10 gemacht.

Während der Wachstumsphase kann das Wasserbedürfnis der einzelnen Pflanzenarten sehr unterschiedlich sein. Will die Pflanze trocken stehen, genügen gelegentlich kleine Wassergaben am Rand des Topfes. Dabei muß die Erde insgesamt allzeit trocken und locker bleiben.

Mäßig feucht bedeutet, daß die Erde zwischen den einzelnen Wassergaben ziemlich austrocknen soll. Konstant feucht bedeutet, daß sich die Topferde immer feucht anfühlen muß. Naß ist die Erde, wenn sie beim Drücken zwischen zwei Fingern Wasser abgibt.

Ideal wäre das Messen der Erdfeuchtigkeit mit geeigneten Geräten, die im Fachhandel erhältlich sind. Aber diese Methode ist etwas umständlich. Bei einigermaßen guter Beobachtungsgabe und Erfahrung reichen Auge und Finger aus.

Wenn eine Pflanze zu trocken steht, neigt sie dazu, ihre Blätter einzurollen oder gar abzuwerfen. Ist die Erde zu naß, wird der Pflanzenwuchs gehemmt, die Blätter bleiben klein und die Erdoberfläche bedeckt sich mit feinem grünen Moos und Algen. Für viele Pflanzen, insbesondere für Kakteen und Dickblattgewächse gilt die Grundregel, daß man sie lieber etwas zu trocken halten soll.

Wasser gibt man den Pflanzen natürlich mit einer geeigneten Gießkanne. Viele im Handel angebotene Gießkannen sind häßlich und unpraktisch. Eine gute Gießkanne soll nicht zu klein sein (3 bis 5 Liter), eine neutrale Form aufweisen und mit einem langen Gießrohr ausgestattet sein, so daß man auch gut an weiter hinten stehende Pflanzen herankommen kann. Die Abbildung links zeigt ein geeignetes Exemplar.

Eine spezielle Form des Wässerns ist das Tauchen. Es wird gern bei größeren, strauchartigen Pflanzen oder bei Pflanzen mit feinem Wurzelwerk (Eriken, Azaleen) angewandt. Wichtig ist, daß das überschüssige Wasser beim Tauchen wieder ablaufen kann. Das Tauchen treibt alle Luft aus dem Wurzelballen aus, was im Aufsteigen von Luftblasen sichtbar wird. Man taucht ca. $^{1}/_{2}$ Stunde und läßt dann das überschüssige

Wasser ablaufen, um erneute Luftaufnahme zu ermöglichen. Dem Tauchwasser kann man etwas Mineraldünger beigeben. Es soll 20–30 °C haben und für kalkempfindliche Pflanzen (Azaleen, Eriken, Hortensien) enthärtet (kalkfrei) sein. Meist ist das Wasser zu hart (kalkhaltig), d. h. über 18 °DH (Auskunft erteilt das Wasserwerk). Man kann es dann nicht für säureliebende Pflanzen verwenden.

Günstig für kalkempfindliche (säureliebende) Pflanzen ist Regenwasser, wenn es rein

ist und die richtige Temperatur hat. Treibt auf dem Regenwasser eine ölige Schicht, dann ist es verunreinigt und man muß eine andere Lösung suchen. Es bleibt in der Regel nichts anderes übrig, als das Leitungswasser zu enthärten. Für diesen Zweck sind die üblichen Haushalts-Enthärter, die mit Salz regeneriert werden, ungeeignet. Bei diesem Prozeß werden die »harten« Calcium- und Magnesiumionen gegen Natriumionen ausgetauscht, die aus dem Küchensalz (NaCl) stammen. Die sogenannte Karbonathärte, die für kalkempfindliche Pflanzen schädlich ist, nimmt hierbei nicht ab. Eine Lösung bietet sich hier in Form der Entmineralisierung des Leitungswassers an. Das Gerät zur Entmineralisierung des Leitungswassers ist mit einem Kunststoffgranulat gefüllt, das alles außer dem reinen Wasser festhält. Nach einer gewissen Zeit verfärbt sich der Filter und wird unwirksam. Er muß dann ersetzt werden.

Braucht man nur kleine Wassermengen, so kann man diese abkochen oder auch nur abstehen lassen. Einfach ist die Enthärtung besonders mit den im Fachhandel erhältlichen Mitteln (flüssig oder in Tablettenform).

Bei sehr großen Pflanzenbeständen ist jedoch zu einem Entmineralisierungsgerät zu raten, das in der Regel nicht teuer in der Anschaffung ist. Ein Problem stellt nur manchmal die Beschaffung neuer Filter dar. Das abgebildete Modell ist erhältlich bei der niederländischen Firma Ramondt Metallo Chemie, Postbus 27, Ter Aar. Eine deutsche Bezugsquelle ist derzeit nicht bekannt, möglicherweise aber über den Fachhandel zu erfahren.

Luftfeuchtigkeit

Neben dem Bedarf der Pflanzenwurzeln an Gießwasser steht der Bedarf der oberirdischen Pflanzenteile an Luftfeuchtigkeit. Deshalb sind diese speziellen Ansprüche an die Luftfeuchtigkeit bei jeder einzelnen Pflanze gesondert angegeben. Kakteen und Dickblattgewächse vertragen trockene Luft in der Regel gut. Pflanzen mit Ursprung in feuchten Wäldern, z. B. Orchideen, Farne, Bromelien und viele Blattpflanzen bedürfen dagegen einer hohen Luftfeuchtigkeit. Entscheidend für den Umfang der Verdunstung einer Pflanze ist die Zahl der Spaltöffnungen je cm^2, deren Größe sowie die Beschaffenheit dieser Öffnungen auf der Blattunterseite, die verschließbar sind und eine wichtige Rolle bei Atmung und Wasserverdunstung der Pflanze spielen. Pflanzen mit lederartigen, glänzenden Blättern (z. B. *Ficus*-Arten), verdunsten nur wenig Wasser und vertragen Lufttrockenheit.

Wohnungen mit Zentralheizung haben in der Regel trockene Luft, weil diese nur wenig Durchmischung mit der Außenluft erfährt. Wird dagegen die Wohnung mit Öfen beheizt, findet eine stärkere Zuführung feuchter Außenluft statt. Zwangsbelüftung durch Ventilatoren oder eine Klimaanlage kann für die Pflanze von Vorteil sein, wenn mit diesen Einrichtungen auch die Luftfeuchtigkeit reguliert wird.

Allerdings genügt die damit erzielbare Erhöhung der Luftfeuchtigkeit für viele Pflanzen nicht. Vielmehr haben viele Pflanzen einen höheren Bedarf an Luftfeuchtigkeit, den man durch zusätzliches Besprühen des Laubes decken kann. Man verwendet hierfür kalkfreies Wasser, damit sich auf den Blättern kein Belag bildet.

Eine andere Lösung stellen die Verdunstungsgefäße dar, die man an Heizkörpern anbringt. Sie haben sich auf längere Sicht

nur wenig bewährt, weil meist vergessen wird, Wasser nachzufüllen.

Handelt es sich um einzelne kleine Pflanzen, dann kann man sie in ein flaches, mit Wasser gefülltes Gefäß so setzen, daß der Topf mit dem Wasser nicht direkt in Berührung kommt. Dies erreicht man durch Verwendung kleiner »Stelzen« aus Stein etc. Das aus dem Untersatz verdunstende Wasser kommt dann den oberirdischen Teilen der Pflanze zugute.

Weitaus die beste Lösung stellen elektrische Luftbefeuchter oder Verdampfer dar. Es gibt für diese Geräte zwei Funktionssysteme. Im einen Fall wird das Wasser in Form feinster Tröpfchen in den Raum gesprüht. Der Nachteil dieses Verfahrens besteht darin, daß das Gerät Geräusche verursacht und Pflanzen und Einrichtungsgegenstände bei Verwendung kalkhaltigen Wassers mit der Zeit einen weißlichen Belag bekommen.

Beim anderen System handelt es sich um einen Verdampfer, der nichts anderes als die moderne Version des langsam siedenden Wasserkessels darstellt. Bei diesem Gerät wird das Wasser nicht zum Kochen gebracht, sondern auf 95 °C gehalten. Das Gerät arbeitet geräuschlos und verbraucht 300 W, wobei pro Std. ca. 400 cm^3 Wasser verdunsten. Eventuell vorhandene Kalksalze bleiben im Verdunstungsgefäß zurück und können mit einem speziellen Lösungsmittel entfernt werden. Das rechte Foto zeigt einen derartigen Verdampfer. Ich selbst konnte mit diesem Gerät jahrelang gute Erfahrungen sammeln. Im übrigen ist angefeuchtete Luft für den Menschen verträglicher und fühlt sich wärmer an. Man kann so die Raumtemperatur um ca. 2 °C niedriger halten. Dadurch spart man rasch die Kosten für den Verdampfer ein.

Erdarten

Die im Handel erhältliche, vorverpackte Blumenerde ist in der Regel standardisiert und eignet sich für viele Pflanzen, jedoch nicht für alle. Bei der Beschreibung der einzelnen Arten ist deshalb angegeben, welche besonderen Ansprüche einzelne Pflanzen an die Zusammensetzung der Erde stellen. Der Bedarf an besonders humoser, saurer Erde läßt sich durch Beimengen von 50% groben Torfs, Buchenlauberde oder verrottender Holzstückchen decken. Geeignet ist auch die verrottete obere Schicht des Waldbodens. Wächst eine Pflanze nur in kalkhaltiger, durchlässiger Erde, dann vermengt man die Standarderde des Handels mit scharfem Sand, zerkleinerten Topfscherben und kalkhaltigem, krümeligem Lehm. Auch kalkhaltige Komposterde ist geeignet.

Für bestimmte Pflanzengruppen, z. B. Kakteen und Dickblattgewächse oder für sehr humusbedürftige Kulturen, wie Anthurien, gibt es häufig spezielle Erdmischungen zu kaufen. Eine besondere Substratmischung ist auch für Orchideen erforderlich. Sie besteht neben Sphagnum-Moos aus grobem Torf und zerkleinerten Farnwurzeln. Meist hat der Anbieter von Orchideenpflanzen dieses Substrat auch vorrätig.

Allgemein gilt jedoch, daß Erden für spezielle Verwendungszwecke wohl hergestellt werden, häufig aber schwer erhältlich sind. Deshalb ist es sinnvoll, sich diese Erden bei Beschaffungsschwierigkeiten selbst herzustellen. Dies sollte bereits einige Monate vor der Verwendung geschehen, ist aber nicht zwingend erforderlich. Auf dem Bild ist von links nach rechts Torf, scharfer Sand, vorverpackte Blumenerde und im Vordergrund Sphagnum-Moos zu sehen.

Blumentöpfe und Umtopfen

Das Foto zeigt eine Auswahl an Blumentöpfen, wie man sie jeden Tag sehen kann.

Früher standen alle Topfpflanzen in gebrannten Tontöpfen. Man hielt sie für besonders geeignet, weil sie poröse Wände haben. Inzwischen weiß man, daß die Pflanzenwurzeln die erforderliche Luft auch über die Erdoberfläche aufnehmen können, wenn man diese genügend locker hält. Durch die poröse Wand der Tontöpfe verdunstet viel Wasser. Die hierbei entstehende Verdunstungskälte führt zu einer Temperatursenkung von 1–2 °C. Außerdem trocknen Tontöpfe bei direkter Sonnenbestrahlung rascher aus und müssen dementsprechend häufiger als Plastiktöpfe gegossen werden. Schließlich neigen Tontöpfe dazu, an der Außenseite Salzbeläge oder bei feuchtem Milieu Algen und Moos anzusetzen, was sie auf die Dauer unansehnlich macht. Deshalb werden in der Regel nur die Pflanzen in Tontöpfen kultiviert, die ab und zu gerne für kurze Zeit einen trockenen Wurzelballen haben.

Die Verwendung des Plastiktopfes bereitete am Anfang Schwierigkeiten, weil man viel zu viel Wasser gegeben hat. Heute weiß man, daß infolge der Wasserundurchlässigkeit der Plastikwand für eine mittelgroße Pflanze $\frac{1}{3}$ der Wassermenge genügt, die man in einem Tontopf verabreichen würde. Sehr wichtig ist beim Plastiktopf eine gute Dränage, die überflüssiges Wasser rasch abfließen läßt. Zier- bzw. Übertöpfe sind in der Regel ungeeignet, weil in ihnen überflüssiges Wasser stehen bleibt. Eine Ausnahme bilden jene, die mit einem Art Rost ausgestattet sind, der verhütet, daß der Kulturtopf im Wasser steht. Auch hier ist jedoch Kontrolle nötig.

Pflanzkübel aus Kunststoff und Keramik-Ziertöpfe haben keine Abzugsöffnung. Deshalb eignen sie sich weniger für eine direkte Bepflanzung. Man kann sie höchstens dann bepflanzen, wenn man ein feines Fingerspitzengefühl für die richtige Dosierung der Wassergaben hat. Sonst sammelt sich nämlich unbemerkt am Gefäßgrund überschüssiges Wasser, das den Pflanzenwurzeln schadet. Eine gewisse Kontrollmöglichkeit bietet ein Plastikröhrchen, das mit einem Schwimmer zur Wasserstandsmessung ausgestattet ist. Zu diesem Zweck wird der Boden des Gefäßes mit Kies ausgelegt und das Röhrchen endet oberhalb des Gefäßbodens in dieser Kiesschicht.

Umtopfen ist erforderlich, wenn der Topf durchwurzelt ist, wenn er durch die Wurzeln gesprengt wurde oder die Erde versauert ist. Außerdem wird bei Erkrankung der Pflanze umgetopft. Jüngere Pflanzen werden einmal pro Jahr zu Beginn der Wachstumsperiode umgetopft. Wurzeln, die aus dem Abzugsloch herausgewachsen sind, sollten dabei nicht abgeschnitten werden. Besser zerstört man zum Herausnehmen der Pflanze den Topf. Wenn der Wurzelballen unversehrt bleibt, können die meisten Pflanzen zu jeder Jahreszeit umgetopft werden. Gehen Wurzeln verloren, dann sollten auch die oberirdischen Teile nach Möglichkeit eingekürzt werden.

Der neue Topf wird um einige Maßeinheiten größer gewählt und erhält als erstes eine Dränage aus einem oder mehreren Topfscherben (siehe Foto). Dann kommt eine dünne Schicht neuer Erde auf die Dränage. Anschließend wird der Wurzelballen in den Topf gestellt, nachdem seine obere, alte Erdschicht entfernt wurde. Hernach wird ringsum so Erde aufgefüllt und angedrückt, daß noch ein ausreichender Gießrand verbleibt.

Düngung

Auch wenn man Topfpflanzen alljährlich umtopft, können bei raschwachsenden Arten bereits nach einigen Monaten Nährstoffmangelerscheinungen auftreten. Im allgemeinen ist der Nährstoffbedarf um so größer, je stärker die Wuchskraft der Pflanze ist. Man deckt diesen Nährstoffbedarf in der Regel durch die Verabreichung von mineralischen Volldüngern in flüssiger Form. Die Düngung kann aber auch mittels organischer Dünger, wie Blut-, Horn- und Knochenmehl erfolgen, die man am besten als langsam fließende Nährstoffquelle in die Topferde mit einmischt. Wichtig ist,

Stecklingsvermehrung

Viele Topfpflanzenstecklinge bewurzeln leicht und bilden nach einigen Monaten Entwicklungszeit selbst wieder ansehnliche Exemplare. Manche Arten altern rasch und werden unansehnlich. Hier ist die Stecklingsvermehrung in kürzeren Zeitabständen erforderlich. Manche Stecklinge bewurzeln sich gut in mit Wasser gefüllten Fläschchen. Bei den meisten Arten erzielt man aber bessere Resultate bei Verwendung von Vermehrungserde, die aus einer Mischung von 50% feinem Torf und 50% scharfem Sand besteht. Auf der Fensterbank bleibt die Vermehrungserde ziemlich kühl und

Die neue Pflanze entwickelt sich aus einer zunächst fast nicht sichtbaren Knospe in der Blattachsel. Blattbegonien, Sansevierien u. a. kann man durch Blattstücke vermehren. Einige Pflanzen, z. B. *Dracaena* und *Dieffenbachia*, lassen sich aus unbelaubten Stammstücken weitervermehren.
Eine besondere Form der Vermehrung ist das Abmoosen, das bei *Ficus, Monstera, Philodendron, Syngonium* u. a. angewandt wird. Zu diesem Zweck entfernt man an der für die Bewurzelung vorgesehene Stelle Blatt und Blattstiel dicht am Stamm und schneidet den Stamm mit einem Schrägschnitt so an, daß Unter- und Oberteil

daß die Dünger nie stärker konzentriert angewandt werden als die Gebrauchsanweisung empfiehlt. Es gilt die Regel, daß man besser häufig kleine Nährstoffmengen verabreicht als größere Gaben in weitem zeitlichen Abstand. Außerdem sollte man bei der Wahl der Volldünger das Entwicklungsstadium der Pflanzen berücksichtigen (im Jugendstadium und bei Blattpflanzen stickstoffreiche Dünger, bei der Ausbildung der Blütenknospen phosphorreiche Dünger). Nicht verbrauchte Nährsalze werden in der Erde gespeichert und können zu Wurzelschäden führen. Um derartigen schädlichen Salzkonzentrationen vorzubeugen, empfiehlt sich häufigeres Umtopfen. Der wachstumsfördernde Stickstoff wird bei häufigem Gießen und durchlässiger Erde leicht ausgewaschen. Zur Vermeidung von Salzanreicherungen bei höheren Volldüngergaben und bei häufig erforderlichem Gießen sollte in nicht zu großen Zeitabständen umgetopft werden. Im übrigen sind die Eigenschaften der Kulturgefäße mit zu berücksichtigen.

viele Stecklingsarten bilden unter diesen Bedingungen nur schwer Wurzeln, insbesondere Stecklinge mit rasch verholzender Basis. Außerdem sollten die Stecklingsblätter nicht zuviel Wasser verdunsten, weil die für Nachschub sorgenden Wurzeln noch fehlen. Deshalb bewurzeln sich viele Stecklinge besser in dem eng umschlossenen und geschützten Raum eines Plastikkastens. Auf dem Bild oben sind Stecklingstöpfe in einem derartigen Mini-Gewächshaus abgebildet. Diese Vermehrungskästen – auch mit Heizung und thermostatgesteuerter Temperaturregelung – sind im einschlägigen Fachhandel zu haben.
Man kann Stecklinge auf verschiedene Art gewinnen. Am bekanntesten sind Kopfstecklinge (Triebenden) von ca. 6–8 cm Länge, die flach unter einem Blattansatz abgeschnitten werden. Vor dem Stecken werden die unteren Blätter entfernt. Ein Stammsteckling (z. B. bei Ficus) besteht aus einem Stammstückchen mit einem Blatt daran. Dieses Blatt wird zur Verringerung der Verdunstung zusammengerollt.

noch miteinander verbunden bleiben. Die Schnittstelle wird durch ein Streichholz auseinander gehalten. Dann umwickelt man die Schnittstelle mit feuchtem Sphagnum-Moos und Folie. Nach einigen Wochen bilden sich Wurzeln, etwas später kann das bewurzelte Oberteil abgeschnitten und die neu gewonnene Pflanze eingetopft werden.

Aussaat

Die Aussaat erfolgt meist im zeitigen Frühjahr, wenn die Tage zunehmend länger und heller werden. Als Aussaaterde kann man käufliche Blumenerde verwenden, die durch 50% scharfen Sand aufgelockert wird. Es gibt teilweise auch spezielle Aussaaterden im Handel. Wie das folgende Foto zeigt, verwendet man am besten ein Mini-Gewächshaus. Wenn die Aussaaten warm stehen müssen, ist die auf Seite 11 abgebildete heizbare Ausführung von großem Vorteil.

Nach der Keimung erscheinen zunächst die Keimblätter und anschließend die ersten normalen Blätter. Jetzt müssen die Sämlinge pikiert, d. h. in weiterem Abstand ausgepflanzt werden (unteres Foto). Man ver-

wendet hierzu frische Blumenerde, die noch etwas mit Sand aufgelockert wird. Anfangs wird nicht, dann allmählich mehr gelüftet, um die jungen Pflanzen schrittweise abzuhärten, Wenn die Pflänzchen ihren Platz ausfüllen, werden sie eingetopft.

Schnitt

Es gibt verschiedene Gründe für den Schnitt von Zimmerpflanzen.

1. Unmittelbar nach dem Umtopfen von größeren Topfpflanzen. Dabei muß umso mehr zurückgeschnitten werden, je mehr die Wurzeln beim Austopfen gelitten haben. Ein weitgehendes Gleichgewicht zwischen Wurzeln und oberirdischen Teilen fördert eine rasche Weiterentwicklung.

2. Wenn eine Pflanze zu groß wird, kann ein Teil der Triebe zurückgeschnitten oder entfernt werden. Man macht dies jedoch nicht bei Pflanzen mit ausgeprägtem, wenig oder gar nicht verzweigtem Stamm, z. B. bei *Dracaena* oder *Yucca,* weil die Pflanzen Schaden leiden können.

3. Vor oder nach der Winterruhe, z. B. bei *Hibiscus.* Dadurch wird der Wuchs der Pflanze kompakt gehalten. Bei Formierungsarbeiten schneidet man möglichst nach Abschluß des Wachstums.

4. Zur besseren Verzweigung und zum Ansetzen neuer Blüten, z. B. bei Fuchsien. Man entfernt die Triebspitzen, auch wenn einige Blütenknospen vorhanden sind. Es entstehen mehr Seitentriebe mit neuen Blütenknospen.

Der Schnitt erfolgt stets oberhalb der Blattachsel oder eines Auges. Aus dem Auge treibt ein neuer Sproß, dessen Wuchsrichtung vom Stand des Auges beeinflußt wird. Man vermeide das Kreuzen von Trieben und sorge für gleichmäßige Belichtung aller Triebe. Wenn die Pflanze nach dem Rückschnitt blutet, wird die Wunde mit weicher Holzkohle behandelt. Das stoppt den Saftfluß.

Flaschengärtchen

Seit einigen Jahren sind bepflanzte Glasgefäße in Mode gekommen und in der Tat stellt ein sinnvoll bepflanztes Flaschengärtchen eine hübsche Zierde eines Raumes dar. Infolge der hohen Luftfeuchtigkeit sind die Bedingungen für die Pflanzen in Glasgefäßen nahezu ideal. Das von den Pflanzen verdunstete Wasser schlägt sich nachts innen am Glas nieder und fließt wieder in die Erde zurück, woraus die Pflanzen es erneut aufnehmen können. Bei richtiger Wasserdosierung ist das Kondenswasser im Laufe des Morgens wieder verschwunden. Damit bildet der Garten in der Flasche eine Art geschlossenes Ökosystem. Als Gefäß eignet sich eine durchsichtige

oder nur wenig eingefärbte Korbflasche mit weiterem Hals. Nach der sorgfältigen Reinigung wird die erforderliche Erde mit Hilfe einer trichterförmig zusammengerollten Zeitung eingefüllt. Mit Hilfe von Spezialwerkzeug oder von Gabel und Löffel, die an Stöcke gebunden wurden, werden die Pflanzen vorsichtig an den für sie vorgesehenen Stellen eingepflanzt. Abschließend wird mit diesen Geräten die Erde sorgfältig geglättet und vorsichtig ein wenig gegossen. Für die Bepflanzung verwendet man möglichst klein bleibende Pflanzen, wie *Fittonia, Dipteracanthus, Episcia* u. a.

Nach der Pflanzung wird die Flasche mit Hilfe eines Korkens luftdicht abgeschlossen. Damit bildet der Flascheninhalt eine Welt für sich, die erst nach Monaten wieder mit neuem Wasser versorgt werden muß. Bei dieser Gelegenheit wird auch frische Luft zugeführt. Man stellt die Flasche abseits der Sonneneinstrahlung an einen hellen Platz. Wenn die Flasche restlos zugewachsen ist, wird sie neu bepflanzt.

Hydrokultur

Pflanzen können nicht nur in Erde wachsen, sie gedeihen auch in mit Nährstoffen versorgtem Wasser. Die praktische Anwendung dieser Erkenntnis ist die Hydrokultur. Die früher verbreiteten Glasgefäße waren meist grün eingefärbt – der »lichtscheuen« Wurzeln wegen und um unerwünschtem Algenwuchs vorzubeugen.
Die Pflanze selbst sitzt in einem mit Kies gefüllten Einsatz. Ein Teil der Wurzeln wächst zwischen den Steinchen und kann Luft aufnehmen, der andere Teil hängt durch die Öffnungen im Boden des Einsatzes (der auf dem Foto schräg auf dem Glasgefäß liegt) in die Nährlösung und nimmt Wasser und Nährstoffe auf.

In den letzten Jahren hat sich auf dem Gebiet der Hydrokultur einiges getan. Es gibt mittlerweile eine ganze Reihe von Gefäßsystemen (vor allem in Kunststoff und Keramik) und auch hinsichtlich der Nährlösung wurden verschiedene Wege beschritten. Geblieben ist der Einsatz mit einem chemisch neutralen, körnigen Füllsubstrat (heute meist Blähton), in dem die Pflanze Halt findet und aus dem sie ihre Wurzeln in die Nährlösung streckt. Mit Hilfe eines Wasserstandsanzeigers läßt sich der Stand der Nährlösung kontrollieren.
Der größte Vorteil der Hydrokultur besteht in einer automatischen Versorgung der Pflanzen für längere Zeitspannen. Dies ist insbesondere für Büros oder wenn man verreist von Bedeutung. Aber auch abgesehen davon bietet Hydrokultur heute interessante Möglichkeiten der Zimmerpflanzenpflege. Umfassendste Information finden Sie in dem BLV-Buch von Margot Schubert »Mehr Blumenfreude durch Hydrokultur«.

Pflege während des Urlaubs

Wenn man in Urlaub fährt und die Zimmerpflanzen stehen in Erde, sind besonde-

re Vorkehrungen zu ihrer Erhaltung zu treffen. Wenn man keine Freunde oder Nachbarn hat, die die Pflanzen während der Abwesenheit versorgen, muß man besondere technische Hilfsmittel einsetzen.
Das Foto zeigt ein Gerät, dessen unterer Teil aus porösem, gebranntem Ton besteht. Dieser poröse Stift erhält aus einem großen Zentralgefäß über eine Plastikleitung und den aufsitzenden Plastikkopf Wasser zugeführt. Da der poröse Stift in den Boden gesteckt wird, gibt er an die ihn umgebende Erde Wasser ab, wenn diese auszutrocknen beginnt. Durch die Wasserabgabe entsteht in dem Stift ein Unterdruck, der für Wassernachfuhr aus dem Zentralgefäß sorgt. Dieses System kann monatelang funktionieren, wenn der Wasservorrat im Zentralgefäß ausreicht.
Eine andere Lösung stellt die »Aquaschnur« dar. Es handelt sich dabei um eine wasserleitende Schnur, die durch den Topf gezogen wird und aus einem mit Wasser gefüllten Zentralgefäß Wasser ansaugt. Auch hier sollte man ein möglichst großes Zentralgefäß wählen, weil sonst der Wasservorrat zu schnell aufgebraucht ist.
Weniger bewährt hat sich, die Pflanzen auf poröse Backsteine zu stellen, die wiederum in einem mit Wasser gefüllten, großen Gefäß stehen. Große Pflanzen kann man auch in Plastikfolie hüllen, erhöht aber damit die Gefahr des Krankheitsbefalls. Außerdem kann man robuste Pflanzen im Garten in feuchten Torf einsenken. Voraussetzung hierfür ist natürlich möglichst ein eigener Garten mit einer schattigen Ecke.

Krankheiten und Schädlinge

Zahllos sind die Pflanzenschutzmittel, die gutgläubige Hausfrauen und Pflanzenliebhaber auf ihre Zimmerpflanzen sprühen. In der Regel helfen diese Mittel am meisten den Fabrikanten. Sicherlich lassen sich mit vielen Insektiziden beispielsweise Blattläuse zunächst vernichten, aber häufig tritt nach drei Wochen ein erneuter Befall auf. Ursache für diese Erscheinung ist die Tatsache, daß die eigentliche Krankheitsursache nicht beseitigt wurde. Außerdem ist zu bedenken, daß unbedacht angewandte Insektizide durch ihren Giftgehalt schädlich auf Mensch und Tier wirken können.
Wenn eine Pflanze krank wird, ist häufig mangelhafte Ernährung die Ursache. Ebenso können zu spätes Umtopfen oder eine falsche Nährstoffzusammensetzung des Düngers zu Erkrankungen führen. Eine weitere Ursache kann die Erhöhung des pH-Wertes durch kalkhaltiges Gießwasser sein. Ein falscher Standort, zu kalt oder zu warm, zu warme Überwinterung etc. können ebenfalls zu Krankheiten oder Schädlingsbefall führen. Im einzelnen wird dies bei der Beschreibung der einzelnen Arten dargelegt.
Ist eine Pflanze von Krankheiten oder Schädlingen, z. B. Läusen, befallen, schneidet man sie zurück, wäscht die restlichen Triebe mit lauwarmem Waser ab und topft in frische Erde um.
Wenn unbedingt gespritzt oder gesprüht werden muß, verwendet man ungefährliche Mittel, die auf der Basis von Pyrethrum oder Derris aufgebaut sind. Die Zusammensetzung der Mittel ist dem Etikett zu entnehmen. Im übrigen berät auch der verantwortungsbewußte Fachhandel oder das Pflanzenschutzamt.

Verwendungsmöglichkeiten für Zimmerpflanzen

Die Zeiten, in denen Zimmerpflanzen ausschließlich in einer Reihe an den Zimmerfenstern standen, scheinen allmählich zu Ende zu gehen. Natürlich stellt das Fensterbrett, vor allem, wenn es genügend breit ist, auch heute noch einen idealen Standort für viele Zimmerpflanzen dar und sie wirken gut, wenn sie in ansprechenden Übertöpfen stehen. Aber inzwischen sieht man in zunehmendem Maße neue Ideen für die Verwendung der Pflanze im Raum verwirklicht. Ein typisches Beispiel für diese neue Richtung wird mit dem Foto auf der linken Seite vorgestellt, das die geschickte Einordnung der baumförmigen *Yucca gloriosa* in den Raum zeigt.

Seit man die Fragen der Raumgestaltung mit größerer Intensität bearbeitet, faßt man auch die Topfplanzen ins Auge und überlegt, wie man sie als dekoratives Element im Rahmen der modernen Raumgestaltung verwenden kann. Im Grunde ist diese Idee zwar nicht völlig neu, aber auf breiter Front hat sie wohl erst anfangs der 70er Jahre Fuß gefaßt. Schritt für Schritt setzt sich die Pflanze als dekoratives Element für Wohn- und Büroräume, Dielen, Säle etc. durch. Dabei ist sie zusammen mit einem zweckmäßigen, aber auch optisch ansprechenden Kulturgefäß als Einheit zu sehen, die mit Fingerspitzengefühl und Sachverstand in den jeweiligen Raum einzuordnen ist. Neben den ästhetischen Gesichtspunkten dürfen aber die Ansprüche der Pflanze nicht vergessen werden.

Drei Exemplare von *Dracaena fragrans* ʻMassangeanaʼ von verschiedener Höhe in einem Plastik-Pflanzkübel

Nachdem die herkömmlichen großen Kulturgefäße nicht zu den derzeitigen Stilrichtungen auf dem Gebiete der Innenarchitektur paßten, wurden neue Formen entwickelt und in Form verschiedener Plastikgefäße auf den Markt gebracht. Die ersten Gefäße wurden noch aus Kanalröhren mit entsprechendem Bodeneinsatz hergestellt und waren relativ teuer. Inzwischen wurden preiswertere Herstellungsverfahren entwickelt.

Es gibt inzwischen Plastik-Pflanzgefäße in allen Variationen, d. h. flach oder hoch, mit kleinem oder großem Durchmesser. Auf diese Weise hat man genügend Auswahl, um das Gefäß entsprechend den Wurzeleigenschaften der geplanten Bepflanzung anzuschaffen. Denn bekanntlich gibt es auch bei den Zimmerpflanzen Arten, die tiefgehende Wurzeln entwickeln und andere, die betont flach wurzeln.

Anfangs der 70er Jahre kamen aus den USA die sogenannten »Sinto-Gefäße« auf den europäischen Markt, die mit runden, ovalen, viereckigen oder mehreckigen Formen und einem nach innen gebogenen Rand aufwarteten. Sie werden aus Polyester hergestellt und meist in Weiß angeboten. Ein Beispiel ist auf Seite 17 zu sehen. Auch aus Keramik werden kleinere Kulturgefäße angeboten; ein Beispiel wird auf Seite 16 in Verbindung mit *Cyperus* gezeigt.

Auch durchsichtige Akku-Kästen (man könnte sie auch mit Aquarien vergleichen) kamen in Mode. Durch streifenförmiges Einbringen von Erde und Sand werden dekorative Effekte erzielt, wie auf Seite 18 zu sehen ist.

Diese kräftige *Aspidistra elatior* steht bereits seit 2 Jahren in dem hohen Pflanzgefäß.

Um aufzuzeigen, wie man aus einer unansehnlichen Pflanze, wie der *Aspidistra*, ein Prunkstück machen kann, habe ich diese Pflanze in ein hohes, rotes, zylinderförmiges Gefäß gepflanzt und umgeben von moderner, heller Inneneinrichtung photographiert. Die *Aspidistra* zählt mit zu den robustesten Zimmerpflanzen und kommt mit verhältnismäßig wenig Licht aus. Die oben abgebildete Pflanze steht in einem Abstand von 4–5 m zum Fenster und gedeiht dennoch ausgezeichnet. Bedauerlicherweise sieht man die Aspidistra derzeit nur selten, aber über ein gutes Blumengeschäft ist sie sicher zu beziehen.

Zimmerpflanzen nicht nur im Wohnzimmer

Das untere Foto zeigt, daß die Pflanzenverwendung nicht auf das Wohnzimmer beschränkt bleiben muß. Hier wird ein modern eingerichtetes Schlafzimmer vorgeführt, in dem ein *Cyperus alternifolius* steht und gut mit dem warmen Gelb des Bodenbelags und den übrigen Farben des Raumes harmoniert. Der Standort in Fensternähe wirkt sich auf die Pflanze günstig aus. Wenn die Erde gut feucht gehalten wird, kann die Pflanze an diesem Standort jahrelang aushalten.

Im Badezimmer können Pflanzen wegen der feuchten Luft ebenfalls gut gedeihen. Allerdings muß genügend Licht und Platz vorhanden sein. Ein enges Badezimmer mit kleinem Fenster eignet sich höchstens für ein Usambara-Veilchen *(Saintpaulia)* oder ähnlich kleine Zimmerpflanzen, die auf das Fensterbrett gestellt werden.

Wenn man einen hellen, wenig benützten Raum besitzt, verfügt man über eine ideale Einrichtung zur Überwinterung von Kakteen, Dickblattgewächsen und anderen Zimmerpflanzen, die gerne kühl überwintern. Für diese Pflanzen hält man eine Temperatur von 5–10°C ein.

Nicht alle Pflanzen eignen sich für einen langen Aufenthalt in Wohnräumen, Büros etc. Einige Arten sterben nach der Blüte ab, z. B. die Bromelien, andere haben ein zu großes Bedürfnis an hoher Luftfeuchtigkeit, z. B. die Farne. Dann gibt es noch eine Gruppe, die nur während der Blüte ansehnlich und hübsch ist, hierzu zählen z. B. die Begonien. Auch wenn man die zeitlich begrenzte Verwendungsmöglichkeit dieser Pflanzen kennt, sollte man sie anschaffen, wenn man Freude an ihnen hat. Die rechts abgebildete Farnpflanze *(Nephrolepis exaltata)* wird auf diesem Standort nur 2–3 Monate frisch aussehen, wenn man sie täglich besprüht. Dennoch ist es ein Prachtexemplar, das in dem hohen, hellen Topf vortrefflich zur Geltung kommt. In einem Blumenfenster oder einem Gewächshaus können sich derartige Pflanzen wieder regenerieren.

Im übrigen achte man darauf, Farne regel-

Nephrolepis exaltata als Zierpflanze mit zeitlich begrenzter Verwendung

mäßig, aber mit niedriger Konzentration, zu düngen. Für die Verwendung außerhalb der herkömmlichen Standorte eignen sich gut Bromelien, wie *Aechmea, Ananas, Neoregelia, Vriesea* u. a. Jeder Blütenstand zieht nach dem Abblühen allmählich ein. Das wird durch die Faktoren Licht und Luftfeuchtigkeit wenig beeinflußt. Allerdings hält sich der Blütenstand länger, wenn man die Pflanze nicht zu warm hält. Insgesamt ist aber die Verwendung zeitlich begrenzt und man kann die Bromelien deshalb auch auf schwierigen Standorten unterbringen, auf die man langlebige Pflanzen nicht stellen würde.

Im Sommer, also etwa von Juni bis September, kann man viele Zimmerpflanzen auf den Balkon oder in den Garten stellen. Dabei sind die speziellen Ansprüche der einzelnen Arten hinsichtlich Licht, Temperatur, Windschutz etc. zu berücksichtigen. Kamelien oder Azaleen werden beispielsweise an einem schattigen Platz eingesenkt, während *Yucca, Hibiscus, Agave* oder *Agapanthus* einen vollsonnigen Platz bevorzugen. Die Bedürfnisse der einzelnen Pflanzen werden im lexikalischen Teil des Buches beschrieben. Aus der Angabe über die Minimumtemperatur für die einzelne Art kann man ableiten, ob sich diese für einen Sommeraufenthalt im Garten eignet. Bei geeigneten Pflanzen ist die Eignung durch das Stichwort »kühl« gekennzeichnet. Dieselben Pflanzen können Tagestemperaturen von 35 °C aushalten. Insbesondere auf dem Balkon müssen Zimmerpflanzen gut vor Wind geschützt werden. Wo nicht vorhanden, sorgt man für entsprechenden Windschutz.

Ein hübsches Exemplar von *Cyperus alternifolius* in einem Schlafzimmer

Das Blumenfenster

Soweit mir bekannt ist, wurde das Blumenfenster in Deutschland entwickelt. Man kann das Blumenfenster mit einem in das Haus eingebautem Gewächshaus vergleichen. Meist nimmt es die volle Breite eines großen Fensters ein. Es kann sowohl nach außen ragend als auch in den Raum hineinragend gebaut sein. Blumenfenster können auch zum Wohnraum hin offen sein. Das erschwert jedoch die Steuerung von Temperatur und Luftfeuchtigkeit. Bei der Verwendung feuchtigkeits- und wärmeliebender Pflanzen ist eine gläserne Trennwand vorzuziehen. In dem so entstehenden abgeschlossenen Raum sind Temperatur und Luftfeuchtigkeit nach Belieben zu steuern. Für die Heizung werden meist elektrische Bodengeräte verwendet, die über Thermostaten zu regeln sind. Außerdem können Luftbefeuchter, automatische Schattierung und künstliche Beleuchtung eingesetzt werden. Dem sachkundigen Bastler und Pflanzenfreund sind hier viele Möglichkeiten geboten, seinem Hobby zu frönen.

Baum- und strauchartige Zimmerpflanzen

Diese Pflanzen werden in Anlehnung an den Sprachgebrauch der Baumschulen auch als Solitärs bezeichnet. Exemplare wie die rechts abgebildete *Dieffenbachia amoena* mit 2 m Höhe wirken enorm dekorativ. Nicht nur mit Dieffenbachien kann man derartige Effekte erzielen, auch verschiedene *Ficus*-Arten, z. B. *Ficus benjamina*, Palmen, *Yucca* (siehe Seite 14) und viele andere Arten sind als Solitärs von beachtlicher Größe erhältlich.

Unter der Voraussetzung, daß diese Pflanzen vor dem Kauf ausreichend abgehärtet wurden, bestehen keine Bedenken hinsichtlich ihrer positiven Weiterentwicklung. Die speziellen Ansprüche hinsichtlich Licht, Luft, Wasser, Düngung etc. sind den einzelnen Beschreibungen zu entnehmen. Bei nicht ausreichend abgehärteten Pflanzen ist Vorsicht geboten.

Da die großen Zimmerpflanzen recht teuer sind, wird man sorgfältig prüfen, ob die Pflanzen abgehärtet sind und welche Ansprüche sie an ihren Standort und die Pflege in der Wohnung stellen.

Wenig bekannt ist, daß man mit schnell wachsenden Arten, wie *Abutilon* oder *Sparmannia,* innerhalb kurzer Zeit meterhohe Exemplare selbst anziehen kann. Häufiges Umtopfen (bis zu monatlich!) ist jedoch erforderlich.

Pflanzen im Büro

Die Verwendung von Zimmerpflanzen als dekoratives Element für Büroräume hat in den letzten Jahren beachtlich zugenommen. Das ist wohl auch darauf zurückzuführen, daß insbesondere moderne Büros so langweilig und ohne Atmosphäre sind. Dementsprechend floriert auch der Handel mit »Bürogrün« und bei den hohen Preisen für größere Pflanzen besteht ein reger Wettbewerb. Das ist einerseits erfreulich, führt aber andererseits auch dazu, daß seitens der Verkäufer manches einseitig dargestellt wird. Man sollte deshalb seriöse und erfahrene Lieferanten wählen.

Meiner Meinung nach gibt es nur wenige Betriebe, die über die speziellen Fachkenntnisse verfügen und man sollte sie mit Sorgfalt auswählen. Prüfen Sie das angebotene Pflanzenmaterial kritisch. Wählen Sie für die Pflanzen im Büro Standorte aus, wo sie möglichst ungestört wachsen können und die erforderlichen Wachstumsfaktoren im Optimum vorfinden. Räume mit normaler Beleuchtung durch Leuchtstoffröhren bieten nicht genügend Licht. Es ist bedauerlich, wenn hier Pflanzen langsam verkommen, die einige 100 DM gekostet haben. Man wähle Pflanzen aus, die die Bürotemperaturen und die trockene Luft vertragen. Welche besonderen Anforderungen die einzelnen Pflanzen stellen, ist dem speziellen Teil des Buches zu entnehmen.

Dracaena deremensis 'Warneckii' bekommt hier sowohl Tageslicht als auch etwas Zusatzbeleuchtung.

Wenn man eine Pflanze im Büro in einiger Entfernung vom Fenster aufstellen will, sollte man für Zusatzlicht oder für zeitweises Aufstellen in Fensternähe sorgen. Das gilt auch für die links unten abgebildete Zimmertanne *(Araucaria)*. Auf dem dargestellten Standort bekommt sie wohl etwas Zusatzlicht durch die Raumbeleuchtung, aber das genügt nicht. Näher am Fenster, etwa wo die *Dracaena* in dem hohen gelben Gefäß steht, wären die Bedingungen in Ordnung.

Die große *Dracaena* auf dem oberen Foto steht in etwa 4 m Abstand zum Fenster. Sie bekommt etwas Zusatzlicht über die Leuchtstoffröhren und wahrscheinlich trägt auch die Abendsonne mit dazu bei, daß sich die Pflanze seit 2 Jahren auf ihrem Standort wohlfühlt.

Sehr wichtig ist es auch, daß bei der Einordnung der Zimmerpflanzen die grundsätzlichen Überlegungen des Innenarchitekten berücksichtigt werden. Nur eine genaue Abstimmung der Pflanzenfarben mit der vorhandenen Innenarchitektur führt zu einer optimalen Wirkung der Zimmerpflanzen.

In diesem Buch habe ich mit Absicht Inneneinrichtungen moderner Art abgebildet, die Anregungen für die derzeitigen und zukünftigen Verhältnisse bieten sollen.

Erfreulicherweise werden auch die Bürokräfte in puncto Pflanzenverwendung immer kritischer und sind bemüht, optimale Lösungen zu finden.

Die Zimmertanne erhält an diesem Standort zu wenig Licht und muß deshalb ab und zu heller gestellt werden.

Gruppenpflanzungen in Großraumbüros

Groß ist das Interesse an Pflanzen zur Verschönerung und Belebung von Büroräumen. Dies gilt insbesondere für große Räume, die man wohl durch archtektonische Elemente, wie Brüstungen oder unterschiedlich hohe Böden, beleben kann, in denen man aber mit Zimmerpflanzen den größten Effekt erzielen kann. Durch Bepflanzungen in der unten abgebildeten Art entstehen halboffene Raumteile, die entsprechend genutzt werden können. Im dargestellten Beispiel ist eine Zwischenmauer zum Zimmerbeet umfunktioniert und verleiht dem Raum eine neue Atmosphäre.

Da Bepflanzungen der vorgestellten Art in der Regel zu wenig Tageslicht bekommen, muß für Zusatzbelichtung gesorgt werden. In diesem Falle hat man Leuchtstoffröhren über den Pflanzen angebracht und kann durch »spot-lights« zusätzliche Effekte erzielen.

Gänzlich zufriedenstellend ist diese Lösung jedoch nicht. Besser wäre es gewesen, wenn man für eine Lichtquelle mit höherer Lichtintensität gesorgt hätte. Die Pflanzen hätten bei besserer Lichtversorgung mehr Blätter gebildet und hätten länger vorgehalten. Auf der anderen Seite ist es interessant, mit dieser Anlage einen Grenzfall der Lichtversorgung aufzeigen zu können.

Beispiele für die Verwendung von Zimmerpflanzen an mangelhaft mit Licht versorgten Standorten findet man in der Praxis sehr häufig. Unter diesen Bedingungen sehen die Pflanzen bald unansehnlich aus. Man sollte einmal überlegen, wie gering die Kosten einer zweckmäßigen Zusatzbeleuchtung sind – gemessen an den Ausgaben für rasch verderbende Pflanzen infolge Lichtmangels.

Raumteiler mit Bepflanzung unter künstlicher Beleuchtung

Welche Pflanzen passen ins Büro?

Gewöhnlich trifft man in den Büros auf beetförmige Bepflanzungen. Ich kann mich mit dieser Lösung nicht sonderlich anfreunden, weil die Pflanzenkombinationen häufig unschön ausfallen. Außerdem sind die Pflanzen in Anbetracht ihrer speziellen Bedürfnisse vielfach falsch gruppiert. Die eine Pflanze will hell stehen, die andere schattig, die eine Pflanze liebt etwas trockene Erde, die andere feuchte, saure Erde und wieder einer anderen ist es zu warm. Das Ergebnis ist dann häufig, daß nur die Pflanzen mit optimalen Bedingungen gut gedeihen und der Rest verkümmert. In den meisten Fällen bleibt nach einiger Zeit von der ursprünglichen Kombination nur ein Teil übrig.

Oben: *Dracaena marginata*
Rechts unten: *Pandanus veitchii*
Unten: *Monstera deliciosa*

Wenn es einigermaßen möglich ist, sollte man – nicht zu große – Einzelpflanzen (Solitärs) verwenden, die in fahrbaren Pflanzkübeln stehen. Wenn man Pflanzengruppen schaffen will, kann man dies auch mit Hilfe von Kübelpflanzen arrangieren. Wen die offene Erdfläche in diesen großen Pflanzgefäßen stört, der kann sie mit Bodendeckern begrünen. Allerdings wird man hierfür keine Zimmerpflanzen mit steilem Wuchs wählen, die nach einiger Zeit die Hauptpflanze überwuchern. Vielmehr wird man nach flachwachsenden Pflanzen greifen, wie Efeu, *Ficus pumila* oder *Ficus radicans*. Auch verschiedene kleine Formen von *Cryptanthus* oder *Pellaea* sind geeignet. Gut geeignet als Solitärpflanzen sind verschiedene *Dracaena*-Arten. Eine Mutterpflanze von *D. marginata* ist oben abgebildet. Mutterpflanzen werden von den Gärtnern zur Gewinnung von Stecklingen benutzt und sind infolge des häufigen Rückschnitts gut verzweigt. Bei dem unten abgebildeten *Pandanus* handelt es sich um ein einzigartiges Exemplar, das sich in dem hellen Büro sehr wohl fühlt. Ein vergleichbares Prachtstück einer *Monstera* wird auf dem linken Foto vorgestellt. Andere Zimmerpflanzen mit Eignung als Solitärpflanze für Büros etc. sind: *Abutilon* (selten verwendet), *Aloe arborescens* (s. S. 6), *Aspidistra*, *Cissus*, *Cyperus*, *Dieffenbachia*, *Ficus benjamina*, *Ficus lyrata*, *Howeia*, *Microcoelum*, *Pellaea*, *Philodendron*, *Phoenix*, *Rhaphidophora*, *Rhoicissus* und *Scindapsus*. Für kühlere Räume, wie Flure, Hallen etc. kommen andere Pflanzen wie *Pittosporum* und *Schefflera* infrage (siehe auch Übersichten ab S. 185), weil sie geringere Ansprüche an Temperatur und Luftfeuchtigkeit stellen. Dennoch können sie in diese Räume etwas Grün und Leben tragen.

Zimmerpflanzen von A bis Z

Abutilon

Zimmerahorn

Diese strauchartige Zierpflanze stammt aus den Tropen. Auf meine Besucher macht die Pflanze immer einen enormen Eindruck, denn ich ziehe innerhalb von rd. 2 Jahren Exemplare von bis zu 5 m Höhe groß. So schwierig ist dies im übrigen gar nicht, denn *Abutilon* hat eine ungeheure Wuchskraft. Das einzige, was beim Nachahmen zu beachten ist, ist zeitiges und häufiges Umtopfen. Wenn man im Frühjahr mit einem Steckling beginnt, kann man nach ca. 2 Monaten bereits in einen 12-cm-Topf eintopfen. Ende Mai braucht man bereits einen 20-cm-Topf und Anfang August ist bereits ein Pflanzkübel erforderlich. In diesem Pflanzgefäß kann die Pflanze zunächst bleiben, denn im September läßt das Wachstum nach. Die Überwinterung sollte bei 12–15 °C erfolgen, aber sie läßt sich auch in wärmeren Wohnräumen durchführen, wenn man etwas Blattfall in Kauf nimmt. Im März wird bereits wieder in einen größeren Pflanzkübel umgepflanzt und nach 2 Monaten kann es passieren, daß man einen Pflanzkübel von 60–80 cm Durchmesser braucht. Bis Ende Juli können die längsten Triebe bis zu 5 m hoch sein. Natürlich braucht eine derartige pflanze viel Wasser – an sonnigen Tagen ca. 10 l. Außerdem muß man die langen, schlaffen Triebe aufbinden. Im dritten Jahr wird die Pflanze sicher zu groß und man beginnt besser von neuem. Wenn man nicht rechtzeitig umpflanzt, bekommt der Zimmerahorn Wolläuse.

Derart große Exemplare, wie oben beschrieben, lassen sich mit *Abutilon striatum* 'Thompsonii' (unteres Foto, links) heranziehen. Aufgrund der hübsch gezeichneten Blätter wird diese Sorte auch als die hübscheste angesehen. Ihre Blüten sind orangefarben. Die grünblättrigen *Abutilon*-Hybriden lassen sich auch durch Aussaat vermehren und bringen rote oder gelbe Blüten.

Mit dem oben stehenden Foto wird *Abutilon megapotamicum* vorgestellt. In den Niederlanden wird diese Art auch »Belgische Flagge« genannt, weil die Blüten die drei Farben der belgischen Flagge wiedergeben. Im übrigen sind diese Blüten anders geformt als bei den übrigen *Abutilon*-Arten. Auch von *Abutilon megapotamicum* gibt es eine buntblättrige (panaschierte) und eine grüne Form.

 Volle Sonne ist Bedingung für die Blüte

 Mäßig warm (nachts 10–16 °C), im Winter nicht unter 12 °C

 Im Sommer viel Wasser, im Winter mäßig gießen

 Verträgt im Winter Lufttrockenheit einigermaßen

Etwas kalkhaltige Erde

Acacia

Akazie

Die nebenstehend abgebildete *Acacia armata* hat viel Ähnlichkeit mit den Mimosensträußchen, die während der Wintermonate angeboten werden, ist aber eine eigenständige Art. Anzucht und Pflege dieser Pflanze sind verhältnismäßig einfach, erfordern aber eine Möglichkeit zur kühlen Überwinterung. Während der Sommermonate setzt man die Pflanze am besten ins Freie auf einen sonnigen, geschützten Platz. Die abgebildete *Acacia armata* wird nicht höher als 80–150 cm. Im Gegensatz dazu wird die Mimose wesentlich größer.

Die Vermehrung erfolgt am besten durch Stecklinge, die aus Seitentrieben durch Abreißen vom Haupttrieb gewonnen werden. Saatgut muß vor der Aussaat stratifiziert werden, weil es ziemlich schwer keimt.

 Viel Licht das ganze Jahr über

 Kühl (nachts 3–10 °C); muß kühl überwintern

 Mäßig gießen, Topfballen aber nicht austrocknen lassen

 Keine besonderen Ansprüche

 Normale, etwas kalkhaltige Blumenerde mit etwas Sandbeimengung

Acalypha

Nesselschön

Diese hübsche Pflanze stammt aus Australien. Sie überrascht durch verschiedene Formen, und zwar durch Pflanzen mit langen, schwanzartigen Blütenständen und solche mit attraktiv gefleckten Blättern. Die Verbreitung als Zimmerpflanze ist vor allem auf die optische Wirkung der Pflanze zurückzuführen, denn infolge des hohen Bedarfs an Luftfeuchtigkeit ist die Pflege etwas problematisch. In der Regel ist es schwierig, die *Acalypha* längere Zeit zu erhalten.

Will man jedoch längere Zeit Freude an dieser hübschen Pflanze haben, erreicht man dies auf dem Weg über Stecklinge. Allerdings ist dies nicht einfach zu bewerkstelligen. Will man dennoch einen Versuch wagen, sollte man dies im Frühjahr tun. Dabei muß man für gute Bodenwärme und hohe Luftfeuchtigkeit sorgen.

Die nebenstehend abgebildete *Acalypha hispida* wird im Volksmund auch Katzenschwanz oder Fuchsschwanz genannt. Die einzelnen Blütenstände können bis zu 50 cm lang werden. Meist sind sie rot gefärbt, aber es gibt auch eine weiße Form, 'Alba' genannt. Abgeblühte Blütenstände werden entfernt.

Der auf S. 25 abgebildete Ausschnitt zeigt eine *Acalypha wilkesiana*. An dieser Pflanze treten die Blüten-

Acalypha (Fortsetzung)

 stände viel weniger in Erscheinung, dafür wirken die Blätter um so dekorativer. Die Sorte 'Musaica' ist mosaikartig rot und orange gefleckt. Die Sorte 'Marginata' hat orange-braune Blätter mit rötlichem Rand. Die Sorte 'Obovata' weist olivgrünes Laub mit orangefarbenem Rand auf und verfärbt sich später. Im Gegensatz dazu zeigt die Sorte 'Godseffiana' gefleckte Blätter mit einem rahmweißen Rand. Nach meiner Erfahrung kann man diese Pflanzen während des Sommers in der Wohnung unterbringen, wenn man sie häufig besprüht. In einem Gewächshaus verläuft die Anzucht und Pflege aber problemloser. Man achte auf Spinnmilbenbefall.

 Zur hübschen Ausfärbung ist viel Licht ohne direkte Sonneneinstrahlung erforderlich

 Mäßig warm (nachts 10–16 °C), Minimum im Winter 17 °C

 Mäßig feucht halten

 Verlangt während des ganzen Jahres hohe bis sehr hohe Luftfeuchtigkeit

 Normale bis etwas lehmhaltige Blumenerde

Achimenes

Schiefteller

Diese Pflanze entwickelt sich aus schuppenförmig aufgebauten Wurzelstöcken, die trocken überwintert werden. Man bekommt die *Achimenes* während des Sommers als blühende Hybriden zu kaufen. Die Pflanzen blühen violett oder rötlich. Man kann auch andere Sorten kaufen und selbst zum Blühen bringen. Dazu senkt man die Pflanzen in feuchten Torfmull ein und sorgt für hohe Temperaturen und reichlich Luftfeuchtigkeit. Ein Minigewächshaus ist für Anzucht und Pflege dieser Pflanze nahezu unentbehrlich. Während der Blüte verabreicht man reichlich Wasser und Dünger. Zum Herbst hin läßt man durch allmählichen Wasserentzug einziehen. Dann schneidet man zurück und überwintert den Wurzelstock in trockenem Torf.

 Viel Licht ohne direkte Sonneneinstrahlung

 Warm (nachts 16–20 °C), Minimum im Winter 14 °C

 Mäßig gießen

 Schätzt Luftfeuchtigkeit

 Benötigt saure, lockere Erde, etwa wie *Anthurium*

Acorus

Kalmus

Der gewöhnliche Kalmus ist eine Wasserpflanze, die man im Gartenteich etc. auspflanzen kann. Die Art *Acorus gramineus* stammt dagegen aus Japan und ist bei uns nicht winterhart. In der Wohnung stellt sie etwa die gleichen Ansprüche wie *Cyperus.* Dementsprechend muß die Erde stets gut feucht gehalten werden. Zu diesem Zweck stellt man den Topf am besten auf einen Untersatz und sorgt dafür, daß in diesem immer etwas Wasser steht.

Am schönsten ist die bunte Form 'Variegatus', die nebenstehend abgebildet ist. Die Vermehrung erfolgt durch Teilung größerer Pflanzen. Die laufende Pflege ist einfach, wenn die Temperaturen niedrig gehalten werden und ausreichend für Wasser gesorgt wird.

 Verträgt viel Schatten, kann bei Schattierung auch am Südfenster stehen

 Kühl bis mäßig warm (nachts 5–10 °C), bei guter Lüftung tagsüber bis zu 25 °C

 Häufig gießen und für Wasservorrat im Untersatz sorgen

 Die Luftfeuchtigkeit normaler Zimmerluft genügt

 Lehmhaltige Blumenerde

Adiantum

Frauenhaarfarn

Leider trifft man den Frauenhaarfarn nur sehr selten in Wohn- oder Büroräumen an, weil er die dort herrschende Lufttrockenheit nicht verträgt. Zur Regeneration gewährt man der Pflanze während des Winters eine Ruheperiode. Zu diesem Zweck schneidet man das alte Laub ab. Während der Vegetationsperiode ist viel Wasser und regelmäßige Düngung erforderlich.

Auf dem Foto ist links *Adiantum tenerum* abgebildet. Seine Blattstiele sind pechschwarz. Viel stärker verzweigt ist *Adiantum raddianum* (früher *A. cuneatum*) rechts auf dem Bild. Auch hiervon gibt es eine Reihe von Sorten. Man verwendet *Adiantum raddianum* vor allem in Blumenfenstern als Unterpflanzung. Dort entwickelt sich die erforderliche Luftfeuchtigkeit.

 Bevorzugt schattigen Standort

 Warm (nachts 16–20 °C), Minimum im Winter 16 °C

 Reichlich mit lauwarmem Wasser gießen, eventuell tauchen; der Topfballen darf nie austrocknen

 Verträgt keine trockene Luft und schätzt regelmäßiges Besprühen

 Spezielle Farnerde oder lockere, saure Blumenerde

Aechmea

Lanzenrosette

Die Aechmea gehört in die Familie der Bromeliaceen, die sich durch rosettenförmig angeordnete Blätter und hübsche Blütenstände auszeichnet. Allen Bromeliaceen ist es gemein, daß die Rosetten nach der Blüte absterben. Man könnte sie als »Wegwerfpflanzen« bezeichnen. Wegen ihrer begrenzten Haltbarkeit kann man die Pflanze deshalb mehr nach dekorativen Gesichtspunkten aufstellen.

An der Basis der Mutterpflanze entstehen bei der *Aechmea* während der Blüte häufig kleine Ableger. Wenn die große Rosette nach der Blüte allmählich einzieht, was eine Weile dauern kann, kann man die Ableger vorsichtig abtrennen und gesondert weiterziehen. Für die weitere Anzucht gelten die nachstehenden Empfehlungen. Mit etwas Glück blühen größere Ableger schon nach 2 Jahren.

Vor allem während der Anzucht ist es wichtig, in den Blattrichter von Zeit zu Zeit Wasser zu gießen. Wenn die Pflanzen ausgewachsen sind, aber nicht blühen wollen, bringt man sie zusammen mit einigen reifen Äpfeln unter eine Folienhülle. Das bei der Atmung der Äpfel entstehende Gas wirkt blühstimulierend.

Weitaus die bekannteste Bromelie ist die oben abgebildete *Aechmea fasciata*. Sie besitzt kräftige grüne Blätter mit etwas unregelmäßiger weißlicher Querzeichnung. Der Blütenstand baut sich aus spitzen, rosafarbenen Hochblättern und kleinen, bläulichen Blüten auf, die nach den Hochblättern erscheinen. Die Pflanze insgesamt kann einen Durchmesser von bis zu 60 cm erreichen.

Rechts unten ist *Aechmea fulgens* abgebildet. Diese Art hat dunkelgrünes Laub. Der Blütenstand ist hier länglich und lockerer aufgebaut. Die Hauptfarbe ist korallenrot, unterbrochen durch die blauen Farbtupfer der einzelnen Blüten.

Weniger bekannt sind *Aechmea chantinii* mit auffallenden, quer gestreiften Blättern und roten Blüten zwischen gelben Tragblättern; *Aechmea miniata* besitzt schmale, grüne Blätter und einen roten Blütenstand mit blauen Blüten; *Aechmea weilbachii* bildet ebenfalls eine Rosette aus schmalen grünen Blättern und der korallenrote Blütenstand ist mit blauen Blüten geschmückt.

 Steht gerne an einem hellen Standort ohne Prallsonne

 Warm (nachts 16–20 °C)

 Topferde mäßig feucht halten

 Bevorzugt mäßige Luftfeuchtigkeit, verträgt aber auch Lufttrockenheit

 Liebt lockeres Substrat, (z. B. aus Walderde, Sphagnum-Moos und Torf) oder spezielle Bromelienerde

Aeonium

Diese Pflanze bildet aparte Blattrosetten, die auf einem einige Zentimeter langen, sukkulenten Stiel sitzen. Dieser Stiel entsteht im Laufe der Zeit dadurch, daß die Pflanze sich streckt und die unteren Blätter abfallen. So ähnelt sie einem Bonsai. Abgeschnittene Blattrosetten bewurzeln leicht.

Abgebildet ist *Aeonium balsamiferum.* Häufiger sieht man *Aeonium arboreum,* das entlang des Mittelmeers verwildert vorkommt. *Aeonium × domesticum* ist eine niedrige Form. Im Sommer senkt man die Pflanzen am besten im Freien ein. Man überwintert sie trocken wie alle Sukkulenten. Im Frühjahr wird im Bedarfsfall umgetopft.

 Ein sehr heller Platz mit Schutz vor praller Mittagssonne ist ideal

 Mäßig warm (nachts 10–16 °C)

 Wenig gießen; Erde muß nahezu austrocknen, ehe man neu gießt; Tontöpfe hier besser als Plastiktöpfe

 Liebt trockene Luft

 Etwas kalkhaltige, gut drainierte Erde

Aeschynanthus

Diese pflanze hat viel Ähnlichkeit mit der früher weiter verbreiteten *Columnea* (s. S. 63). Es liegt wohl am Zeitgeschmack, daß *Aeschynanthus* an Beliebtheit zunimmt. Dazu trägt sicherlich die reiche Blüte und die Apartheit der Einzelblüten bei. Bei allem darf man jedoch nicht vergessen, daß auch *Aeschynanthus* Luftfeuchtigkeit braucht, was bei der Pflege im Zimmer Probleme bereiten kann. Häufiges Besprühen hilft wohl ein wenig, die Anschaffung eines Luftbefeuchters ist jedoch besser.

Auf dieser Seite ist *Aeschynanthus lobbianus* abgebildet. Das Besondere an ihr ist, daß die zuerst erscheinenden dunklen Blütenkelche nach einiger Zeit noch mit roten Blüten geschmückt werden, d. h. also, daß eine mit dunklen Knospen voll besetzte Pflanze bei richtiger Pflege für längere Zeit Blüten hervorbringen kann. Wichtig ist dabei, Lufttemperatur und Luftfeuchtigkeit hoch zu halten. Eine andere Art ist Aeschynanthus pulcher. Sie entwickelt nach unten hängende Triebe, die während der Sommermonate mit glänzenden roten Blüten geschmückt sind. Die Ansprüche an Temperatur und Luftfeuchtigkeit sind die gleichen wie bei der vorgenannten Art.

Aeschynanthus (Fortsetzung)

Eine weitere hübsche Art ist *Aeschynanthus speciosus* (siehe nebenstehendes Foto). Die kleinblütige Art *Aeschynanthus marmoratus* wird kaum noch kultiviert.

Bei Anzucht und Pflege von *Aeschynanthus*-Arten darf man nicht vergessen, daß es sich um Epiphyten (sitzen in Astgabeln von Bäumen) des feuchtwarmen Waldes handelt. Sie lieben sehr lockere Erde, weshalb man diese mit Sphagnum-Moos mischt. Man hängt die Pflanzen am besten auf und achte auf rechtzeitiges Gießen. Lediglich während des Winters kann man eine Ruheperiode mit niedrigeren Temperaturen und weniger Wasser einschalten. Sie wirkt sich fördernd auf den Blütenansatz aus. Vermehrung durch Stecklinge bei Wärme und hoher Luftfeuchtigkeit unter Folie.

 Am besten ist ein leicht schattiger Standort

 Warm (nachts 16–20 °C), während der Ruheperiode 18–20 °C, vor der Knospenbildung 12–15 °C

 Mäßig aber regelmäßig mit lauwarmem Wasser gießen

 Hohe Luftfeuchtigkeit ist erforderlich

 Humusreiche, lockere Blumenerde

Agapanthus

Diese Vertreter der Familie der Liliengewächse können während der kühleren Monate im Zimmer gehalten werden. Während der warmen Sommermonate sollte man diese Pflanzen jedoch besser auf einen geschützten Platz auf dem Balkon oder im Garten stellen. Die hübschen Blüten erscheinen von Juli bis September. Während des Winters muß die Pflanze kühl aber frostfrei stehen, z.B. in einer leicht temperierten Garage. 5 °C sind ausreichend. Im Bedarfsfalle wird der aus fleischigen Wurzeln bestehende Wurzelballen vorsichtig umgetopft. Interessante Arten sind *Agapanthus africanus* und *Agapanthus praecox*. Am kräftigsten sind die Hybriden, die in mildem Klima unter einer Strohabdeckung überwintern.

 Verlangt viel Sonne

 Mäßig warm (nachts 10–16 °C); je kühler man überwintert, um so besser ist die nächstjährige Blüte

 Mäßig und gleichmäßig feucht halten

 Die Feuchtigkeit normaler Zimmerluft reicht aus

 Einigermaßen lehm- und humushaltige Blumenerde

Agave

Die Gattung Agave umfaßt eine Reihe von Arten. Die größeren Formen kann man in südlicheren Breiten im Freien bewundern, während sie zum Norden hin als Topf- oder Kübelpflanzen verwendet werden. Da es ca. 60 Jahre dauert, bis eine Agave blüht, werden Formen mit interessanter Blattzeichnung bevorzugt. In den meisten Fällen trifft man bei uns auf die »Hundertjährige Aloe«, *Agave americana*. Das obere Foto zeigt die Sorte 'Marginata'. Bei den Sorten 'Medio-Picta' und 'Striata' sind die Streifen nicht am Blattrand sondern in der Mitte des Blattes. Wenn diese Pflanzen jemals blühen, bedeutet der auffallend hohe Blütenstand gleichzeitig ihr Ende.

Die kleineren Arten eignen sich mehr für das Fensterbrett. Sie bilden hübsche Rosetten mit Blättern in verschiedenen Farbtönen.

Das untere Foto zeigt *Agave filifera,* die an den Blättern haarartige Gebilde entwickelt. *Agave ferox* entwickelt breitere, fleischige Blätter mit spitz auslaufendem Ende, die stahlblau gefärbt sind.

Besonders hübsch ist die klein bleibende *Agave victoriaereginae,* die eine regelmäßig aufgebaute, halbkugelförmige Blattrosette entwickelt. Die einzelnen Blätter werden 10–15 cm lang, sind tiefgrün und am Rand mit einem dünnen weißen Streifen verziert. In Katalogen von Kakteen- und Sukkulenten-Spezialisten findet man noch eine Reihe weiterer Arten angeboten.

Alle Arten können ab Mitte Mai im Freien stehen, aber es ist nicht Bedingung. In jedem Fall ist eine kühle, trockene Überwinterung erforderlich.

Beim Umtopfen werden Topf oder Pflanzkübel zunächst mit einer Lage Topfscherben als Dränage ausgestattet. Die anschließend zu verwendende Erde erhält einen Zusatz von 30% Sand. Nur so ist eine gute Dränage gewährleistet. Die Vermehrung durch Aussaat ist nicht schwierig. Für den Liebhaber steht aber mehr die Vermehrung durch Ausläufer im Vordergrund. Nach dem Abtrennen läßt man die Ableger etwas abtrocknen und steckt sie dann in sandige Erde.

☼ Soll möglichst in der vollen Sonne stehen, im Sommer am besten im Freien

🌡 Mäßig warm (nachts 10–16 °C), Minimum im Winter 4–6 °C

◊ Nimmt mit wenig Wasser vorlieb

Unempfindlich gegenüber Lufttrockenheit

Verlangt kalkhaltige, gut durchlässige Erde

Ageratum

Leberbalsam

Das *Ageratum* ist bei uns meist als Beet- und Balkonpflanze bekannt, es eignet sich aber bei richtiger Pflege auch als Zimmerpflanze. Mit dieser Zweckbestimmung wird *Ageratum* in den USA viel verwendet. Für die Kultur in Wohn- oder Büroräumen kauft man im Frühjahr junge Pflanzen, topft sie in normale, humose Blumenerde ein und stellt sie an ein gut lüftbares, helles Fenster. Grundsätzlich ist es möglich, die Pflanzen zu überwintern und im nächsten Jahr daraus große Pflanzen heranzuziehen. Von den überwinterten Pflanzen kann man im Frühjahr auch Stecklinge abnehmen und bewurzeln. Dies gelingt am besten in einem Mini-Gewächshaus. Außerdem ist Aussaat in warme Erde ab Februar möglich.

 Sonniger Standort

 Mäßig warm (nachts 10–16 °C)

 Bei mäßigem Gießen die Erde gleichmäßig feucht halten

 Mäßige Luftfeuchtigkeit ist förderlich

 Lehm- und humushaltige Gartenerde oder im Handel erhältliche kräftige Blumenerde

Aglaonema

Kolbenfaden

Nur wenige Pflanzenfreunde kennen die richtigen Namen dieser Pflanze. Meist wird sie mit der verwandten *Dieffenbachia* verwechselt. Eigentlich handelt es sich bei *Aglaonema* um eine Warmhauspflanze, aber einige Arten halten es bei richtiger Pflege auch in der Wohnung, insbesondere in größeren Pflanzgefäßen oder im Blumenfenster aus. Eine der bekanntesten Sorten ist die rechts abgebildete Hybride 'Silver Queen'. *Aglaonema costatum* wächst breit ausladend mit dunkelgrünen, weiß gefleckten Blättern.

Die Pflanzen gedeihen am besten in breiten, etwas flacheren Gefäßen in lockerer, humoser Erde. Die Vermehrung erfolgt durch Kopfstecklinge in einem heizbaren Mini-Gewächshaus.

 Verträgt viel Schatten, kann aber auch in diffusem Sonnenlicht stehen

 Warm (nachts 16–20 °C), Minimum im Winter 14–18 °C

 Während des Wachstums viel gießen mit lauwarmem Wasser und im Winter trockener halten

 Mäßige Luftfeuchtigkeit

 Leicht kalkhaltige, humusreiche Blumenerde

Allamanda

Die *Allamanda* ist eine tropische Schlingpflanze, die hohe Luftfeuchtigkeit braucht, um gut gedeihen zu können. Ideal ist für die Anzucht ein warmes Gewächshaus. Aber andererseits finden sich zunehmend Pflanzenliebhaber, die die Pflanze durch eifriges Besprühen längere Zeit durchbringen, ja sogar überwintern. Von besonderem Vorteil für die *Allamanda* ist es, wenn die Wohnung mit einem Luftbefeuchter ausgestattet ist. Die langen Triebe bindet man während der Vegetationszeit an einem Schling- und Klettergerüst auf. Zum Winter hin werden die Triebe zurückgeschnitten, um die Verdunstung zu verringern. Die Vermehrung erfolgt durch Stecklinge bei reichlicher Bodenwärme und Luftfeuchtigkeit.

 Hell bis halbschattig

 Warm (nachts 16–20 °C)

 In der Ruheperiode mäßig gießen, während der Wachstumsphase reichlich mit Wasser versorgen

 Hohe Anforderungen an die Luftfeuchtigkeit; in Räumen nur bei häufigem Besprühen länger haltbar

 Etwas lehmige Erde

Alocasia

Bei der *Alocasia* handelt es sich um eine dekorative Blattpflanze, die aus dem tropischen Asien stammt. Sie ist mit *Anthurium* und *Caladium* verwandt und hat etwa dieselben Ansprüche wie die letztgenannte Pflanze. Das bedeutet: reichlich gießen, hohe Luftfeuchtigkeit, hohe Temperaturen, ziemlich trockene Überwinterung. Aber der Wurzelstock darf während des Winters nicht so stark austrocknen wie bei *Caladium*. Natürlich bietet ein warmes Gewächshaus oder ein beheiztes Blumenfenster die besten Bedingungen, aber bei richtiger Pflege hält es die *Alocasia* auch einige Monate in Wohnräumen aus. Dies gilt insbesondere für *Alocasia sanderiana*. Die Vermehrung erfolgt durch Wurzelausläufer, Teilung oder Aussaat.

 Ein etwas schattiger Standort wird bevorzugt

 Warm (nachts 18–20 °C), im Winter Minimum 18 °C

 Topferde ziemlich feucht halten

 Hohe Luftfeuchtigkeit und entsprechend häufiges Besprühen erwünscht

 Lockere, etwas saure Erde aus verrottem Laub, Torf und Sphagnum-Moos

Aloe

Aloe

Die Aloe gehört in die Gruppe der Dickblattgewächse und ist mit einer Reihe von Arten vertreten, die sich alle leicht kultivieren lassen. Man verwechsle die Aloe-Arten vor allem nicht mit den Agaven, die ja zu einer anderen Familie gehören. Bei den Aloe-Arten, die zu den Liliaceen zählen, kommt die Blüte viel früher und leichter.

Auf dem nebenstehenden Foto sind einige bekannte Arten abgebildet, von denen zwei blühen. Oben rechts sieht man *Aloe variegata,* besonders gut fürs Fensterbrett geeignet. Oben links wird ein kleines Exemplar von *Aloe arborescens* vorgestellt. Es handelt sich um die Baumartige Aloe, die bis zu 3 m hoch werden kann. Der Stamm bildet mit der Zeit neue Seitentriebe. Diese Art blüht leicht.

Unten rechts steht *Aloe humilis,* eine kleinbleibende Art, mit stacheligen Blattrosetten. Die kleinen Pflanzen unten links sind *Aloe bakeri* und *Aloe stans* (= *Aloe nobilis*). Sie sind weniger bekannt, wachsen und blühen aber wie andere kleine Arten.

Es ist nicht schwierig, eine Aloe über Jahre gesund und wuchsfreudig zu erhalten, wenn man den Topf gut dräniert und die Erde durch Beimengung von scharfem Sand oder Perlite gut durchlässig macht. Stagnierende Nässe schadet, vor allem bei niedrigeren Temperaturen.

Man vermeide auch, Wasser auf die Blätter zu bringen. Es bleibt in den Blattachseln stehen und kann dort Fäulnis verursachen.

Wenn man die Aloe zum Blühen bringen will, hält man sie im Winter bei ungefähr 8 °C beinahe ohne Wasserzufuhr. Während des Sommers kann bei Sonnenschein gelegentlich etwas mehr als mäßig gegossen werden. Jetzt wird auch etwas gedüngt, aber nur in schwachen Konzentrationen, sonst kommt es zu Wurzelverbrennungen.

Die Vermehrung ist durch Seitensprosse möglich (Stecklinge nicht zu feucht halten), aber auch durch Aussaat, da das Saatgut leicht keimt.

 So viel Sonne wie möglich

 Mäßig warm (nachts 10–16 °C); kühl überwintern

 Während des Sommers mäßig, im Winter nur ganz wenig gießen

 Trockene Luft wird gut vertragen

 Kräftige, lehmhaltige, aber insgesamt gut durchlässige Erde, die keine stauende Nässe aufkommen läßt

Ampelopsis
Scheinrebe

Allein der bombastische lateinische Name *Ampelopsis brevipedunculata* var. *maximowiczii* 'Elegans' sollte einen verleiten, es mit dieser Pflanze einmal zu versuchen. Dabei ist die Anzucht und Pflege nicht so umständlich, wie der Name vermuten läßt. Dies gilt vor allem, wenn die Pflanze im Sommer im Freien und im Winter kühl steht. Während der Überwinterung verliert die Scheinrebe viel Laub. Aber nach dem Rückschnitt und Umtopfen (alljährlich) im Frühjahr treibt die Pflanze rasch neu aus. In kühlen Räumen fühlt sie sich am wohlsten. Unter milden klimatischen Bedingungen kann man die Scheinrebe auch in einem Innenhof auspflanzen und mit Abdeckung überwintern. Vermehrung durch Stecklinge.

☼ Leicht schattiger Standort

🌡 Mäßig warm (10–16 °C nachts) bis kühl (nachts 3–10 °C); kühle Überwinterung erforderlich

💧 Mäßig gießen

💨 Ziemlich unempfindlich für trockene Zimmerluft

🪣 Kalkreiche, humose Blumenerde

Ananas
Ananas

Diese Zierform der Pflanze, die die Ananasfrucht hervorbringt, produziert ebenfalls kleine Früchte, die mit einem hübschen Blattschopf dekoriert sind. Das nebenstehende Foto macht dies bei *Ananas comosus* 'Variegatus' deutlich. Die Pflanzen sind infolge der langen Anzucht ziemlich teuer. Aber dafür halten sie lange und vertragen selbst ungünstige, z. B. dunklere Standorte. Die Freude an der Pflanze überwiegt letztlich den Preis. Wenn die Pflanze einzieht, kann sie durch den Blattschopf des Fruchtstandes weitervermehrt werden. Dazu schneidet man den Blattschopf mit einem scheibenförmigen Ansatz des Fruchtstandes ab, läßt die Schnittfläche abtrocknen und steckt dann in Vermehrungserde oder feuchten Sand bei leichter Wärme.

☼ Wenn möglich, viel Sonne und Licht während der Anzucht

🌡 Warm (nachts 16–20 °C), Minimum im Winter 15–18 °C

💧 Erde mäßig feucht halten und während der Wachstumsphase etwas mehr gießen

💨 Luftfeuchtigkeit zumindest während der Anzucht möglichst hoch halten

🪣 Humushaltige, lockere Blumenerde

34

Anthurium

Flamingoblume

Die Flamingoblume ist nach dem letzten Krieg sowohl als Topfpflanze als auch als Schnittblume ziemlich populär geworden. Die Schnitt-Anthurien zeichnen sich durch gute Haltbarkeit aus.

Das *Anthurium* gehört in die Gruppe der tropischen Gewächse und hat einen großen Bedarf an Wärme und Luftfeuchtigkeit. Aber die modernen *Anthurium-Scherzerianum*-Hybriden (auf dem Foto links hinten) sind verhältnismäßig widerstandsfähig gegen Lufttrockenheit. Dies gilt vor allem, wenn sie vor dem Verkauf gut abgehärtet wurden. Wichtig ist, daß sie im Blumengeschäft oder am endgültigen Standort nicht zu kalt stehen, denn das würde den Pflanzen sehr schaden. Die bekannteste Blütenfarbe ist Rot. Es werden aber auch rosa, gefleckt und sogar weiß blühende Formen angeboten.

Für den Schnitt werden meist *Anthurium-Andreanum*-Hybriden kultiviert. Man kann diese Art jedoch auch als Zimmerpflanzen verwenden. Diese Art nennt man auch Große Flamingoblume (rechts auf dem Foto). Es ist zu empfehlen, das Laub häufig mit lauwarmem Wasser zu besprühen und nicht mit Leitungswasser, sondern mit weichem Wasser zu gießen, also mit Regenwasser oder mit enthärtetem Wasser.

Die dritte, links vorne abgebildete Art ist Anthurium crystallinum. Für diese Art ist die normale Zimmerluft zu trocken. Man kann sie lediglich im Gewächshaus oder im klimatisierten Blumenfenster durchbringen.

Anthurien muß man in der Regel alljährlich umtopfen. Neben der Beschaffung größeren Wurzelraumes dient das Umtopfen dem Entfernen alter, mit Salzen angereicherter Erde. Zum Eintopfen verwendet man spezielle Anthurienerde, die Sphagnum-Moos enthält. In der Blütezeit reichlich gießen und etwas düngen.

Die Vermehrung erfolgt durch Teilen größerer Pflanzen während des Umtopfens. Es ist auch möglich, den Stamm älterer, unansehnlich gewordener Pflanzen in Stücke zu schneiden und diese bei viel Wärme und Luftfeuchtigkeit im beheizten Minigewächshaus zur Bewurzelung zu bringen.

 Heller Standort ohne direkte Sonneneinstrahlung

 Warm (nachts 16–20 °C), im Winter mindestens 16 °C

 Während der Wachstumsphase reichlich mit lauwarmem und kalkfreiem Wasser gießen

 Ziemlich hohe Luftfeuchtigkeit erwünscht

 Spezielle Anthurien-Erde

Aphelandra
Glanzkölbchen

Die *Aphelandra squarrosa* sieht man derzeit etwas weniger als in den 60er Jahren. Das liegt wahrscheinlich daran, daß diese Pflanze empfindlich auf die trockene Luft in Wohn- und Büroräumen reagiert. Soweit man einen Luftbefeuchter einsetzen kann, läßt sich die Haltbarkeit um einiges verbessern.

Nach der Blüte hält man die *Aphelandra* etwas kühler und trockener. Es ist auch möglich, sie zu überwintern. Mit etwas Glück kann so im nächsten Jahr eine hübsche Pflanze entstehen. Eine Verzweigung erreicht man durch Rückschnitt. Für das Antreiben im Frühjahr und die Vermehrung durch Stecklinge eignet sich am besten ein warmes Gewächshaus oder ein Vermehrungskasten.

 Heller Standort ohne direkte Sonneneinstrahlung

 Warm (nachts 16–20 °C)

 Vor allem während der Blüte reichlich gießen; der Topfballen darf nicht austrocknen

 Während des Wachstums durch häufiges Besprühen für ziemlich hohe Luftfeuchtigkeit sorgen

 Nährstoffhaltige, humose und lockere Blumenerde

Aporocactus
Peitschen- oder Schlangenkaktus

Der Schlangenkaktus zählt mit zu den seit langem bekannten Liebhaberpflanzen. Leider werden derartige Pflanzen in den Blumengeschäften nur selten angeboten. Es ist tröstlich, daß man den Schlangenkaktus selbst vermehren und so über Bekannte eventuell zu einem Exemplar kommen kann.

Man läßt die Stecklinge erst einige Tage abtrocknen, ehe man sie in Sand steckt. Wenn sie nach einiger Zeit bewurzelt sind, wird in Kakteenerde umgetopft.

Man achte darauf, daß ältere Pflanzen überhängen, gießt im Sommer angemessen und hält im Winter kühl und trocken, um die Blüte zu induzieren. Abgebildet ist *Aporocactus flagelliformis. Aporocactus flagriformis* hat gerippte Stengel. Er ist weniger bekannt.

 Sehr heller, sonniger Standort

 Mäßig warm (nachts 10–16 °C); wegen der Blühinduktion für kühle, trockene Überwinterung sorgen

 Während des Wachstums gut gießen, im Winter sehr wenig, aber Erde nicht austrocknen lassen

 Normale Zimmerluft ist feucht genug

 Spezielle Kakteenerde (durchlässig)

Araucaria

Zimmertanne

Die Zimmertanne ist prädestiniert, als Solitärpflanze in allen Formen von Innenräumen verwendet zu werden. Aus verschiedenen Gründen, z. B. durch zu vieles Gießen während der Ruheperiode, zu trockene Luft, volle Sonneneinstrahlung oder Austrocknen des Wurzelballens, kann die Zimmertanne Schaden erleiden und beispielsweise die unterste Zweigetage verlieren. Wenn dies stört, wählt man ein größeres Pflanzgefäß und pflanzt zwei weitere, kleinere Araucarien dazu, die den Verlust verdecken.

Die Vermehrung erfolgt durch Kopfstecklinge. Allein schon wegen der Größe der Stecklinge, aber auch wegen deren Ansprüche an Wärme und Luftfeuchtigkeit, ist dies in der Regel keine Arbeit für den Liebhaber.

 Heller Standort, aber keine direkte Sonneneinstrahlung

 Mäßig warm (nachts 10–16 °C), Minimum im Winter 3–5 °C

 Mit lauwarmem Wasser gießen und mäßig feucht halten

 Mäßige bis hohe Luftfeuchtigkeit

 Saure, humusreiche Erde, eventuell mit etwas Sand vermischt

Ardisia

Spitzblume

Die abgebildete *Ardisia crenata* wird zur Zeit wieder etwas mehr angezogen. Sie ist diese verstärkte Beachtung auch wert, denn mit ihren zierlichen roten Beeren wirkt sie recht dekorativ. Will man die Pflanze überwintern, halte man sie vor allem nicht zu warm und besprühe das Laub regelmäßig. Im Sommer wird die *Ardisia* dann erneut blühen. Um eine Befruchtung zu erreichen, kann man den Blütenstaub mit einem feinen Pinsel selbst übertragen.

Von reifen Früchten wird im Dezember ausgesät, aber dies muß in einem Gewächshaus geschehen. Man verwechsle die *Ardisia* nicht mit der *Skimmia japonica,* die ähnlich aussieht und auf S. 167 beschrieben wird.

 Heller bis sonniger und während der Blüte etwas luftiger Standort

 Mäßig warm (nachts 10–16 °C), Überwinterung bei 12–15 °C

 Topfballen mäßig feucht halten

 Mäßige Luftfeuchtigkeit durch regelmäßiges Besprühen; während der Blüte trockener halten

 Normale, humose, etwas kalkhaltige Blumenerde

Asparagus

Zierspargel

Die Gattung *Asparagus* hat eine Reihe robuster Vertreter aufzuweisen, die auch bei geringer Pflege auf schlechteren Standorten einige Zeit durchhalten. Leider findet man *Asparagus* als Topfpflanze nur noch wenig in den Wohnungen.

Auch heute noch verwendet man Schnittgrün von *Asparagus setaceus,* wohl besser unter dem alten Namen *Asparagus plumosus* bekannt, in der Blumenbinderei. Ein Exemplar dieser Art ist auf dem oberen Bild rechts zu sehen. *Asparagus setaceus* ist keine ausgesprochene Zimmerpflanze. Er zeichnet sich aber durch eine gute Haltbarkeit aus und verträgt auch etwas Lichtmangel. Größere Pflanzen neigen dazu, lange Ranken zu entwickeln.

Eine dankbare Zimmerpflanze stellt *Asparagus densiflorus* 'Sprengeri', früher *Asparagus sprengeri* benannt, dar. Sie ist auf dem nebenstehenden Bild links abgebildet. Auch diese *Asparagus*-Art kommt mit relativ wenig Licht aus. Ältere Pflanzen entwickeln weiße Blütchen, denen später grüne, sich allmählich rot färbende Früchte folgen. Typisch ist der überhängende Wuchs, der die Art für Ampeln etc. geeignet macht. Die einzelnen Ranken sind mit kleinen Dornen bewehrt.

Eine hübsche breitblättrige Form wird mit *Asparagus falcatus* vorgestellt, der auf dem oberen Foto in der Mitte abgebildet ist. Diese Art eignet sich gut für Pflanzkübel oder Blumenfenster.

Das untere Foto zeigt eine wenig bekannte Art – *Asparagus asparagoides*; sie trug früher den Namen *Medeola*. In den 20er und 30er Jahren wurden gut ausgereifte Triebe dieser Pflanze für Tischdekorationen verwendet, weil sie lange frisch bleiben. In der Wohnung kann *Asparagus asparagoides* als Hängepflanze verwendet werden.

Alle *Asparagus*-Arten müssen im Sommerhalbjahr wöchentlich gedüngt werden. Außerdem wird jedes Frühjahr umgetopft, wobei das Abzugsloch so abgedeckt werden muß, daß die Pflanze nicht durchwurzeln kann. Die Vermehrung erfolgt durch Aussaat oder durch Teilen älterer Pflanzen.

	Gedeiht sowohl auf hellen als auch auf schattigen Standorten
	Mäßig warm (nachts 10–16 °C), sowohl im Sommer als auch im Winter
	Im Sommer häufig gießen, im Winter weniger; ab und zu tauchen
	Mäßige Luftfeuchtigkeit
	Etwas kalkhaltige, nährstoffreiche Erde

Aspidistra

Schusterpalme

Man zählt die *Aspidistra* zu den seit langem bekannten Pflanzen, die es schon zu Großmutters Zeiten gab. Wenn man sie jedoch in ein modernes Pflanzgefäß setzt, wirkt sie beileibe nicht altmodisch, sondern dekorativ. Darüber hinaus zeichnet sich die *Aspidistra* durch besondere Robustheit aus und gedeiht auch noch einige Meter abseits vom Fenster. Trockene Luft, selbst in gut warm gehaltenen Räumen, wird vertragen. Durch stauende Nässe oder durch direkte Sonneneinstrahlung wird das Wohlbefinden dieser Pflanze jedoch gestört. Auf dem nebenstehenden Bild ist *Aspidistra elatior* abgebildet. Es gibt auch eine panaschierte Form 'Variegata', die jedoch weniger robust ist. Vermehrung durch vorsichtiges Teilen.

 Bevorzugt schattige Standorte

 Mäßig warm bis kühl (nachts 8–13 °C)

 Gleichmäßig feucht halten und für gute Dränage sorgen, weil sonst Gefahr der Wurzelfäule besteht

 Mäßige Luftfeuchtigkeit erwünscht; trockene Luft wird jedoch auch vertragen

 Kalkhaltige Blumenerde

Asplenium

Streifenfarn

Der bekannteste Vertreter der Gattung ist *Asplenum nidus,* der Nestfarn (auf dem Foto hinten rechts). Die Blätter können bis zu 1 m lang werden, bleiben aber in der Regel kürzer. In der freien Natur lebt dieser Farn als Aufsitzer auf Bäumen. Trockene Luft wird einigermaßen vertragen, wenn man das Laub ab und zu besprüht. Häufig mit schwach konzentrierter Lösung düngen und humose, lockere Erde verwenden.

Im Vordergrund ist das weniger bekannte *Asplenium daucifolium* (= *Asplenium viviparum*) abgebildet. Diese Art ähnelt *Pteris tremula.* Bei *Asplenium daucifolium* entwickeln sich auf den Wedeln kleine Brutblättchen, mit denen man weiter vermehren kann. Vermehrung des Nestfarns durch Sporen.

 Geringer Lichtbedarf

 Mäßig warm (nachts 10–16 °C); *Asplenium nidus* etwas wärmer, auch im Winter nicht unter 13 °C

 Erde stets feucht halten, ab und zu tauchen, während der Wuchsperiode viel gießen

 Luftfeuchtigkeit ziemlich hoch halten, häufig besprühen

 Etwas saure Erdmischung aus Lehm, Lauberde und Sand

Astrophytum

Sternkaktus, Bischofsmütze

Bei *Astrophytum* handelt es sich um eine besonders hübsche Kakteengattung, die sich großer Beliebtheit erfreut und in den Blumengeschäften viel angeboten wird. Auf dem nebenstehenden Bild ist ein blühendes Exemplar von *Astrophytum myriostigma* abgebildet. Der Kakteenkörper ist mit einem punktförmig angeordneten, weißen Belag geschmückt. Im Vordergrund des Fotos ist *Astrophytum ornatum* zu sehen, der durch einen gedrehten Pflanzenkörper und größere punktförmige Zeichnung auffällt. Bekannt ist auch *Astrophytum asterias,* der Seeigelkaktus, der etwas flach wächst und ebenfalls keine Dornen hat.

Alle Arten müssen kühl überwintern, sonst blühen sie nicht. Vermehrung durch Samen.

 Helle, sonnige Standorte, bzw. für Arten ohne Dornen etwas Schatten

 Warm (nachts 16–20 °C); Überwinterung bei 5–10 °C

 Im Sommer wenig, im Winter gar nicht gießen

 Sehr geringe Luftfeuchtigkeit

 Spezielle Kakteenerde oder lehmige Erde mit Sandbeimischung

Aucuba

Aukube

Die Aucuba hat insbesondere während des Winters nur einen geringen Wärmebedarf und eignet sich z.B. auch für einigermaßen frostfreie Ferienhäuschen, wenn ab und zu gegossen wird. Im milden maritimen Klima, z.B. in den Niederlanden, wächst die Pflanze sogar im Freien, und zwar die *Aucuba japonica* 'Variegata'. In beheizten Räumen leidet die Pflanze unter der Wärme und Lufttrockenheit. Eine kühle Eingangshalle oder sonst ein kühler Raum sind zum Überwintern geeignet. Die Zierform 'Crotonifolia' mit starker Gelbzeichnung kann es etwas wärmer vertragen. Die Vermehrung erfolgt durch Stecklinge bei mäßiger Wärme und Feuchtigkeit. Auch eine Vermehrung durch Aussaat ist möglich, wenn auch langwierig.

 Nimmt mit relativ wenig Licht vorlieb

 Kühl (nachts 3–10 °C); empfindlichere Formen frostfrei überwintern

 Während des Sommers mäßig feucht halten und im Winter nur sparsam gießen

 Ist widerstandsfähig gegen trockene Luft; im Winter ab und zu besprühen

 Humose, kräftige Erde

Azalea

Der heute gültige Name für die Azaleen lautet *Rhododendron*. Bei der oben abgebildeten Pflanze handelt es sich um *Rhododendron indicum* und bei der unten dargestellten Art um *Rhododendron obtusum*. Aber nachdem die Pflanzen bei den meisten Liebhabern noch unter *Azalea* bekannt sind, wurden sie auch hierunter eingeordnet. *Rhododendron obtusum* gedeiht in geschützter Lage auch im Garten und wird vielfach als Japan-Azalee bezeichnet.

Das Interessante an den Azaleen ist, daß man sie nach der Blüte weiterkultivieren kann. Deshalb setzt man die Pflanzen nach der Blüte im Frühjahr an einen kühlen, frostfreien und schattigen Platz. Bei richtiger Pflege werden die Pflanzen junge Triebe entwickeln, die nach einiger Zeit eingekürzt werden müssen. Triebe, die Ende April/Anfang Mai erscheinen, läßt man stehen. Ende Mai werden die Azaleen auf den Balkon gestellt, oder noch besser an einem schattigen Platz im Garten eingesenkt.

Wenn der Topf zu klein ist, wird in einen größeren Topf umgepflanzt. Hierfür verwendet man am besten einen Plastiktopf und saure, humose Erde. Wichtig ist in jedem Fall, ein Austrocknen des Topfballens zu verhindern. Nach der Bildung neuer Wurzeln kann auch vorsichtig flüssig gedüngt werden. Man kann die Azaleen auch im Garten auspflanzen, wenn der Boden mit reichlich Torf ein saures Milieu erhalten hat. Allerdings macht dann im Herbst oft das Eintopfen Schwierigkeiten. Ende September sind die neuen Blütenknospen ausgebildet und man kann die Azaleen auch im Hinblick auf die fallenden Temperaturen wieder ins Haus nehmen. Allerdings bringt man sie, um Knospenfall zu vermeiden, zunächst in einen relativ kühlen Raum. Zum Austreiben der Blüten hält man die Pflanzen im Winter etwas wärmer und stellt sie hell, mit Schutz vor direkter Sonneneinstrahlung. In dieser Zeit so oft wie möglich das Laub besprühen.

Rhododendron obtusum kann man auf diese Art behandeln, aber unter milden klimatischen Bedingungen gedeiht die Pflanze auch im Freien.

Gießen mit enthärtetem Wasser oder Regenwasser und gelegentlich tauchen. Die Vermehrung durch Stecklinge ist für den Liebhaber schwierig.

 Heller Standort ohne direkte Sonneneinstrahlung

 Mäßig warm bis kühl (nachts 5–15 °C)

 Während der Blüte viel gießen und zwischendurch tauchen

 Mäßige Luftfeuchtigkeit; ab und zu etwas besprühen

 Saure, humose Erde

Begonia

Begonie

Die Begonien zählen zu der Gruppe viel kultivierter und weit verbreiteter Pflanzen und sind Angehörige einer sehr artenreichen Familie. Deshalb werden den Begonien auch drei Seiten dieses Buches gewidmet. Die meisten Arten lassen sich leicht durch Kopfstecklinge oder andere Stecklingsformen vermehren.

Auf dieser Seite werden zwei Begonien-Arten vorgestellt, die auch im Garten oder auf dem Balkon stehen können. Wenn man diese Arten erfolgreich im Zimmer kultivieren will, muß man sie relativ kühl halten; dies gilt insbesondere für Knollenbegonien. Die Temperatur sollte immer unter 20 °C bleiben. Unter derartigen Temperaturbedingungen entwickeln sich die Pflanzen bestens.

Das obere Foto zeigt *Begonia-Semperflorens*-Hybriden. Diese Begonien werden in der Regel aus Saatgut vermehrt. Entsprechend den genetischen Eigenschaften entstehen meist F_1-Hybriden, die sich durch kräftigen Wuchs auszeichnen, aber nicht immer die schönsten Farben bringen. Die am meisten vorkommenden Farben sind Weiß, Rosa und Rot, und zwar sowohl an einfachen als auch an gefüllten Blüten. Das Laub ist grün oder braungrün, bzw. bronzegrün.

Nach 1 bis 2 Jahren bauen die Pflanzen deutlich ab. Will man eine hübsche Sorte erhalten, dann nimmt man rechtzeitig Kopfstecklinge ab und bringt sie in einem Wasserglas oder in Vermehrungssubstrat zum Bewurzeln.

Das untere Foto zeigt einige großblumige Knollen-Begonien. Hübscher sind eigentlich die kleinblütigen und die hängenden Formen. Die Knollen werden in trockenem Torf bei 10 °C überwintert. Ab Mitte März werden sie wärmer gestellt und in feuchtem Torf zum Austreiben gebracht. Knollen mit mehreren Augen können geteilt werden.

Nach der Wachstumsphase, die sowohl im Haus als auch im Freien ablaufen kann, gießt man weniger, so daß die Pflanzen Ende September allmählich einziehen. Man entfernt dann die Stengel und nimmt die Knollen aus der Erde. Bevor man die Knollen zum Überwintern vorbereitet, läßt man sie etwas abtrocknen, um Fäulnis zu vermeiden.

 Mäßiges Tageslicht, eventuell diffuses Licht, aber kein pralles Sonnenlicht

 Kühl (nachts 5–15 °C), Minimum im Winter 10 °C

 Regelmäßig feucht halten

 Während der Blütezeit ist reichliches Lüften zu empfehlen

 Normale Blumenerde mit etwas feuchtem Torfmull gemischt

Begonia (Fortsetzung)

Eine wichtige Gruppe innerhalb der Begonien stellen die sogenannten winterblühenden Begonien dar. Es gibt zwar auch andere winterblühende Begonien, die dieser Gruppe mangels Handelswert nicht zugerechnet werden, aber man beschränkt sich mit dieser Bezeichnung in der Regel auf die während des Winters in größerem Umfange angebotenen Begonien.

Seit langem bekannt ist aus der Gruppe der winterblühenden Begonien die etwas klein blühende Lorraine-Begonie. Sie ist nebenstehend abgebildet. Es existieren verschiedene Sorten mit weißen bis intensiv lachsfarbenen Tönen. Die Pflanzen müssen alle 14 Tage gedüngt werden und stehen gerne hell, aber ohne direkte Sonneneinstrahlung. Nach der Blüte kürzt man die Triebe ein und schaltet eine Ruheperiode ein. Anschließend wird umgetopft und erneut angetrieben.

Winterblühende Begonien mit größeren Blüten zählen zum Elatior-Typ. Sie haben Farben wie Knollenbegonien, aber die Blüten sind häufig einfach, manchmal auch halb gefüllt oder gefüllt. Diese Pflanzen sind gegen den berüchtigten Mehltau noch empfindlicher als die Lorraine-Begonien.

Die Krankheitsanfälligkeit der vorgenannten Formen erklärt die rasche Verbreitung der Rieger-Begonien in den letzten Jahren. Rechts unten ist die Sorte 'Schwabenland' abgebildet. Die Rieger-Begonien zeichnen sich durch Robustheit, Wuchskraft und mittelgroße Blüten mit leuchtenden Farben aus.

Wenn man die winterblühenden Begonien während der lichtarmen Monate in ihrer Blühkraft stärken will, gibt man während der Dämmerstunden Zusatzlicht mit 60-Watt-Birnen in einem Abstand von 50–80 cm zu der Pflanze. Mit etwas Geschick kann man so die Vitalität und Blühkraft der Pflanze wesentlich verlängern.

Die vorgenannten Begonien kann man sowohl durch Aussaat als auch durch Stecklinge vermehren. Man wird bei der Anzucht größerer Mengen, z.B. in der Gärtnerei, zur Aussaat übergehen, während man im Liebhaberbereich die Stecklingsvermehrung vorziehen sollte. Man kann hierfür sowohl Kopfstecklinge als auch Triebteile mit einigen Blättern verwenden. In jedem Fall ist zum Bewurzeln Bodenwärme und Luftfeuchtigkeit erforderlich.

 Soviel Licht wie möglich, aber kein direktes Sonnenlicht

 Normale Zimmertemperatur; einige Grad darunter sind der Haltbarkeit förderlich

 Regelmäßig feucht halten

 Mäßig feuchte Luft erwünscht

 Normale Blumenerde mit etwas Torf angereichert

Begonia (Fortsetzung)

Von den vielen Arten an Blatt-Begonien dürfen die *Begonia-Rex*-Hybriden (oberes Bild) die bekanntesten sein. Die metallartig glänzenden Blätter bieten in Abhängigkeit von den Sorteneigenschaften die verschiedensten Farbkombinationen.

In etwas kühlerer und nicht zu lufttrockener Umgebung, z. B. in einer Diele oder einem Wohnraum, kann man diese Pflanzen bei 15–18 °C gut durch den Winter bringen, selbst wenn sie etwas abseits vom Fenster stehen. Die Vermehrung erfolgt ziemlich einfach indem man ältere, reife Blätter in Einzelstücke mit ca. 1 cm Kantenlänge zerschneidet und diese Blatteilchen in Vermehrungserde steckt oder bei anfänglicher Beschwerung durch eine Glasscheibe auf die feuchte Vermehrungserde legt. Dabei ist ausreichende Boden- und Luftwärme sowie Luftfeuchtigkeit von Bedeutung. Geeignet ist deshalb ein heizbares Mini-Gewächshaus.

Von den zahlreichen botanischen Begonien kommen nur hin und wieder einzelne Arten in kleinen Mengen in den Handel. Ein strauchartiges Exemplar ist unten abgebildet. In der Regel sind sie leicht durch Stecklinge zu vermehren, leicht zu pflegen und können 2 m hoch werden.

Den meisten Begonien ist kein langes Leben beschieden. Viele werden nach einigen Monaten oder einem Jahr von Mehltau befallen. Wenn man rechtzeitig Stecklinge abnimmt (das kann das ganze Jahr über geschehen), kann man die Pflanze bald wieder in junger Form, gesund und wüchsig bewundern. Eine jahrelange Lebensdauer wie z. B. bei *Ficus,* ist in der Regel bei Begonien nicht zu erwarten.

Für Anzucht und Kultur der Begonien nimmt man am besten Plastiktöpfe. Hierdurch läßt sich das Austrocknen der Topfballen verhindern, wogegen alle Begonien empfindlich sind. Vei aller Wasserbedürftigkeit der Begonien muß man jedoch bei den Plastiktöpfen aufpassen, daß es nicht zu Staunässe kommt, denn die Begonien zählen auch nicht gerade zu den Wasserpflanzen. Deshalb erhält der Topf vorsorglich eine gute Dränage aus mehreren Topfscherben, die überschüssiges Wasser ableitet. Gleichzeitig verwendet man eine humose, lockere, wasserdurchlässige und nährstoffhaltige Erde.

☼ Viel Licht, am besten in diffuser Form, aber keine direkte Sonneneinstrahlung

🌡 Warm (nachts 16–20 °C)

💧 Mäßig aber regelmäßig mit weichem Wasser (pH 4,5–5) gießen

🖌 Ideal ist hohe Luftfeuchtigkeit, aber es wird auch geringere Luftfeuchtigkeit vertragen

🪣 Im Handel erhältliche Blumenerde, gemischt mit Torf oder Lauberde

Beloperone

Zierhopfen

Die rechts abgebildete *Beloperone guttata* wird in letzter Zeit nicht mehr so häufig kultiviert, aber man findet sie doch noch in den Sortimenten der Blumengeschäfte mit breitem Angebot. Der Blütenstand ist ausgesprochen hübsch, wobei vor allem die rötlich-braunen Schutzblätter diesen Effekt bewirken. Die eigentlichen Blüten sind weiß und weniger auffallend.

Die *Beloperone* zählt zu den ausgesprochen lichtbedürftigen Pflanzen und kann bei luftigem Standort und ausreichend Wasser auch intensivere Sonneneinstrahlung vertragen. Im Sommer kann sie auch auf dem Balkon stehen. Nach dem Überwintern zurückschneiden, umtopfen und erneut antreiben. Vermehrung durch Stecklinge während des ganzen Jahres.

 Bevorzugt hellen, sonnigen Standort

 Mäßig warm (nachts 10–16 °C); Überwinterung bei 12–15 °C)

 Vom Austrieb an viel gießen bis etwa August; dann allmählich weniger, aber Ballentrockenheit vermeiden

 Verträgt Lufttrockenheit

 Humose, kalkhaltige Erde ohne stauende Nässe

Bertolonia

Die *Bertolonia* ist eine hübsche Pflanze für das warme Gewächshaus oder das temperierte Blumenfenster. Für die normale Wohnung kann sie weniger empfohlen werden. Andererseits findet man sie immer wieder in Blumengeschäften, weshalb sie hier auch kurz beschrieben wird. Am besten gelingt die Pflege im Zimmer in einem größeren Pflanzgefäß zwischen anderen, feuchtigkeitsliebenden Pflanzen. Ideal ist natürlich ein temperiertes Blumenfenster mit ausreichender Luftfeuchtigkeit.

Vermehrung durch Aussaat im Januar/Februar im Gewächshaus oder im heizbaren Vermehrungsbeet. Da jüngere Pflanzen hübscher sind, sollte alljährlich ausgesät werden. Abgebildet ist *Bertolonia marmorata*.

 Gedeiht am besten auf schattigen Standorten

 Warm (nachts 16–20 °C); Temperatur soll möglichst konstant sein (im Sommer tagsüber 20–22 ° C)

 Reichlich, aber nicht zu viel gießen

 Luftfeuchtigkeit ist unentbehrlich

 Grobe Heide- oder Walderde mit Torf vermischt

Billbergia

Zimmerhafer

Bei den meisten Beschreibungen von Bromelien wird
darauf hingewiesen, daß die Aufzucht neuer Pflanzen
schwierig ist. Dies gilt jedoch nicht für die nebenstehend abgebildete *Billbergia × windii*. Bereits während
der Blüte der Mutterpflanze bilden sich reichlich Ableger, so daß sich die Pflanze in relativ kurzer Zeit rich-
tiggehend bestockt. Die kräftigsten dieser Ableger
können eventuell schon im darauffolgenden Jahr blühen. Zu erwähnen ist, daß die *Billbergia* bei einem Minimum an Pflege mit bescheidenen Standorten zufrieden ist. Man kommt bei so viel Robustheit zu dem
Schluß, daß es sich hierbei um ein Musterexemplar der
Bromeliaceen handeln muß. Die Vermehrung erfolgt
durch Teilen älterer Pflanzen.

 Bevorzugt hellen Standort, verträgt aber auch
Schatten

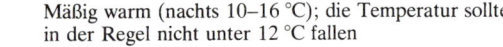 Mäßig warm (nachts 10–16 °C); die Temperatur sollte
in der Regel nicht unter 12 °C fallen

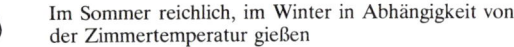 Im Sommer reichlich, im Winter in Abhängigkeit von
der Zimmertemperatur gießen

 Kann trockene Luft vertragen

 Komposterde oder normale Blumenerde

Blechnum

Rippenfarn

Blechnum gibbum (Abbildung) ist ein Farn, den man
nur selten sieht, der jedoch zu den hübschesten Arten
für die Zimmerkultur zu zählen ist. Der ideale Standort für diesen Farn ist ein Gewächshaus oder ein kli-
matisiertes Blumenfenster. Unter diesen Bedingungen
kann er Blätter von bis zu 1 m Länge bilden. Nach einigen Jahren entwickelt sich ein kleiner Stamm, ähnlich wie bei Palmen.
Man sorge für feuchte Luft und gleichmäßige, aber
nicht zu hohe Temperaturen. Der Topfballen ist
gleichmäßig feucht zu halten und während des Wachstums regelmäßig zu düngen. Vermehrung durch Aussaat von Sporen in einem bodenwarmen Saatkistchen.

Geräumiger, luftiger Standort ohne direkte Sonneneinstrahlung

Warm (nachts 16–20 °C), im Winter maximal 16–
18 °C

Von März bis Juli sehr viel Wasser geben, danach weniger; Topfballen darf nicht austrocknen

Ausreichende Luftfeuchtigkeit, aber die Pflanze nicht
besprühen

Etwas kalkhaltige, insgesamt humose Erde

Bougainvillea

Beim Anblick dieser Pflanze bekommt man Sehnsucht nach dem Süden, wo man enorme Exemplare der *Bougainvillea spectabilis* bewundern kann, die dort Mauern und Balkons etc. überwuchern. In den Blumengeschäften findet man meist die nebenstehend abgebildete *Bougainvillea × buttiana*. Es handelt sich hierbei um ein Kreuzungsprodukt, das weniger stark rankt. Es ist durchaus möglich, die Pflanze auch im nächsten Jahr zum Blühen zu bringen. Wichtig ist hierfür eine winterliche Ruhezeit mit niedrigen Temperaturen. Ab März hält man die Pflanze warm und hell und Ende Mai stellt man sie an einen geschützten Platz im Freien. Rückschnitt erfolgt gleich nach der Blüte. Vermehrung durch Frühjahrsstecklinge bei viel Bodenwärme.

 Heller und sonniger Standort

 Warm (nachts 16–20 °C), im Winter 6–8 °C

 Topfballen darf nicht austrocknen; im Winter sparsam, im Sommer reichlich gießen

 Es genügt mäßige Luftfeuchtigkeit; vor allem im Winter häufig besprühen, um Blattfall vorzubeugen

Browallia

Browallia speciosa (Abbildung) zählt zu den weniger bekannten einjährigen Topfpflanzen, die von den Gärtnern ab Juni angeboten werden. Bis zum Ende der Blühsaison kann man an dieser Pflanze viel Spaß haben, wenn man sie an einen nicht zu warmen Platz stellt und regelmäßig düngt. Man kann die Browallia auch durch Aussaat in einem beheizten Mini-Gewächshaus im Februar selbst vermehren. Nach dem Auflaufen pflanzt man mehrere Exemplare in Töpfe, entspitzt die Pflänzchen, topft sie später nochmals um und härtet sie gegen Ende Mai schrittweise ab. Am bequemsten geht die Anzucht im beheizten Gewächshaus. Man kann auch durch Stecklinge vermehren; dies ist jedoch kaum gebräuchlich.

 Steht gerne möglichst hell, verträgt aber keine direkte Sonneneinstrahlung

 Mäßig warm (nachts 10–16 °C); wenig empfindlich gegenüber unterschiedlichen Temperaturen

 Topfballen mäßig feucht halten

 Verträgt trockene Luft einigermaßen

 Normale, humus- und kalkhaltige Blumenerde

Brunfelsia

Nebenstehend wird *Brunfelsia pauciflora* var. *calycina* (*Brunfelsia calycina*, *Franciscea calycina*) vorgestellt. Es ist eine Pflanze, deren Pflege dem einen schwer, dem anderen leicht fällt. Wichtig sind in jedem Fall nicht zu hohe, aber gleichmäßige Temperaturen; außerdem sind Ruheperioden einzuhalten. Die erste fällt in den Winter. Hier wird bei Temperaturen von 12–14 °C wenig gegossen. Die zweite Ruheperiode ist nach der Blüte einzuhalten, etwa im Mai/Juni. Dann gleichfalls trockener halten. Die Pflanze kann bei Schutz vor Sonneneinstrahlung im Freien stehen. Vermehrung durch Stecklinge gelingt nur bei hoher Luftfeuchtigkeit und Bodenwärme. Die Anzucht zu blühfähigen Pflanzen ist nicht einfach.

 Halbschattiger Standort ohne direkte Sonneneinstrahlung

 Mäßig warm (nachts 10–16 °C); empfindlich gegen Temperaturschwankungen

 Mäßig gießen und während der Ruheperioden nur geringe Wassergaben

 Braucht ziemlich hohe Luftfeuchtigkeit

 Humose Blumenerde mit etwas Kalkgehalt

Caladium
Kaladie

Die Kaladie eignet sich nicht für die Aufzucht in der Wohnung. Besitzer von Kleingewächshäusern oder klimatisierten Blumenfenstern können jedoch damit Erfolg haben. Die Knolle wird im März eingetopft und bei 25 °C und hoher Luftfeuchtigkeit zum Austrieb gebracht. Wenn die Blätter ausgewachsen sind, wird die Pflanze schrittweise abgehärtet. Dann kann sie auch in etwas kühleren Räumen einige Monate durchhalten. Ende September werden die Wassergaben verringert, so daß die Pflanze einzieht. Die Knollen können im Topf überwintern oder hierfür herausgenommen werden. In jedem Fall sollte die Temperatur nicht unter 18 °C fallen. Knollen von Hybriden gibt es im Fachhandel. Abgebildet ist *Caladium bicolor* 'Candidum'.

 Einigermaßen schattiger Standort

 Warm (nachts 16–20 °C)

 Im Frühjahr und Sommer viel gießen, dann immer weniger

 Hohe Luftfeuchtigkeit, aber nicht die Blätter besprühen

 Lauberde und Torf zu gleichen Teilen, dazu etwas Sand

Calathea

Korbmarante

Von den ungefähr 150 Arten und Sorten von *Calathea* sind nebenstehend die drei bekanntesten abgebildet. Es handelt sich von oben nach unten betrachtet um folgende Arten:

Oben *Calathea ornata,* deren junge Blätter rosige Streifen aufweisen, die später eine elfenbeinfarbige Tönung annehmen. In der Mitte steht *Calathea makoyana;* ihre Blätter haben auf hellgrünem Untergrund bräunliche bis olivgrüne Streifen. Die lanzettförmigen Blätter von *Calathea lancifolia* sind beiderseits der Mittelrippe im Wechsel mit langen und kurzen dunkelgrünen Flecken verziert. Bei vielen *Calathea*-Arten ist die Blattunterseite rötlich getönt.

Die *Calathea* gedeiht am besten in flachen Töpfen. Alternativ kann man einen tieferen Topf entsprechend mit Topfscherben auffüllen. Am besten verwendet man ein humoses, grobes, durchlässiges Substrat, das man selbst aus Lauberde, Nadelerde, Torfstreu, Sphagnum-Moos und etwas Holzkohlestückchen herstellen kann. Wichtig ist eine gute Abflußmöglichkeit für überschüssiges Wasser.

Die eigentliche Schwierigkeit bei der Pflege der *Calathea* stellt ihr hohes Bedürfnis an Luftfeuchtigkeit dar. Tägliches Besprühen mit lauwarmem Wasser hilft wohl etwas, ist aber auf die Dauer nicht genug. Eine andere Möglichkeit ist, mit Hilfe einer entsprechenden Unterlage den Topf so in einen mit Wasser gefüllten Untersatz zu stellen, daß er mit dem Wasser nicht direkt in Berührung kommt. Günstiger ist natürlich die Anschaffung eines Luftbefeuchters.

Nachdem sich die Erde relativ schnell erschöpft, sollte man die *Calathea* einmal pro Jahr umtopfen. Außerdem sollte man alle 14 Tage in schwacher Konzentration flüssig düngen. Das Umtopfen geschieht am besten im Juni oder Juli. Um diese Zeit kann man die *Calathea* auch am besten vermehren. Das kann sowohl durch Teilung als auch durch Kopfstecklinge geschehen. Die Vermehrungserde muß ebenfalls locker und luftig sein. Für eine flotte Bewurzelung sind ca. 17 °C einzuhalten. Außerdem ist für ausreichende Luftfeuchtigkeit zu sorgen. Ideal ist die Vermehrung im beheizten Gewächshaus oder Vermehrungsbeet.

 Verlangt ziemlich viel Schatten; keine direkte Sonneneinstrahlung

 Warm (nachts 16–20 °), im Winter nicht unter 16–18 °C

 Mäßig mit lauwarmem Wasser gießen (Wasser vorher enthärten); Topfballen darf nicht austrocknen

 Hohe Luftfeuchtigkeit, vor allem im Jugendstadium der Blätter

Blumenerde mit Torf und Styromull auflockern; noch besser Spezialmischung wie oben beschrieben

Calceolaria

Pantoffelblume

Von dieser Gattung werden die *Calceolaria*-Hybriden am meisten angeboten. Besonders bekannt ist die Form 'Multiflora Nana'. Die hübsch geformten Blüten und ihre aparte Färbung und Zeichnung machen sie zu einer gerne gekauften Zimmerpflanze.

Allerdings ist zu beachten, daß die *Calceolaria* nicht zu warm und geschützt vor Zugluft stehen muß. Andernfalls beginnt sie rasch zu kränkeln und wird von Blattläusen befallen. Außerdem gieße man regelmäßig, aber nicht zu viel, sorge für ausreichende Luftfeuchtigkeit und meide direkte Sonneneinstrahlung. Die *Calceolaria*-Hybriden sind einjährige Pflanzen. Die Vermehrung erfolgt durch Aussaat im Juli/August.

 Heller Standort ohne direkte Sonneneinstrahlung

 Kühl (nachts 3–10 °C)

 Erde ziemlich feucht halten, deshalb regelmäßig gießen und den Topfballen nicht austrocknen lassen

 Möglichst hohe Luftfeuchtigkeit

 Humose, wasserhaltende Blumenerde

Callistemon

Zylinderputzer

Callistemon citrinus (früher *Callistemon lanceolatus)* ist eine der wenigen Pflanzen, die uns schon in relativ frühem Entwicklungsstadium mit aparten Blütenständen erfreut. Bei den rötlichen, borstenförmig angeordneten Gebilden handelt es sich um die Staubblätter der Blüten.

Es ist erstaunlich, daß man *Callistemon* nur selten als Zimmerpflanze antrifft, denn die Anzucht ist einfach. Man kann Anfang März umtopfen. Die Erfordernisse für die Entwicklung einer hübschen Blüte sind heller Standort und reichlich Luft (evtl. Standort im Freien). Um einen gedrungen Wuchs zu erzielen, wird im Frühjahr mehrfach gestutzt und bis August in zweiwöchigem Abstand kalkfrei gedüngt.

 Heller Standort, im Sommer am besten im Freien

 Mäßig warm (nachts 10–16 °C); kühl überwintern (6–8 °)

 Mäßig mit enthärtetem Wasser gießen

 Verträgt Lufttrockenheit

 Kalkarme Blumenerde mit Torfbeimischung

Camellia

Kamelie

Die *Camellia* zählt zu den Zimmerpflanzen, die jeglicher Veränderung gegenüber abhold sind, seien es nun Temperaturschwankungen, unregelmäßige Wassergaben oder gar wechselnde Standorte. Selbst spürbare Veränderungen in der Luftfeuchtigkeit werden häufig mit Abstoßen von Blütenknospen beantwortet. Dennoch kann man mit der Kamelie Erfolg haben. Bis zum Öffnen der Blütenknospen hält man sie bei maximal 12 °C, anschließend etwas wärmer. Nach der Blüte genügen 6–10 °C und ab Ende Mai stellt man die Kamelie ins Freie. Das nebenstehende Bild zeigt *Camellia japonica* 'Chandleri Elegans', eine kräftige Sorte. Die Vermehrung erfolgt durch Kopfstecklinge im Januar/Februar bei 18–22 °C Bodentemperatur.

- ☼ Leicht schattiger Standort, im Sommer im Garten oder auf dem Balkon
- 🌡 Kühl (nachts 5–10 °C); Pflanze ist empfindlich gegen Temperaturschwankungen
- 💧 Ziemlich viel mit lauwarmem Wasser gießen
- 🖌 Mittlere Luftfeuchtigkeit
- ⬛ Humose, lockere und durchlässige Erdmischung, relativ sauer (pH 4,5–5,5)

Campanula

Glockenblume

Campanula isophylla zählt mit zu den altbekannten und bewährten Zimmerpflanzen, die auch heute noch beliebt sind. Am meisten kommt die weiße Sorte 'Alba' und die blaue Sorte 'Mayi' vor.
Die Pflege ist ziemlich einfach. Bei reichlich Wärme und Sonne entsprechend gießen. Im Winter nach einem Rückschnitt in einer hellen, kühlen Kammer unterbringen. Jetzt wird wenig gegossen, dafür im Frühjahr mit dem beginnenden Austrieb wieder schrittweise mehr. Um diese Zeit setzt man auch wieder mit der Düngung ein, um Wachstumshemmungen und Blattvergilbungen zu vermeiden.
Die Vermehrung erfolgt durch 5–10 cm lange Kopfstecklinge.

- ☼ Heller, aber vor praller Sonne geschützter Standort
- 🌡 Kühl bis mäßig warm (nachts 5–12 °C); sehr frostempfindlich
- 💧 Gleichmäßig feucht halten, Topfballen nie austrocknen lassen
- 🖌 Mäßige Luftfeuchtigkeit
- ⬛ Humose, durchlässige, etwas kalkhaltige Erde

Canna
Blumenrohr

Eigentlich zählt die *Canna* nicht zu den Zimmerpflanzen sondern ist eine Beetpflanze, die vor allem in südlichen Regionen verwendet und dort ziemlich hoch wird. Allerdings gibt es derzeit Zwergformen von *Canna indica*, z. B. die Sorten 'Luzifer' (Foto), 'Perkeo', rot blühend, und 'Puck', gelb blühend. Diese kleinen Formen können eine wahre Zierde für das Fensterbrett oder das Blumenfenster darstellen. Interessant daran ist u. a., daß sie volle Sonne vertragen. Durch die große Blattoberfläche verdunsten sie allerdings viel Wasser und man muß entsprechend kräftig gießen. Für den Liebhaber kommt die Vermehrung durch Teilung oder Wurzelausläufer infrage.

 Verlangt viel Licht und Sonne

 Warm (nachts 16–20 °C); die Knollen in einem mäßig temperierten Gewächshaus überwintern

 Mäßig, bei hoher Temperatur viel gießen

 Hält normale Zimmerbedingungen gut aus, schätzt aber bei Wärme reichliches Lüften

 Normale Erde; im Sommer wöchentlich düngen; Knollen im Frühjahr neu eintopfen und antreiben

Capsicum
Zierpfeffer, Zierpaprika

Meist wird der *Capsicum annuum* in einem Stadium angeboten, in dem die Früchte schon deutlich sichtbar sind und nur noch voll ausgebildet werden müssen. Man kauft also in der Regel diese Pflanze in der letzten Entwicklungsphase ihres einjährigen Lebens. Will man alle Entwicklungsphasen miterleben, dann muß man im Februar/März selbst unter Glas aussäen. Wichtig sind dann gute Bodenwärme und Luftfeuchtigkeit. Nach einem Monat kann man pikieren und die Pflänzchen schrittweise abhärten. Bei etwas sonnigem Stand, Temperaturen von ca. 15 °C und mäßig feuchter Erde erscheinen allmählich die ersten Blüten. Damit sich die Früchte voll entwickeln und ausreifen, ist Sonne erforderlich.

 Pflanze möglichst sonnig stellen, aber vor intensiver Sonneneinstrahlung zwischen 10 und 17 Uhr schützen

 Mäßig warm (nachts 10–16 °C); die Pflanzen können im Sommer im Freien stehen

 Erde ziemlich feucht halten und entsprechend regelmäßig gießen

Verträgt trockene Luft einigermaßen

Lockere, kalkhaltige Erde

Carex

Segge

Von den vielen *Carex*-Arten ist eigentlich nur *Carex brunnea* als Zimmerpflanze geeignet. Die nebenstehend abgebildete Sorte 'Variegata' hat weiß gestreifte Blattränder. Diese immergrüne Pflanze ist besonders geeignet, in Pflanzkübel und dergleichen etwas Abwechslung hineinzubringen. Die Pflege ist unproblematisch, aber man muß darauf achten, daß im Topfballen keine stauende Nässe entsteht.

Die Vermehrung erfolgt meist durch Teilung älterer Pflanzen; denn bei Vermehrung durch Aussaat entstehen nur völlig grüne Pflanzen. Wegen der dekorativeren Wirkung wird man natürlich die weiß gestreiften Formen vorziehen.

 Heller Standort ohne direkte Sonneneinstrahlung

 Mäßig warm (nachts 10–16 °C), im Winter 8–16 °C

 Topfballen immer feucht, aber frei von Staunässe

 Mäßige Luftfeuchtigkeit

 Humose, lockere, kalkhaltige Blumenerde

Catharanthus

Die Gattung *Catharanthus* ist in den Tropen von Java bis Brasilien zuhause. Von den fünf bekannten Arten ist lediglich eine – *Catharanthus roseus,* die ursprünglich in Madagaskar beheimatet ist – als Zimmerpflanze geeignet. Die ovalen, grünen Blätter haben einen hellen Mittelstreifen. Nebenstehend abgebildet ist die Sorte 'Alba', geschmückt mit weißen Blüten, deren Zentrum rötlich gefärbt ist. Es gibt auch noch eine Sorte mit rosaroten Blüten. Auffallend ist die Ähnlichkeit mit Immergrün, *Vinca minor.* So erklärt es sich, daß die Art früher auch unter *Vinca rosea* lief. *Catharanthus* wird meist einjährig durch Aussaat angezogen, aber man kann die Pflanze auch durch Stecklinge vermehren.

 Heller, sonniger Standort erwünscht

 Mäßig warm (nachts 10–16 °C); für Stecklingsvermehrung im Frühjahr bei 10–20 °C überwintern

 Erde mäßig feucht halten, aber Topfballen nicht austrocknen lassen

 Verträgt die Luftfeuchtigkeit normaler Räume

 Lockere, kalkhaltige Blumenerde

Cephalocereus

Der bekannteste Vertreter dieser Gattung ist *Cephalocereus senilis,* das Greisenhaupt. Selbst kleine Pflanzen sind schon mit den weißlich-grauen, haarartigen Gebilden geschmückt, die der Pflanze ihren Namen gegeben haben. Damit sie nicht verschmutzt werden, wird die Erdoberfläche mit Kieselsteinchen abgedeckt.

Zu niedrige Luftfeuchtigkeit im Sommer kann zum Befall durch Wolläuse und Spinnmilben führen. Außerdem muß Zugluft vermieden werden.

Das Greisenhaupt blüht nur in seiner Heimat Mexiko und erst im Alter bei 6 m Höhe und mehr. Vermehrung durch Aussaat, wobei das Saatgut nur flach in fein gesiebte, sandige Erde ausgebracht wird.

 Verlangt viel Sonne

 Warm (nachts 16–20 °C); im Winter soll die Temperatur nicht unter 15 °C fallen

 Im Sommer mäßig gießen und im Winter trocken halten; Düngung im Sommer in zweiwöchigem Abstand

 Verlangt etwas Luftfeuchtigkeit; bei Trockenheit im Sommer vorsichtig Wasser vernebeln, nicht besprühen

 Durchlässige, etwas kalkhaltige Blumenerde

Cereus

Säulenkaktus

Aus dieser Gattung ist *Cereus peruvianus* (in der Mitte der abgebildeten Gruppe) die bekannteste Art. Er stammt aus dem Südosten von Südamerika und zeichnet sich durch seine Wuchskraft aus. Rechts daneben ist die Sorte 'Monstrosus' zu sehen. Der eigenartige Aufbau hat seine Ursache in einer Störung des Vegetationspunktes, die dazu führt, daß die Pflanze immer neue, verkümmerte Seitensprosse entwickelt. Links auf dem Bild *Cereus neotetragonus.*

Die meisten *Cereus*-Arten blühen erst in fortgeschrittenem Alter. Bei *Cereus chalybaeus* können schon jüngere Pflanzen mit ca. ¹/₂ m Höhe blühen.

Vermehrung durch vorher abgetrocknete Stecklinge oder Aussaat.

 Zur optimalen Entwicklung ist ein sonniger Standort erforderlich

 Warm (nachts 16–20 °C); kühl überwintern (Minimum 3 °C)

 Sparsam gießen; ab und zu Staub von den Pflanzen spritzen, damit die Atemzellen Luft bekommen

 Niedrige Luftfeuchtigkeit ist ausreichend

 Gut durchlässige, etwas kalkhaltige Blumenerde

Ceropegia

Leuchterblume

Wenn man die Beschreibung zu den nachstehenden Symbolen liest, kommt man zu dem Schluß, daß es sich bei *Ceropegia woodii* um eine nahezu ideale Zimmerpflanze handelt. Die abgebildete Pflanze trägt die typisch leuchterartigen Blüten, auf die auch der deutsche Name zurückzuführen ist. In den Achseln der marmorierten, fleischigen Blätter bilden sich Knöllchen, die man zur Weitervermehrung verwenden kann. Wenn man die Schnittwunden genügend abtrocknen läßt, bewurzeln auch gewöhnliche Stecklinge leicht. Außerdem kann durch Aussaat vermehrt werden.

Im Rahmen vorsichtiger Wassergaben wird alle 14 Tage gedüngt.

 Verträgt sowohl Sonne als auch Halbschatten

 Mäßig warm (nachts 10–16 °C); am besten kühl überwintern, die Pflanze hält aber auch im Zimmer durch

 Im Sommer regelmäßig, aber sparsam gießen; bei kühler Überwinterung nahezu vollkommen trocken halten

 Es genügt niedrige Luftfeuchtigkeit

 Durchlässige, nährstoffhaltige Blumenerde mit etwas Kalkgehalt

Chamaecereus

Diese Kakteengattung besteht nur aus einer einzigen Art, die weit verbreitet ist und bei richtiger Pflege eine reiche Blütenfülle hervorbringt. Wichtig sind vor allem die richtigen Lichtverhältnisse.

Die roten Blüten von *Chamaecereus silvestrii* schließen sich abends und öffnen sich morgens; sie halten ca. 1 Woche. Zur Vermehrung dieser Kakteenart bricht man kleine Sprosse ab, läßt deren Wunde abtrocknen und steckt sie in ein sandreiches Substrat. Die Bewurzelung macht keine Schwierigkeiten. Auch die Anzucht durch Aussaat ist unproblematisch.

Das Umtopfen ist wegen der Brüchigkeit der einzelnen Triebe nicht einfach.

 Heller Standort aber ohne intensive, direkte Sonneneinstrahlung

 Mäßig warm (nachts 10–16 °C); muß kühl überwintert werden und verträgt kurzzeitig leichten Frost

 Im Sommer regelmäßig, aber sparsam gießen, im Winter vollkommen trocken halten

 Kommt mit niedriger Luftfeuchtigkeit aus

 Lockere, nährstoffhaltige, humose Blumenerde mit etwas Kalkgehalt

Chamaedorea

Bergpalme

Die aus Mexiko stammende *Chamaedorea elegans* wird gerne gekauft. Dies ist u. a. auf die eigenartigen Blütenstände zurückzuführen. Diese rispenartigen Blütenstände sind mit kleinen, kugelförmigen Blüten besetzt, aus denen sich beerenartige Früchtchen entwickeln können. Besonders klein bleibt die Sorte 'Bella'. Die Vermehrung geschieht entweder durch Teilung, wobei es bisweilen Schwierigkeiten bei der Wurzelbildung gibt, oder durch Aussaat. Die Keimung läßt of lange auf sich warten, weil die Samen dick und hart sind. Man hält die Aussaat warm und in den ersten 2 Jahren schattig. Außerdem sorgt man für Luftfeuchtigkeit. Die Blätter sollte man regelmäßig mit lauwarmem, kalkfreiem Wasser säubern.

 Heller aber sonnengeschützter Standort erwünscht

 Mäßig warm (nachts 10–16 °); Maximaltemperatur im Winter nachts 14 °C

 Im Sommer reichlich gießen und einmal pro Woche tauchen; im Winter sparsam gießen

 Mäßige Luftfeuchtigkeit durch gelegentliches Besprühen

 Etwas kalkhaltige, humose, durchlässige Blumenerde

Chamaerops

Zwergpalme

Diese Palme kommt in Südeuropa wild vor. Die Art *Chamaerops humilis* kann auf ihren natürlichen Standorten eine Höhe von 5 m erreichen. Pflanzt man sie dagegen für die Zimmerkultur in einen Topf, dann wird sie die 1-m-Grenze kaum überschreiten, dafür aber gut in die Breite wachsen. Mit ihren typischen fächerförmigen Blättern ist *Chamaerops humilis* sicher ein Gewinn für jeden Wohnraum. Die Vermehrung erfolgt durch Aussaat und ist nicht schwierig. Man setzt die Jungpflanze unter Verwendung lehmig-humoser Blumenerde zunächst in einen kleineren Topf und stellt sie bald an die volle Sonne. Nach 2 Jahren hat sie sich prächtig entwickelt. Die Überwinterung kann auf einem ziemlich sonnenarmen Platz erfolgen.

 Verträgt im Sommer volle Sonneneinstrahlung

 Mäßig warm (nachts 10–16 °C); kühl, aber frostfrei überwintern und für frische Luft sorgen

 Im Sommer vile gießen, im Winter mäßig feucht halten; im Sommer jede Woche düngen

 Normale Luftfeuchtigkeit; Pflanze im Sommer ins Freie stellen

 Etwas kalkhaltige, humose Blumenerde

Chlorophytum

Grünlilie

Die abgebildete Pflanze, *Chlorophytum comosum* 'Variegatum', hat noch eine völlig grüne Verwandte, und zwar *Chlorophytum capense*.

Um dem Verlust der hübschen Blattzeichnung vorzubeugen, muß man darauf achten, daß die Pflanze nicht zu dunkel steht und nicht zu viel Wasser oder Dünger bekommt. Man braucht dabei keine Angst haben, daß die Pflanze Mangel leidet. Sie besitzt nämlich Wurzelverdickungen, in denen Sie Wasser und Nährstoffe speichert. Die Vermehrung ist einfach. Ab einem gewissen Alter bilden die Pflanzen Ausläufer (siehe Abbildung), die man abschneiden und eintopfen kann. Eine andere Möglichkeit ist die Vermehrung durch Teilen älterer Pflanzen.

 Verträgt sowohl etwas Sonne als auch leichten Schatten

 Mäßig warm (nachts 10–16 °C) bis warm (nachts 16–20 °C)

 Während des Sommers normal bis reichlich gießen, im Winter Wassergaben verringern

 Verträgt zwar trockene Luft, schätzt es aber, ab und zu besprüht oder überbraust zu werden

 Humose, lehmhaltige Blumenerde

Chrysanthemum

Wucherblume

Die *Chrysanthemum-Indicum*-Hybriden werden heute das ganze Jahr angeboten. Dies ist möglich, weil es sich bei *Chrysanthemum indicum* um eine Kurztagpflanze handelt, die nur im Kurztag, in der normalen Natur im Herbst, blüht. Durch entsprechendes Gestalten der Tageslänge (eventuell Verlängerung durch Belichtung) oder der Nachtlänge (eventuell Verdunkeln durch Folie etc.) kann man die Chrysanthemen zu jeder gewünschten Jahreszeit zur Blüte bringen. Man spricht deshalb auch von einer gesteuerten Kultur. Außerdem setzt man noch Hemmstoffe ein, die bewirken, daß die Pflanzen gedrungen wachsen und reich blühen. Robuste Sorten kann man nach der Blüte ins Freie setzen, wo sie sich normal entwickeln.

 Im Zimmer halbschattigen Standort wählen

 Mäßig warm (nachts 10–16 °C); Überwinterung bei 4–6 °C

 Mäßig gießen, aber Austrocknen des Topfballens vermeiden

 Verträgt trockene Luft relativ gut

 Normale, humus- und kalkhaltige Blumenerde

Cissus

Klimme

Die Gattung *Cissus* enthält Arten, die sich durch besondere Robustheit als Zimmerpflanzen auszeichnen. Sie sind in dieser Eigenschaft vergleichbar mit *Ficus*, *Monstera* oder *Sansevieria*. Ein besonders robuster Vertreter der Gattung ist *Cissus rhombifolia*, häufig auch *Rhoicissus rhomboidea* benannt. Wenn man weitab vom Fenster noch eine rankende Grünpflanze sieht, dann kann es sich in der Regel nur um *Cissus rhombifolia* handeln, die notfalls einige Zeit mit relativ wenig Licht auskommt. Sie verträgt aber auch helle, vor direkter Sonneneinstrahlung geschützte Standorte gut. Allgemein wirkt sich eine nicht zu hohe Durchschnittstemperatur günstig auf das Gedeihen der Pflanze aus. Aber auch hier kann die Pflanze einiges vertragen. Sie kann auch zum Blühen kommen; die Blüten sind aber unscheinbar.

Neben *Cissus rhombifolia* (rechts im Bild) ist *Cissus antarctica* (Bildmitte) weit verbreitet. Diese Art hat im Gegensatz zum dreigeteilten Blatt von *Cissus rhombifolia* größere, ungeteilte Blätter. Sie ist etwas empfindlicher gegen höhere Temperaturen und nicht immer problemlos zu pflegen.

Links auf dem Bild ist der Vollständigkeit halber *Cissus discolor* zu sehen. Es handelt sich hierbei um eine bildschöne Kletterpflanze, die jedoch nur im Gewächshaus oder im klimatisierten Blumenfenster voll zur Entwicklung kommt.

Etwas leichter ist die Pflege von *Cissus striata*. Es handelt sich hierbei um eine wenig verbreitete Hängepflanze mit fünfteiligem Blatt, die nebenstehend nicht abgebildet ist.

Alle *Cissus*-Arten gehören in die Familie der Weingewächse, *Vitaceae*, und benötigen zum guten Gedeihen lockere, durchlässige, kalkhaltige Erde. Ein Rückschnitt wird gut vertragen.

Stecklinge wurzeln am besten bei Licht und Wärme. Andere Mitglieder der Weingewächse findet man unter den Gattungen *Ampelopsis*, *Rhoicissus* und *Tetrastigma*.

 Helle bis deutlich schattige Standorte, wobei die einzelnen Arten sich etwas unterscheiden

 Mäßig warm (nachts 10–16 °C), Minimum im Winter 8 °C; *C. discolor* bevorzugt höhere Temperaturen

 Mäßig gießen

Je nach Art mehr oder weniger feucht, im Winter allgemein weniger

 Humose, kalkhaltige Blumenerde; normale Blumenerde kann zu sauer sein

Citrus

Die Zierform der allgemein bekannten Apfelsine ist *Citrus microcarpa* (Abbildung). Wenn man die Pflanze mit Fruchtbehang erhält, stellt man sie hell und nicht zu warm auf. Eine niedrige Wintertemperatur fördert die Blühwilligkeit. Ende Mai setzt man *Citrus microcarpa* nach Möglichkeit auf einen geschützten Platz im Freien. Die Pflanze verträgt die volle Sonne, braucht jetzt reichlich Wasser und ab und zu Flüssigdüngung. Aus den Blüten entwickeln sich dann die neuen Früchtchen, die sich aber nur sehr langsam orange färben. Manchmal dauert die völlige Ausfärbung ein Jahr. Vermehrung im Frühjahr durch Kopfstecklinge bei Bodenwärme.

 Sonniger bis leicht schattiger Standort; im Sommer im Freien oder auf dem Balkon

 Mäßig warm (nachts 10–16 °C); kühl überwintern

 Im Sommer viel gießen, im Winter den Topfballen feucht halten

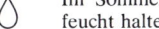 Mäßige Luftfeuchtigkeit

 Humose, kalkhaltige Blumenerde

Cleistocactus

Diese Gattung entwickelt lange, säulenförmige Pflanzenkörper, die häufig mit schneeweiß gefärbten Dornen bewaffnet sind. Diese Kakteen bringen ab einem gewissen Alter oben dünne, langgestreckte Blüten hervor. Hierzu müssen sie jedoch, je nach Art, eine Höhe von 0,5–1 m erreicht haben. Im Gegensatz zu den meisten anderen Kakteen verlangen *Cleistocactus*-Arten keine absolut trockene Überwinterung. Auch die Temperatur sollte nicht unter 15 °C fallen. Im Frühjahr und Sommer wird etwas feuchte Luft sehr geschätzt.
Die Vermehrung erfolgt am einfachsten durch Aussaat, gelingt aber auch durch Stecklinge. Abgebildet ist *Cleistocactus straussii* var. *jujuvensis*.

 Während des ganzen Jahres heller, sonniger Standort

 Warm (nachts 16–20 °C); etwas kühler überwintern

 Im Sommer mäßig, aber ausreichend gießen, im Winter nicht völlig trocken halten

 Verträgt trockene Luft nicht so gut wie andere Kakteen

 Durchlässige, etwas kalkhaltige Blumenerde

Clerodendrum
Losbaum

Das nebenstehend abgebildete *Clerodendrum thomsoniae* wird häufig auch *Clerodendron* genannt. Es handelt sich um eine Kletterpflanze, die am besten in einem temperierten Gewächshaus gedeiht. Dort können sich Triebe von 4 m Länge entwickeln. Durch rechtzeitiges Entspitzen der jungen Triebe und gegebenenfalls durch Rückschnitt kann man eine kompakte Zimmerpflanze anziehen. Durch häufiges Besprühen trägt man vor allem im Sommer zum guten Gedeihen der Pflanze bei. Im Laufe des Dezembers setzt man die Pflanze kühler und trockener. Ende Februar wird zurückgeschnitten und umgetopft. Mit beginnendem Austrieb wärmer und eventuell heller stellen; die nun entstehenden Triebe aufbinden. Vermehrung durch Stecklinge.

 Heller Standort, aber ohne intensive Sonneneinstrahlung

 Mäßig warm (nachts 12–16 °C); im Winter ungefähr 10–12 °C einhalten

 Gleichmäßig feucht halten, in der Ruheperiode etwas weniger gießen

 Hohe Luftfeuchtigkeit erwünscht; im Sommer Laub häufig besprühen

 Humus- und kalkhaltige Blumenerde

Cleyera
Sperrstrauch

Die *Cleyera japonica* wird fälschlicherweise häufig als *Eurya japonica* bezeichnet. Die grün belaubte Form blüht weiß und entwickelt rote Früchte. Die Sorte 'Tricolor' wird vor allem wegen ihrer hübsch gefärbten Blätter angezogen. Blüten bilden sie selten. Man vermehrt die *Cleyera* durch Kopfstecklinge, die besonders Bodenwärme brauchen, um gut zu bewurzeln. Um im Laufe der Anzucht eine gut geformtes Exemplar zu erzielen, muß durch mehrfaches Entspitzen formiert werden. Das Umtopfen geschieht am besten im Frühjahr, wobei man die Erde gut andrückt. Flüssigdüngung mit einem kalkfreien Dünger. Ab und zu mit lauwarmem Wasser das Laub besprühen.

 Vor voller Sonneneinstrahlung schützen, aber hell stellen; steht im Sommer gut im Freien

 Mäßig warm (nachts 10–16 °C); kühl überwintern bei ca. 10 °C

 Das ganze Jahr mäßig mit enthärtetem Wasser gießen

 Mäßige Luftfeuchtigkeit; ab und zu besprühen

 Normale, humose Blumenerde

Clivia

Klivie, Riemenblatt

Die nebenstehend abgebildete Klivie ist eine weit verbreitete Zimmerpflanze, die dekorativ wirkt und wenig
Ansprüche stellt. Die Pflanze läßt deutlich erkennen,
wenn ihr etwas fehlt. Gelbe Flecken auf den Blättern
sind die Folge von zu häufigen und zu kalten Wassergaben. Auch Wassergaben zwischen die Ansatzstelle
der Blätter können die Ursache sein. Wenn die Pflanze
zu dunkel steht, werden die Blätter länger und knik-
ken. Bleibt der Blütensproß aus, wurde ab Oktober zu
viel gegossen. Die Blüten erscheinen nämlich erst nach
Einhaltung einer Trockenperiode ab Oktober. Man be-
wahrt in dieser Zeit die Erde nur vor dem Austrocknen, bis der Blütentrieb 15 cm lang ist. Anschließend
normal gießen und etwas mehr Wärme geben.

 Halbschattiger Standort, während des Sommers eventuell im Freien

 Mäßig warm (nachts 10–16 °C); Überwinterung bei
maximal 12–15 °C

 Im Sommer reichlich gießen, aber stauende Nässe vermeiden; im Winter so trocken wie möglich halten

 Schätzt etwas Luftfeuchtigkeit, ist aber nicht empfindlich gegen Lufttrockenheit

 Erde auf der Basis von reifem Kompost

Codiaeum

Wunderstrauch

Der Wunderstrauch stammt aus Ostasien und setzt uns
immer wieder mit seinen Variationen in der Blattzeichnung in Erstaunen. Er wird häufig auch Croton genannt. Um die hübsche Blattzeichnung zu erhalten,
braucht die Pflanze reichlich Licht und Luft. Lufttrok-
kenheit kann die Ursache für Blattfall, Mehltau, Rote
Spinne oder Thrips sein. Regelmäßiges Besprühen,
Luftbefeuchtung oder Einsenken in feuchten Torf,
z. B. in einem Blumenfenster, können hier Abhilfe
schaffen.
Vermehrung durch ausgereifte Kopfstecklinge bei hoher Bodenwärme; etwas Wuchsstoff verwenden. Jungpflanzen vor Sonneneinstrahlung schützen. Auf Befall
durch Wolläuse achten.

 Heller Standort ohne intensive Sonneneinstrahlung

 Warm (nachts 16–20 °C); Überwinterung bei 16–
18 °C

 Im Frühjahr und Sommer ziemlich feucht, anschließend etwas trockener halten

 Lufttrockenheit vermeiden und durch geeignete Maßnahmen (Besprühen etc.) vorbeugen

Erdmischung aus Laub- und Heideerde unter Zugabe
von normaler Blumenerde und etwas Sand

Coelogyne
Hohlnarbe

Von den vielen Arten und Sorten eignet sich insbesondere *Coelogyne cristata* für die Zimmerkultur. Andere Arten, die man ebenfalls mit Erfolg in einem temperierten Gewächshaus oder Wohnraum kultivieren kann, sind *Coelogyne dayana*, *C. massangeana* und *C. pandurata*. Die Ruheperiode dieser Orchideen fällt in den Winter. Dann gibt man für 6–8 Wochen wenig Wasser. Die Nachttemperatur sollte dabei nicht unter 12 °C fallen. *Coelogyne cristata* entwickelt von Januar bis April cremeweiße Blüten mit gelbgezeichneter Lippe. Nach der Blüte kann man in ein Epiphytenkörbchen oder in einen Topf umpflanzen. Dabei wird der Topf für die Drainage zu einem Drittel mit Topfscherben angefüllt.

 Am besten in ein halbschattiger Standort

 Warm (nachts 16–20 °C); im Winter reichen 14–16 °C vollkommen

 Reichlich mit salz- und kalkfreiem Wasser gießen

 Für hohe Luftfeuchtigkeit sorgen, aber beim Sprühen darauf achten, daß die Blätter nicht fleckig werden

 Spezielles Orchideensubstrat verwenden

Coleus
Buntnessel

Leichte Vermehrbarkeit durch Stecklinge, keine besonderen Ansprüche, flotter Wuchs und hübsches Aussehen sind die Eigenschaften, die *Coleus* zu einer beliebten Zimmerpflanze werden ließen. Am meisten verbreitet sind die bunten *Coleus-Blumei*-Hybriden (rechts im Bild), deren aufrechte Stengel größere Blätter als *Coleus pumilus* entwickeln. *Coleus pumilus* hat einen teilweise kriechenden Wuchs.
Die Buntnessel eignet sich nicht besonders zum Überwintern. Aber man kann eine Mutterpflanze zur Stecklingsgewinnung im Frühjahr durchbringen. Kopfstecklinge bewurzeln sich sowohl im Wasserfläschchen als auch in Vermehrungssubstrat. Auch Vermehrung durch Aussaat im Februar/März ist möglich.

 Zur Erhaltung der Blattfärbung möglichst hell und sonnig stellen

 Mäßig warm (nachts 14–18 °C)

 Im Sommer reichlich mit enthärtetem Wasser gießen und mindestens einmal in der Woche tauchen

 Der Bedarf an Luftfeuchtigkeit wächst mit steigenden Temperaturen und wird durch Besprühen gedeckt

 Humus- und lehmhaltige Blumenerde

Columnea

Sowohl *Columnea microphylla* (untere Abbildung) als auch *Columnea hirta* (obere Abbildung) zählen zu den Epiphyten und stammen aus Costa Rica. Sie gedeihen am besten in einer Mischung aus grober Heide- und Lauberde mit Sphagnum-Moos und Holzkohlestückchen. Während der Vegetationsperiode werden leichte Dunggüsse geschätzt.

Eine Ruheperiode mit etwas niedrigeren Temperaturen und weniger Wasser fördert den Blütenansatz.

Nach der Blüte schneidet man die Columnea zurück, da sie an den jungen Trieben blüht. Außerdem trägt der Rückschnitt zur besseren Formierung der Pflanze bei und wirft Triebenden ab, die man als Stecklinge verwenden kann. Die beste Vermehrungszeit ist März bis Mai. Man steckt die etwa 10 cm langen Stecklinge in eine Mischung aus Torf und Sand (1 : 1), wo sie bei einer Temperatur von 20 °C nach 2–3 Wochen Wurzeln bilden. Sobald genügend Wurzeln vorhanden sind, werden mehrere Jungpflanzen gleichzeitig in einen flachen Topf mittlerer Größe gepflanzt. Wenn die Pflanzen weiterwachsen, muß auf rechtzeitiges Entspitzen geachtet werden, um einen buschigen Aufbau zu erzielen. Durch entsprechende Maßnahmen sorgt man für möglichst hohe Luftfeuchtigkeit.

Von den vielen *Columnea*-Arten sind die nachstehenden am besten für die Zimmerkultur geeignet: *Columnea × banksii* mit roten, zweilippigen Blüten und überhängenden Trieben, die mit eiförmigen Blättchen garniert sind; Blüte im Frühjahr. *Columnea gloriosa* mit hängenden Trieben, die mit eiförmigen, behaarten Blättchen besetzt sind. Die Form 'Purpurea' hat rotbraunes Laub; die Blüte ist flammendrot mit gelber Kehle. *Columnea × kewensis* wächst halb aufrecht mit später etwas überhängenden Trieben. *Columnea microphylla* ist eine kleinblättrige Art, die auch buntlaubig sein kann, wie die untere Abbildung zeigt. *Columnea schiedeana* hat kletternden Wuchs.

Die Gattung *Columnea* ist mit der Gattung *Aeschynanthus* (siehe S. 28 u. 29) verwandt. Dies ist an Wuchstyp, Laub und Blüten leicht zu erkennen.

 Am besten an einem leicht schattigen Standort aufhängen oder aufstellen

 Warm (nachts 16–20 °C); im Herbst Temperatur bei 10–15 °C und im Winter bei 15–18 °C halten

 Erde feucht halten und temperiertes, enthärtetes Wasser verwenden

 Erforderlich ist konstante, ziemlich hohe Luftfeuchtigkeit

 Lockere, humose Blumenerde mit Sphagnum-Beimengung

Cordyline

Keulenlilie

Diese tropische Blattpflanze mit ihrem prächtig gefärbten Laub muß möglichst warm und bei hoher Luftfeuchtigkeit gehalten werden. Die nebenstehend abgebildete *Cordyline terminalis* ist eine der empfindlich-
sten Arten und muß bei 10–13 °C überwintert werden.
Während des Sommers alle 14 Tage düngen. Im Abstand von 2–3 Jahren wird im April/Mai umgetopft.
Wenn die *Cordyline* von unten kahl wird, kann man sie
durch Abmoosen verjüngen. Auch die Vermehrung
durch Kopfstecklinge oder Stammstecklinge mit mindestens 3 Augen ist möglich. Wuchsstoffbehandlung
und Temperaturen von 25–30 °C sind erforderlich.
Auch Aussaat im Februar ist möglich.

 Erwünscht ist möglichst heller Standort ohne intensive
Sonneneinstrahlung; etwas Schatten wird vertragen

 Warm (nachts 16–20 °C); Überwinterung bei 4–7 °C

 Topfballen mäßig feucht halten

 Für laufende hohe Luftfeuchtigkeit sorgen

 Normale humose Blumenerde

Cotyledon

Die artenreiche Gattung *Cotyledon* kann man in zwei
Artengruppen untergliedern, und zwar in immergrüne
und laubabwerfende Arten. Zu der letztgenannten
Gruppe zählen *Cotyledon paniculata* und *Cotyledon re-
ticulata,* die bis zum Erscheinen der ersten Blättchen
im späten Herbst trocken gehalten werden müssen.
Aus der Gruppe der immergrünen Arten sind vor allem *Cotyledon orbiculata* und *Cotyledon undulata* (Abbildung) bekannt. Beie Arten besitzen bereifte Blätter
und entwickeln orangefarbene Blüten, aber *Cotyledon
orbiculata* wird größer.
Die Erdmischung soll aus gleichen Teilen Sand, Lehm
und Lauberde bestehen. Vermehrung durch Stecklinge
im Sommer oder durch Aussaat.

 Optimal ist ein sonniger Standort

 Warm (nachts 16–20 °C); Überwinterung bei ca. 10 °C

 Sparsam gießen und Laub nicht naß machen; laubabwerfende Arten nach dem Blattfall nicht gießen

 Niedrige Luftfeuchtigkeit reicht aus

 Lockere, etwas saure Spezialmischung wie oben beschrieben

Crassula

Dickblatt

Die Gattung *Crassula* umfaßt eine Vielzahl von Dickblattgewächsen, die zum größten Teil aus Südafrika stammen. Wie die meisten Sukkulenten brauchen auch die *Crassula*-Arten in der Regel einen sonnigen Standort, niedrige Luftfeuchtigkeit, wenig Wasser und eine lehmige, aber durchlässige Erde. Niedrige Wintertemperaturen beugen dem Vergeilen, dem Blattlausbefall und dem Blattverlust vor.

Die Vermehrung erfolgt durch Kopf- oder Blattstecklinge. In jedem Falle läßt man die Stecklinge vor dem Stecken im Schatten etwas abtrocknen. Anschließend bringt man sie in einer Mischung aus Sand und Torf (1 : 1) zum Bewurzeln. Auch Aussaat ist möglich, wobei die Keimung meist nach ca. 2 Wochen erfolgt. Umgetopft wird im März, wenn die Pflanzen wieder zu wachsen beginnen. Man kann hierfür auch Kakteenerde verwenden.

Auf dem oberen Foto sind von links nach rechts abgebildet: *Crassula portulacea* mit glänzenden, länglichrunden Blättern. Diese Art verzweigt sich gut und kann 1 m Höhe erreichen, sie blüht jedoch nur selten. *Crassula lycopodioides* besitzt dünne verzweigte Triebe, die mit kleinen schuppenförmigen Blättern besetzt sind. Diese Art wird ungefähr 25 cm hoch und blüht weißlich. *Crassula crenulata* blüht rötlich.

Das untere Foto zeigt links *Crassula perforata*. Typisch hierfür sind die dreieckigen, graugrünen, kreuzgegenständigen Blätter. Die Blüte dieser Art ist gelblich. Hinten rechts ist *Crassula rotundifolia* mit ihren runden, graugrünen Blättern zu sehen, die zum Rande hin rosa getönt sind. Die Blüte ist gelb.

Rechts vorne *Crassula marginalis rubra*. Diese Art ist, wie die Abbildung deutlich macht, gut als Hängepflanze geeignet. Die überhängenden Triebe sind mit herzförmigen, etwas rötlich gefärbten Blättchen besetzt. Die Blüten bleiben verhältnismäßig klein und sind weiß gefärbt. Wie aber die Abbildung erkennen läßt, besitzen sie dennoch einen gewissen Zierwert und können bei richtiger Einordnung der Pflanze eine aparte Note verleihen.

 Heller aber vor intensiverer Sonneneinstrahlung geschützter Standort, ab Ende Mai im Freien

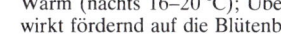 Warm (nachts 16–20 ℃); Überwinterung bei 6–12 ℃ wirkt fördernd auf die Blütenbildung

 Sparsam gießen und im Winter nahezu trocken halten

 Niedrige Luftfeuchtigkeit ist ausreichend

 Sandige, humose und gut durchlässige Erdmischung

Crocus

Krokus

Eigentlich ist es nicht schwierig, Krokus-Zwiebeln im Hause zum Blühen zu bringen. Zu diesem Zweck werden präparierte Zwiebeln im Oktober eingetopft und dann am besten eingegraben und so mit Erde und Laub abgedeckt, daß man sie im Januar wieder herausnehmen kann. Auch ein kühler Keller eignet sich als Einschlag, wenn er vollkommen dunkel gehalten werden kann. Man gibt während der Einschlagzeit nur mäßig Wasser. Sobald man fühlen kann, daß die Blütenknospen durchtreiben, stellt man die Krokusse ans Licht. Dabei ist darauf zu achten, daß der Standort möglichst kühl ist und reichlich Luftfeuchtigkeit bietet. Eventuell hilft hier bis zur Blüte Abdeckung mit einer Folientüte.

 Halbschattiger Standort verlängert die Haltbarkeit

 Kühl (nachts 3–10 °C)

 Mäßig gießen, bei zuviel Nässe Gefahr der Wurzelfäule

 Erwünscht ist hohe Luftfeuchtigkeit, die man durch häufiges Besprühen, Vernebeln etc. herbeiführt

 Etwas kalkhaltige, humose Blumenerde

Crossandra

Wenn man nicht für ausreichende Luftfeuchtigkeit sorgen kann, stellt die Anzucht und Pflege der *Crossandra* ein schwieriges Unterfangen dar. In einem heizbaren Gewächshaus oder Blumenfenster oder inmitten einer Pflanzengruppe in einem größeren Pflanzgefäß fühlt sich die *Crossandra* jedoch wohl. Dagegen wird sie als Einzelpflanze auf einem Fensterbrett über einem eingeschalteten Heizkörper rasch kümmern.

Überwintern geht nur bei etwas niedrigeren Temperaturen und weniger Wasser. Am besten beginnt man im Frühjahr neu mit Stecklingen, die bei Bodenwärme bewurzeln. Der volle Name der abgebildeten Pflanze ist *Crossandra infundibuliformis*.

 Im Sommer Halbschatten, im Winter hell aber nicht sonnig

 Warm (nachts 16–20 °C); im Winter soll die Temperatur nicht unter 12 °C fallen

 Während der Vegetationszeit reichlich mit enthärtetem Wasser gießen

 Hoher Bedarf an Luftfeuchtigkeit

 Lockere, humusreiche Blumenerde

Cryptanthus

Versteckblüte

Die hübschen, bunt belaubten Pflanzen auf den nebenstehenden Bildern gehören in die Familie der rosettenförmigen Bromeliaceen, die nach der Blüte einziehen. Allerdings ist die Blüte bei der Gattung *Cryptanthus* praktisch ohne Bedeutung und im übrigen bilden sich als Ersatz für einziehende ältere Pflanzen zahlreiche neue Ableger.

Will man *Cryptanthus*-Arten jahrelang erhalten, ist ein Gewächshaus o. ä. erforderlich. Für einen zeitlich befristeten Aufenthalt eignet sich jedoch auf die Wohnung, vor allem im Sommer, wenn nicht geheizt wird. Es empfiehlt sich, ein Sortiment zu kaufen und dieses in einem irdenen Gefäß auszupflanzen.

Auf dem oberen Foto ist links *Cryptanthus acaulis* und rechts der auffallende *Cryptanthus bromelioides* 'Tricolor' abgebildet. Die Sortenbezeichnung 'Tricolor' ist auf die grün-weiß-rote Streifung zurückzuführen, die jedoch nur erscheint, wenn die Pflanze reichlich Licht erhält.

Das untere Foto zeigt links *Cryptanthus bivittatus* und rechts die bekannte Art *Cryptanthus zonatus* 'Zebrinus', die eine besonders aparte Blattzeichnung aufweist.

Bei der Auswahl des o. e. Sortiments gehe man besonders kritisch vor, insbesondere hinsichtlich der Blattzeichnung, weil sich die Pflanzen bei längerem Aufenthalt im Blumengeschäft vielfach farblich verschlechtern.

Wenn auch die meisten Bromelien auf Bäumen wachsen (Epiphyten), ist *Cryptanthus* in der freien Natur auch auf dem Boden anzutreffen. Deshalb kann man dem lockeren Substrat ruhig etwas kräftigere Blumenerde beimischen. Vorübergehende Trockenheit wird gut vertragen. Im Winter wird etwas weniger gegossen als im Sommer.

Die Erhöhung der Luftfeuchtigkeit trägt wesentlich zur Gesunderhaltung und günstigen Weiterentwicklung bei, weil damit ähnliche Bedingungen wie in der Heimat der Pflanzen geschaffen werden. Ab und zu wird etwas über das Laub gedüngt.

Die Vermehrung erfolgt durch Abnehmen und Eintopfen bewurzelter Ableger.

 Leicht schattiger Standort

 Warm (nachts 16–20 °C); die Überwinterungstemperatur liegt hoch, und zwar bei 20–22 °C

 Nur mäßig gießen, aber den Topfballen nicht austrocknen lassen

 Hohe Luftfeuchtigkeit ist erforderlich

 Durchlässige, humose Blumenerde mit Beimengung von Lauberde und Sphagnum

Ctenanthe

Die *Ctenanthe* hat ein ziemliches Maß an Robustheit bewiesen und erfreut sich in letzter Zeit zunehmender Beliebtheit. Sie ist vor allem für Pflanzgefäße oder Blumenfenster geeignet, wo sie zwischen den anderen Pflanzen die erforderliche Luftfeuchtigkeit erhält. Zur Erhaltung der Blattzeichnung ist möglichst viel Licht erforderlich, aber die Pflanze wächst auch auf weniger hellen Standorten. Sie bildet in die Breite gehende Wurzeln und sollte deshalb in flache Gefäße gepflanzt werden. Abgebildet ist *Ctenanthe lubbersiana. Ctenanthe oppenheimiana* 'Variegata' hat spitzere Blattenden und eine hellere und dekorativere Blattzeichnung.

 Günstig ist ein Standort im Halbschatten

 Warm (nachts 16–20 °C); im Winter reicht eine Tagestemperatur von 18 °C

 Mäßig feucht halten und enthärtetes Wasser verwenden

 Durch regelmäßiges Besprühen für Luftfeuchtigkeit sorgen

 Mischung aus Lauberde mit Torf und Mistbeeterde

Cuphea
Köcherblümchen

Im Niederländischen wird die *Cuphea* auch als Streichholzpflänzchen bezeichnet. In der Tat erinnern die kleinen, röhrenförmigen Blüten an rot gefärbte Streichhölzchen. Der Gärtner zieht die *Cuphea* meist durch Aussaat und bietet sie im Mai zum Verkauf an. Die um diese Zeit schon blühenden Pflänzchen kann man getrost an die Sonne setzen.

Will man eine *Cuphea* überwintern, hält man sie hell, kühl und gießt nur wenig. Im Februar/März kann man Stecklinge abnehmen, die man bei Bodenwärme rasch zum Bewurzeln bringt. Die anschließende Weiterentwicklung läuft rasch ab. Zur Erzielung buschiger Pflanzen setzt man mehrere Jungpflanzen in einen Topf. Ältere Pflanzen blühen meist nicht mehr so schön.

 Heller, sonniger Standort mit reichlich frischer Luft ist erforderlich

 Mäßig warm (nachts 10–16 °C); kühl aber frostfrei überwintern

 Gleichmäßig feucht halten

 Normale Zimmerluft ist ausreichend

 Etwas kalkhaltige Blumenerde

Cyclamen

Alpenveilchen

Den größten Erfolg hat man mit Alpenveilchen dann, wenn man sich vor Augen hält, daß der Gärtner diese Pflanze relativ kühl anzieht. Wenn man die blühende Pflanze in ein gut beheiztes Zimmer setzt, werden die Blätter schlaff und dies läßt sich auch mit reichlichen Wassergaben nicht beseitigen. Im Gegenteil besteht bei häufigem Gießen sogar die Gefahr, daß die Knolle zu faulen beginnt, und dann geht es mit dem Alpenveilchen rasch zuende.

Das Geheimnis der optimalen Pflege: Temperaturen von 10–16 °C, Gießen in den Untersatz mit temperiertem Wasser und Entfernen des überschüssigen Wassers nach ca. 15 Minuten. Soweit möglich, sollte man das *Cyclamen* im Herbst an einem Nordfenster unterbringen. Das setzt natürlich eine entsprechend breite Fensterbank und das Abschalten des eventuell vorhandenen Heizkörpers voraus. Wenn das Alpenveilchen jetzt dennoch zu erliegen droht, hilft ein rasches Tauchen in temperiertes Wasser und ein Absenken der Zimmertemperatur.

Ein gesundes, kräftiges *Cyclamen* kann man ohne Schwierigkeiten überwintern. Zu diesem Zweck wird nach der Blüte weniger gegossen, so daß die Blätter einziehen und abfallen. Anschließend bleibt der Topf ca. 1 Monat ohne Wasserzufuhr. Nach dieser Ruhezeit wird der Wurzelballen gereinigt und die Knolle in einen etwas größeren Topf umgepflanzt. Man verwendet hierfür etwas saure, humus- und lehmhaltige Erde. Nun bringt man die Knolle mit vorsichtigen Wassergaben zum Austrieb und sorgt durch niedrige Temperaturen für gedrungenen Wuchs. Regelmäßige Volldüngergaben unterstützen eine positive Weiterentwicklung.

Im Sommer kann man das Alpenveilchen an einem schattigen, kühlen Plätzchen im Garten einsenken. In geschützter Lage ist dies schon ab Mitte Mai möglich, wenn man auf eventuell auftretende Nachtfröste achtet und entsprechende Vorkehrungen trifft. Die nebenstehenden Bilder zeigen gängige *Cyclamen*-Sorten; unten eine duftende Form die Wildcharakter aufweist.

Vermehrung durch Aussaat, unter Glas bei 15–20 °C ist möglich.

 Wünschenswert ist ein leicht schattiger Standort, da die Pflanze an der Sonne welkt

 Kühl (nachts 3–10 °C)

 Während der Blüte reichlich mit enthärtetem Wasser gießen

 Möglichst hohe Luftfeuchtigkeit durch häufiges Besprühen der Blätter anstreben (Verdunstungskälte)

 Humose, lehmhaltige, etwas saure Blumenerde

Cyperus

Zypergras

Gut entwickelte, große Exemplare von *Cyperus* sind derzeit sehr gefragt, weil sie nicht nur dekorativ sondern auch robust sind. Was Licht und Temperatur anbelangt, sind die meisten Arten nicht besonders anspruchsvoll. Wasser ist so reichlich zu geben, daß die Erde stets naß ist. Was also für die meisten Pflanzen schädlich ist, behagt dem Zypergras. Am bekanntesten ist wohl *Cyperus alternifolius*. Diese Art wird 1,0 bis 1,5 m hoch. Der lange Stengel schließt mit einer schirmartigen Blattrosette ab. Die Blüte dieser Art ist nicht besonders auffällig. Ähnlich sieht *Cyperus gracilis* aus (auf dem Foto links). Allerdings wirkt diese Pflanze insgesamt zierlicher und erreicht nur eine Höhe von 40 cm. Aufgrund dieser Eigenschaften ist die Art besser für die Fensterbank geeignet.

Rechts auf dem Foto ist *Cyperus diffusus* zu sehen. Es ist dies eine Art mit breiteren Blättern, über denen sich leicht kleine Blüten entwickeln. Die Art mit dem höchsten Dekorationseffekt ist die Papyrusstaude, *Cyperus papyrus,* aus der die alten Ägypter ihr berühmtes Papier herstellten. Allerdings ist sie eine Warmhauspflanze und dementsprechend anspruchsvoll in Anzucht und Pflege. Mit etwas Glück kann man diese Art jedoch einige Zeit im Zimmer, oder besser noch, im Blumenfenster halten. Sie kann dann eine Höhe von 2 m erreichen. Das Laub ist sehr fein und die Blüten sind strahlenförmig angeordnet. Die Papyrusstaude sollte wegen der speziellen Wasserversorgung in jedem Fall in ein gesondertes Gefäß gepflanzt werden. Für entsprechende reichliche Wasserzufuhr ist zu sorgen.

Alle *Cyperus*-Arten sind, entsprechend ihrem natürlichen Standort, Feinde zu trockener Luft. Man wird sie deshalb nicht über der Heizung oder sonst in deren Nähe aufstellen. Besser stehen die Pflanzen auf dem Boden. Als Pflanzgefäße eignen sich Glasbehälter, deren Erde man mit Kieselsteinen abdecken kann.

Die Vermehrung von *Cyperus* erfolgt durch Teilung. Zur Stecklingsvermehrung verwendet man nur junge Triebenden mit 5 cm Stiel und bringt sie in feuchtem Sand zum Bewurzeln.

 Leicht schattiger Standort

 Mäßig warm (nachts 10–16 °C); Überwinterung am besten bei 10–12 °C, es geht aber auch wärmer

 Verlangt stets feuchte Erde, weshalb häufiges Gießen erforderlich ist

 Durch Sprühen etc. für möglichst hohe Luftfeuchtigkeit sorgen

 Etwas kalkhaltige Erdmischung erwünscht, jedoch keine besonderen Ansprüche

Cyrtomium

Dieser Farn ist lange nicht so bekannt wie beispielsweise *Platycerium,* der Geweihfarn, oder *Pellaea,* eine andere hier beschriebene Farngattung. *Cyrtomium* eignet sich gut für Pflanzgefäße, vor allem, wenn sie auf kühleren Plätzen, wie Fluren, Treppenhäusern etc., stehen. Bei niedrigeren Temperaturen ist die Luft naturgemäß feuchter und dies weiß *Cyrtomium* zu schätzen. Sein Lichtbedürfnis ist erstaunlich gering. Nebenstehend abgebildet ist *Cyrtomium falcatum.*
Während der Vegetationsperiode wird regelmäßig gedüngt, damit sich reichlich neue Blätter entwickeln können und die Pflanze mit einer Grün-Reserve in den Winter kommt.

 Erstaunlich geringer Lichtbedarf

 Mäßig warm (nachts 10–16 °C);während des Winters kann die Temperatur auf 10 °C fallen

 Während der Wuchsperiode reichlich gießen, aber im Winter nur mäßig feucht halten

 Verlangt möglichst hohe Luftfeuchtigkeit, deshalb entsprechende Vorkehrungen treffen

 Etwas kalkhaltige, humose Blumenerde

Cytisus
Geißklee

Der altbekannte Geißklee hat in dem Maße an Boden verloren wie die moderne Zentralheizung sich ausgebreitet hat. Die beste Temperatur liegt nämlich für ihn bei 12–18 °C. In einem Raum mit Temperaturen in diesem Bereich macht es keine Schwierigkeiten, den Geißklee über den Winter zu bringen. Die Wassergaben richten sich nach der Temperatur und sind umso geringer, je niedriger diese ist. Die Blüte setzt zeitig im Frühjahr ein. Bei häufigem Besprühen hält der Geißklee auch etwas höhere Temperaturen aus. Nach der Blüte wird die Pflanze etwas zurückgeschnitten, umgetopft und ab Mitte Mai ins Freie gesetzt. Vermehrung durch Stecklinge. Abgebildet ist *Cytisus* × *racemosus.*

 Im Sommer heller, sonniger Platz im Freien, im Winter weniger direkte Sonneneinstrahlung

 Kühl (nachts 3–10 °C); Überwinterung sogar in dem niedrigen Bereich von 4–8 °C möglich

 Während der Blüte normal, im Winter sparsam gießen

 Mäßig hohe Luftfeuchtigkeit

 Kalkhaltige Blumenerde

Dendrobium

Nahezu alle Arten und Sorten dieser Orchidee gedeihen am liebsten in einem hellen, warmen Gewächshaus mit optimaler Klimasteuerung. *Dendrobium nobile* kann man wohl im Zimmer kultivieren, aber während des Winters muß eine absolute Ruhepause ohne Wassergaben bei 10 °C eingehalten werden. *Dendrobium thyrsiflorum,* ebenfalls eine robuste Art, verlangt etwas höhere Temperaturen und keine ausgesprochene Trokkenheit während der winterlichen Ruheperiode. Sie verliert auch nicht alle Blätter.

Orchideen werden mit kalkfreiem Wasser gegossen und mit Spezialsubstrat umgepflanzt. Nähere Auskunft gibt Spezialliteratur. Abgebildet ist die Gewächshausform *Dendrobium zeno × ceylon* 'Glory'.

 Erwünscht ist ein heller Standort

 Warm (nachts 16–20 °C); je nach Art im Winter kühl oder ganzjährig warm

 Mäßig gießen

 Je nach Art mehr oder weniger Luftfeuchtigkeit

🪣 1 Teil Sphagnum-Moos, 2 Teile Farnwurzeln

Didymochlaena

Dies ist ein Farn mit einem etwas schwierig auszusprechenden Namen, aber das ist wohl das einzig Schwierige an dieser Pflanze. Nebenstehend ist die Art *Didymochlaena truncatula* abgebildet, deren Blätter sich etwas bräunlich tönen können. *Didymochlaena* paßt gut in Pflanzgefäße, die während des Winters nicht zu warm stehen. Es muß jedoch so viel gegossen werden, daß der Topfballen nicht austrocknet, weil sonst Blätter abfallen. Umgetopft wird nach Winterabschluß. Dabei schneidet man die Pflanze zurück und stellt sie nach dem Eintopfen wärmer, damit sie erneut austreibt. Es empfehlen sich Plastiktöpfe. Während der Vegetationsphase wird gut gegossen und gedüngt. Vermehrung durch Teilen oder durch Aussaat von Sporen.

 Gedeiht ausgezeichnet auf schattigen Standorten

 Warm (nachts 16–20 °C); Überwinterung kühl (3–10 °C)

 Während der Vegetationsperiode reichlich mit enthärtetem Wasser gießen

 Im Sommer für möglichst hohe Luftfeuchtigkeit sorgen, im Winter Pflanze nicht besprühen

 Humusreiche Blumenerde

Dieffenbachia

Die Dieffenbachie ist eine auffallende Blattpflanze, die aus dem tropischen Südamerika zu uns gekommen ist. Sie erfreut sich zunehmender Beliebtheit und ist auf Fensterbänken und insbesondere in größeren Pflanzgefäßen zu finden. Sie besitzt eine erstaunliche Anpassungsfähigkeit an die trockene Luft unserer zentralbeheizten Räume. Allerdings gedeiht die Pflanze umso besser, je besser für Luftfeuchtigkeit durch Besprühen oder das Aufstellen eines Verdampfers gesorgt wird. Höhere Temperaturen bekommen ihr auf die Dauer nur, wenn für entsprechende Luftfeuchtigkeit gesorgt wird.

Die Frage der artenmäßigen Untergliederung ist offensichtlich noch nicht vollständig geklärt. Die bekannteste Art dürfte *Dieffenbachia seguine* sein. Das Blatt ist länglich oval, 20–40 cm lang, 10–20 cm breit, glänzend und unterschiedlich gezeichnet. Es gibt verschiedene Sorten, so 'Rudolph Roehrs' mit gelblich-grüner Grundfarbe und dunkler gefärbten Rändern und Hauptnerven.

Eine andere Sorte mit dem Namen 'Arvida' (auch unter 'Exotica' verbreitet) besitzt mattgrüne Blätter und ausgeprägte, unregelmäßig verteilte weißliche Flecken. Diese Sorte ist oben abgebildet. Die größten und dicksten Blätter an einem kräftigen Stamm bildet *Dieffenbachia amoena* (Foto unten). Die einzelnen Blätter können beachtliche Ausmaße annehmen, die Pflanzenhöhe 1 m erreichen. Bekannt ist auch *Dieffenbachia × bausei*, die durch einen marmorierten Blattstiel und längliche Blätter gekennzeichnet ist. *Dieffenbachia bowmannii* besitzt mattgrüne, größere Blätter.

Die Dieffenbachien enthalten einen giftigen Saft. Es ist kaum anzunehmen, daß Menschen den Wunsch haben, Zimmerpflanzen zu verzehren. Dennoch ist es im Sinne der Vorbeugung sinnvoll zu wissen, daß ein Verzehr von Teilen einer Dieffenbachie ernsthafte Vergiftungserscheinungen hervorrufen kann.

Die Vermehrung erfolgt durch Kopfstecklinge unter Glas. Kahle Pflanzen werden zurückgeschnitten und erneut angetrieben, wobei sie sich meist regenerieren.

Halbschatten und kein intensives direktes Sonnenlicht

Warm (nachts 16–20 °C); Überwinterung bei 15–18 °C

Im Sommer häufig mit temperiertem, enthärtetem Wasser gießen; Topfballen nicht austrocknen lassen

Ganzjährig hohe Luftfeuchtigkeit empfehlenswert

Normale, humusreiche Blumenerde

Dionaea

Venusfliegenfalle

Im allgemeinen ist *Dionaea* wenig verbreitet. In letzter Zeit wird sie aber wieder vermehrt angeboten und findet als fleischfressende Pflanze besonderes Interesse. Allerdings ist *Dionaea muscipula,* die Venusfliegenfalle, eine Gewächshauspflanze, deren Pflege etwas schwierig ist. Vor allem verlangt die Pflanze hohe Luftfeuchtigkeit bei nicht zu hohen Temperaturen. Man wird die Venusfliegenfalle in der Wohnung im Blumenfenster, einem Minigewächshaus oder unter vergleichbaren Bedingungen halten. Dabei soll die Pflanze möglichst hell stehen. Zu hohe Temperaturen verkürzen die Lebensdauer der *Dionaea.* Die Vermehrung kann durch Teilen, durch Blattstecklinge oder durch Aussaat erfolgen.

 Heller, sonniger Standort, der an heißen Tagen etwas Schatten erhält

 Kühl (nachts 3–10 °C); kühl aber frostfrei überwintern

 Ziemlich viel gießen und dafür sorgen, daß der Topfballen nicht austrocknet

 Für hohe Luftfeuchtigkeit sorgen

 Mischung aus Moorerde, Torf und Sphagnum-Moos

Dipladenia

Die Dipladenia zählt eigentlich zu den Gewächshauspflanzen, für die ein Gedeihen bei trocken-warmer Zimmerluft nur schwer möglich ist. Andererseits sieht man da und dort stattliche Exemplare mit vielen Blüten, die beweisen, daß die Zimmerkultur doch gelingen kann. Man sollte es also versuchen. Am schwierigsten ist die Versorgung im Winter; siehe hierzu auch die Temperaturangabe. Zur Erhöhung der Luftfeuchtigkeit besprüht man das Laub möglichst oft. Nach der winterlichen Ruhezeit schneidet man die Pflanze im Frühjahr etwas zurück, topft um und sie kann erneut blühen. Vermehrung durch Stecklinge bei Bodenwärme unter Glas. Abgebildet ist die kräftige Hybride *Dipladenia sanderi* ‘Rosea’.

 Verlangt ziemlich viel Licht, aber verträgt keine intensive Sonneneinstrahlung

 Warm (nachts 16–20 °C); im Januar/Februar etwas kühler (12–15 °C), anschließend 18 °C

 Im Sommer normal gießen, in der Ruheperiode weniger

 Verlangt relativ hohe Luftfeuchtigkeit

 Humose, etwas lehmige Blumenerde

Dipteracanthus

Es gibt eine Reihe kleiner, buntlaubiger Pflanzen tropischer Herkunft, die es auf dem Fensterbrett nur kurze Zeit aushalten. Aber dieselben Pflanzen eignen sich recht gut zur Bepflanzung von Terrarien, Korbflaschen, Blumenfenstern etc. Die abgebildete Art, *Dipteracanthus devosianus,* zählt zu dieser Pflanzengruppe. Ausreichende Luftfeuchtigkeit ist Grundbedingung für die Erhaltung dieser Pflanze. Man hält *Dipteracanthus* während des ganzen Jahres warm, gibt während der Wachstumsphase Dünger und vermehrt durch Stecklinge, wenn die Pflanze unansehnlich wird. Diese bewurzeln sich unter Glas bei Bodenwärme. *Dipteracanthus* wird auch unter dem Namen *Ruellia* verkauft.

 Halbschatten oder diffuses Sonnenlicht

 Warm (nachts 16–20 °C)

 Regelmäßige Wassergaben sorgen für eine gleichmäßig feuchte Erde

 Relativ hohe Luftfeuchtigkeit durch häufiges Sprühen oder Vernebeln von Wasser

 Humose Blumenerde

Dizygotheca
Fingeraralie

Im Gegensatz zu der breitblättrigen *Fatsia* (siehe S. 87) muß die *Dizygotheca* ziemlich warm angezogen und weitergepflegt werden. Auf dem nebenstehenden Bild ist links *Dizygotheca elegantissima* mit ihren schmalen Blättern und rechts *Dizygotheca veitchii* mit breiteren, heller grünen Blättern dargestellt. Beide Arten verlangen relativ hohe Luftfeuchtigkeit und enttäuschen auf die Dauer auf dem Fensterbrett. Seitdem man weiß, daß es robustere Grünpflanzen für die Wohnung gibt, hat die Nachfrage nach den beiden vorgenannten Pflanzen nachgelassen. Dennoch sollte man einen Versuch mit ihnen dort wagen, wo man für ausreichend Wärme und Luftfeuchtigkeit sorgen kann.

 Keine direkte, intensive Sonneneinstrahlung, aber heller Standort erwünscht

 Mäßig warm (nachts 10–16 °C) für ältere Pflanzen; jüngere Pflanzen wärmer, im Winter nicht unter 15 °C

 Mäßig mit temperiertem Wasser gießen

 Ausreichend Luftfeuchtigkeit dringend erforderlich

 Normale, humose Blumenerde

Dracaena

Drazäne

Auf dieser Seite werden Vertreter einer Pflanzengattung beschrieben, die in den letzten Jahren zunehmend gefragt ist. Diese Nachfrage besteht zurecht, denn die Pflanzen wirken nicht nur sehr dekorativ, sondern sind auch erstaunlich widerstandsfähig. Etwas übertrieben dargestellt, sind sie nicht kaputtzukriegen und kommen mit erstaunlich wenig Licht aus. Wie einleitend in diesem Buch aufgezeigt wurde, können größere Exemplare von *Dracaena* in Wohnung und Büro etc. eine besondere Atmosphäre tragen. Dabei können sie jahrelang auf dem gleichen Platz ausharren.

Es gibt Arten, die schon seit langem zu den Zimmerpflanzen zählen. Bekannt ist *Dracaena deremensis,* die aus Afrika stammt und dort wohl wie Unkraut wachsen muß, denn selbst in unseren Wohnräumen ist ihre Vitalität erstaunlich. Diese Art wächst, wie viele *Dracaena*-Arten, unter deutlicher Ausbildung eines Stammes weiter. Am Ende dieses Stammes sitzt ein dekorativer Blattschopf. Bei der Sorte 'Bausei' sind es graugrüne Blätter mit breitem weißen Mittelstreifen und die Sorte 'Warneckii' (oberes Bild) besitzt grüne Blätter mit hellem Rand.

Dracaeno draco, der Drachenbaum, hält in Wohnräumen gut durch. Auf Teneriffa gibt es von dieser Art tausendjährige Exemplare. Die Blätter von *Dracaena draco* sind nur dunkelgrün. Man kann den Drachenbaum selbst durch Aussaat vermehren. Im Winter sollte man diese Art bei 10 °C halten.

Dracaena fragrans (Foto unten) fand schon in früheren Jahrzehnten Verwendung. Das Blatt ist breiter und am Ende abgerundeter als bei *Dracaena deremensis.* Die Sorte 'Massangeana' hat einen gelben Mittelstreifen. Die Sorte 'Lindenii' hat gelbe Blattränder.

Die Drazänen werden in den speziellen Anbaugebieten in großen Mengen vermehrt. Nach einigen Jahren rodet man die Pflanzen, exportiert die wurzel- und blattlosen Stämme und bringt diese in den Absatzgebieten erneut zum Austrieb. Zur Erzielung dekorativer Elemente werden verschieden hohe Stämmchen zusammengepflanzt, die sich zu einem guten Preis verkaufen lassen, diesen aber auch wert sind.

Dracaena godseffiana (Bild oben) gleicht den übrigen *Dracaena*-Arten nur wenig. Diese Art besitzt kleinere Blätter, die weiß-gelblich gefleckt sind und nicht in Rosetten stehen. Sie ist weniger bekannt und auch nicht so robust wie die anderen Arten.

Dracaena marginata (unteres Foto) fehlt in den meisten Pflanzenbüchern. Dennoch ist diese etwas bescheiden aussehende, schmalblättrige Art mit die robusteste von allen. Man setzt auch hier am besten drei verschieden hohe Exemplare in ein Gefäß.

Dracaena (Fortsetzung)

Eine weitere robuste Art ist *Dracaena hookeriana*, die aus Südafrika stammt. Diese Art besitzt schmale, bis zu 80 cm lange Blätter. Neben der grünblättrigen Form gibt es auch buntblättrige Formen, so 'Latifolia' oder 'Variegata'.

Vielfach verzweigt wachsend ist *Dracaena reflexa*. Bekannt ist vor allem die weiß-bunte Form 'Song of India'.

Dracaena sanderiana war früher mehr bekannt. Derzeit sieht man sie seltener. Diese Art ist durch ziemlich kleine, in Rosettenform angeordnete Blätter gekennzeichnet, deren Grün mit weißen Randstreifen geziert ist. *Dracaena sanderiana* wächst wesentlich gedrungener als *Dracaena deremensis* und ist hierdurch zu unterscheiden.

Eigentlich kann man Drazänen nur dadurch kaputtkriegen, daß man zuviel gießt oder sie zu kalt stellt. Die Gefahr des zu vielen Gießens ist vor allem in den modernen Plastikgefäßen gegeben. Man wird deshalb bei diesen Gefäßen nur in größeren Zeitabständen (1–2 Wochen) gießen. Während des Sommers kann man Drazänen zur Reinigung des Laubes in den Regen stellen.

Man denke daran, die Drazänen möglichst jedes Jahr umzutopfen. Das ist das Mindeste, was man für diese dankbaren Pflanzen tun kann. Die Vermehrung durch Kopfstecklinge ist grundsätzlich während des ganzen Jahres möglich, gelingt jedoch am besten im Frühjahr. Die Anzucht aus importierten Stämmchen kann man natürlich auch selbst versuchen. Am ehesten hat man damit im Gewächshaus Erfolg.

 Tagsüber kein direktes Sonnenlicht, aber einen möglichst hellen Standort

 Warm (nachts 16–20 °C); die meisten Arten überwintern bei 15–18 °C

 Der Topfballen darf nicht austrocknen, aber auch nicht staunaß sein; also normal gießen

 Mäßige Luftfeuchtigkeit ist ausreichend

 Nährstoff- und humusreiche Blumenerde

Duchesnea

Indische Erdbeere

Wie auf dem nebenstehenden Foto deutlich zu erkennen ist, ist die *Duchesnea* mit der Gartenerdbeere, *Fragaria × ananassa,* verwandt. Allerdings blüht die *Duchesnea* ab Juni nicht mit weißen, sondern mit gelben Blüten. Die hübschen roten Früchte, die in der Folge erscheinen, kann man nicht essen, sie haben nur Zierwert. Ebenso wie die Erdbeere bildet auch die *Duchesnea* Ausläufer. Diese sind ziemlich winterhart. Wenn man ihnen etwas Winterschutz geben kann, vermögen sie in geschützter Lage im Freien zu überwintern. Die Mutterpflanze stirbt am Ende der Vegetationsperiode ab.

Vermehrung durch Ausläufer oder Aussaat. Aussaat im April halbwarm; Keimung nach 3–4 Wochen.

 Im Sommer in der Wohnung oder im Freien auf einen hellen Platz bringen; in der Wohnung hell überwintern

 Mäßig warm (nachts 10–16 °C); kühle Überwinterung (10–12 °C)

 Im Sommer reichlich gießen, im Winter in Abhängigkeit von der Temperatur weniger

 Mäßig hohe Luftfeuchtigkeit

 Normale, humose Blumenerde

Echeveria

Diese Gattung ist ein artenreiches Mitglied der Familie der Dickblattgewächse. Wie der Name deutlich macht, vermögen die Dickblattgewächse in ihren Blättern viel Wasser zu speichern. Die Blätter sind in der Regel rosettenförmig angeordnet. Dabei unterscheiden sich die Rosetten in Form und Farbe, haben aber alle eines gemeinsam – sie sehen hübsch aus. An die Pflege stellen die Echeverien keine besonderen Ansprüche und es ist deshalb nicht verwunderlich, daß sie weit verbreitet sind.

Auf dem Foto ist im Hintergrund ein blühendes Exemplar von *Echeveria agavoides* zu sehen. Links vorne ist eine spezielle Form, nämlich *Echeveria agavoides* 'Cristata' abgebildet. Rechts vorne wird die blaugrüne Rosette von *Echeveria elegans* (neuere Bezeichnung *Echeveria harmsii*) vorgestellt. Die meisten Arten sind leicht zur Blüte zu bringen, vor allem, wenn sie während des Winters kühl gestanden haben.

Im Sommer können die Echeverien im Freien an der Sonne stehen und erhalten hierdurch eine intensivere Färbung. Im Sommer reichlich, bei niedrigen Temperaturen wenig gießen; letzteres gilt insbesondere für den Winter.

Echeveria (Fortsetzung)

Die Grenze des Trockenhaltens wird durch das beginnende Schrumpeln der Blätter angezeigt. Durch übermäßige Feuchtigkeit beginnen die Wurzeln zu faulen. Auf dem nebenstehenden Foto ist links die behaarte *Echeveria setosa* abgebildet, die im Mai/Juni blüht. Daneben steht *Echeveria secunda* 'Pumila'.
Echeveria carnicolor ist eine Art, die infolge ihrer zahlreichen Ausläufer häufig als Hängepflanze benützt wird. Bis zu 70 cm hohe Stämme bilden *Echeveria coccinea* und *Echeveria gibbiflora*.
Die Vermehrung erfolgt durch Stecken junger Rosetten, die sich an der Seite älterer Pflanzen bilden, in sandreiches Vermehrungssubstrat.

 Während des ganzen Jahres heller, sonniger Standort erwünscht, im Sommer am besten im Freien

 Mäßig warm (nachts 10–16 °C); Überwinterung bei 6–10 °C

 Sehr sparsam gießen, insbesondere bei niedrigen Temperaturen

 Geringe Luftfeuchtigkeit reicht aus

 Humus- und kalkhaltige Blumenerde mit guter Durchlässigkeit

Echinocactus

Kugelkaktus

Kugelkakteen sind verhältnismäßig stark verbreitet. Die bekannteste Art ist *Echinocactus grusonii*, der Goldkugelkaktus – von boshaften Zungen auch als »Schwiegermutterstuhl« bezeichnet. In der Tat kann *Echinocactus grusonii* im Laufe der Zeit bei richtiger Pflege die Ausmaße eines Sitzmöbels annehmen. Zur Erhaltung der Pflanze ist wichtig, sie im Winter hell, kühl und trocken zu stellen, andernfalls tritt leicht Fäulnis auf. Blüten entwickeln sich bei uns nicht. Die Dornen machen den Schmuck aus. Große Exemplare sind sehr kostbar. Vermehrung durch importiertes Saatgut. Das Pikieren der jungen Pflänzchen muß mit großer Sorgfalt geschehen.

 Mit Ausnahme des Frühjahrs während des ganzen Jahres volles Sonnenlicht

 Warm (nachts 16–20 °C); Überwinterung bei 8–10 °C

 Während der Ruheperiode völlig trocken halten, während der restlichen Zeit sparsam gießen

 Trockene Zimmerluft ist ausgezeichnet

 Kakteenerde oder Blumenerde mit reichlicher Beimengung von scharfem Sand und etwas Kalk

Echinocereus

Igelsäulenkaktus

Auf dieser Seite werden zwei Kakteen-Gattungen vorgestellt, deren Namen eine gewisse Ähnlichkeit besitzen. Nebenstehend ist *Echinocereus gentryi* abgebildet. Wie alle Arten von *Echinocereus* ist auch diese verzweigt und aus säulenförmigen Einzeltrieben aufgebaut. Es gibt Arten mit und ohne Dornen. Bei richtiger Pflege entstehen große, prächtige Blüten.

Vollständig grüne Arten stehen während des Sommers am besten im Freien und so sonnig wie möglich. Weißbehaarte Formen läßt man besser im Gewächshaus oder auf dem Fensterbrett stehen. Kühle Überwinterung ist der Blüte förderlich. Vermehrung durch Stecklinge oder Aussaat.

 Während des ganzen Jahres hell und sonnig; die grünen Formen stellt man im Sommer ins Freie

 Warm (nachts 16–20 °C); kühl überwintern

 Ziemlich trocken halten, vor allem im Winter

 Mäßige Luftfeuchtigkeit

 Lehmhaltige Blumenerde mit Sandbeimengung

Echinopsis

Seeigelkaktus

Im Gegensatz zur Gattung *Echinocereus* entwickelt die Gattung *Echinopsis* stets kugelförmige Pflanzen. Die Blüten sind im Vergleich zu dem relativ kleinen Pflanzenkörper sehr groß. In ihrem Aufbau gleichen sie den Blüten der Gliederkakteen (siehe nächste Seite). Neben den ursprünglichen Arten, wie *Echinopsis mamillosa* (Foto), werden vor allem Hybriden angezogen. Meist erscheinen die Blüten in der Nacht und vielfach duften sie auch. Die Blütenfarben sind Weiß, Hellila und Rot. Bei normaler Pflege und kühler Überwinterung gedeihen die Seeigelkakteen ohne Probleme. Die Vermehrung dieser dankbaren und hübschen Kakteen erfolgt durch Aussaat.

 Bevorzugt wird ein heller, sonniger Standort

 Warm (nachts 16–20 °C); kühl überwintern

 Während des ganzen Jahres ziemlich trocken halten, im Winter gar nicht gießen

 Gedeiht gut in trockener Zimmerluft

 Durchlässige, humus-, nährstoff- und kalkreiche Blumenerde

Epiphyllum

Blattkaktus

Häufig läuft diese Gattung auch unter dem Namen *Phyllocactus* oder Gliederkaktus. An und für sich sind ihre Arten wenig ansehnlich. Dafür entschädigen aber die äußerst dekorativen Blüten, die insbesondere bei den Hybriden im schönsten Weiß, Rosa, Rot oder Purpurrot auftreten. Vermehrung erfolgt durch Stecklinge, die man vor dem Stecken einige Tage abtrocknen läßt. Ab Ende Mai stellt man die Pflanze an einen schattigen Platz im Freien und gießt und düngt regelmäßig. Ende September nimmt man sie ins Haus und hält sie von Dezember bis Februar trocken. Sobald sich die Knospen zeigen, wird langsam mehr gegossen.

 Keine direkte Sonneneinstrahlung, aber heller Standort; im Sommer am besten im Freien

 Mäßig warm (nachts 10–16 °C); kühl überwintern bei 8–10 °C

 Reichlich mit temperiertem Wasser gießen, solange die Pflanze wächst; winterliche Ruhezeit beachten

 Mäßige Luftfeuchtigkeit erforderlich

 Mischung aus Blumenerde, Torf und Sphagnum

Episcia

Schattenröhre

Episcia ist eine wenig bekannte Pflanze, die in die Familie der Gesneriaceen gehört und somit zur Gloxinie verwandt ist. Es handelt sich um eine typische Warmhauspflanze, die jedoch zeitlich begrenzt auch in Pflanzgefäßen, Vitrinen oder klimatisierten Blumenfenstern durchhält. Die Länge der Haltbarkeit wird durch die Höhe der Temperaturen bestimmt.

Es gibt Arten mit bräunlichem, gekräuseltem Laub und es gibt hängende Formen, z. B. die nebenstehend abgebildete Art *Episcia dianthiflora*. Auffällig ist der gefranste Blütenrand. Die Vermehrung erfolgt durch Ausläufer bei mindestens 20 °C Bodentemperatur unter Glas oder Folie.

 Schattiger, aber nicht zu dunkler Standort

 Warm (nachts 16–20 °C)

 Regelmäßig gießen, so daß der Topfballen genügend feucht bleibt

 Hohe Luftfeuchtigkeit erwünscht, und zwar um so höher, je höher die Temperatur ist

 Lockere Lauberde mit Zusatz von humoser Blumenerde

Erica

Glockenheide

Die Glockenheide ist von Natur aus wenig geeignet, um in der Wohnung zu stehen. Aber es gibt verschiedene afrikanische Arten, die als Balkon- oder Zimmerpflanzen geeignet sind. In der Regel wirft man die abgeblühten Eriken weg, es gibt jedoch Ausnahmen, bei denen sich eine Weiterkultur lohnen kann. Das obere Foto zeigt *Erica gracilis,* eine weit verbreitete Art mit kleinen, glöckchenförmigen Blüten, die ab Ende September angeboten wird. Sie eignet sich ideal zum Bepflanzen von Balkonkästen, Terrassenschalen etc. Die Blüte hält etwa 2 Monate vor, bis strengere Fröste eintreten. In einem kühleren Zimmer hält sich *Erica gracilis* ebenfalls länger.

Erica hiemalis (unteres Foto) blüht ab Februar in Weiß, Lachsrosa oder Rot. Sie eignet sich nur für Innenräume.

Erica × willmorei entwickelt ziemlich große, röhrenförmige Blüten, die kirschrot und weiß gefärbt sind. Diese Art wird ab März angeboten.

Ab und zu erhält man die während des Sommers blühende Art *Erica ventricosa.*

Alle aufgeführten Arten müssen so kühl wie möglich stehen, wenn sie länger halten sollen. Man wird deshalb einen möglichst kühlen Standort wählen, der jedoch genügend hell ist. Bei frostfreiem Wetter kann man die Eriken, insbesondere *Erica gracilis,* ins Freie stellen.

Zur Weiterkultur werden Eriken nach der Blüte zurückgeschnitten und ab Mai an etwas schattiger Stelle im Garten eingesenkt. Wichtig ist nun eine ausreichende Wasserversorgung, wobei man möglichst Regenwasser oder enthärtetes Wasser verwendet, weil die Eriken hartes Wasser nicht vertragen. Normale Blumenerde enthält ebenfalls zuviel Kalk, um zum Umtopfen für Eriken geeignet zu sein. Hierfür ist eine Spezialmischung erforderlich.

Die Vermehrung erfolgt durch Kopfstecklinge im Juli/August. Allerdings ist die Anzucht von neuen Pflanzen aus Stecklingen ein schwieriges Unterfangen, das nicht einmal der Masse der Berufsgärtner gelingt, sondern von *Erica*-Spezialisten betrieben wird.

 Heller, sonniger Standort, vor allem im Sommer

 Kühl (nachts 3–10 °C); kühle Überwinterung bei 6–8 °C

 Mäßig mit enthärtetem Wasser gießen

Mäßige Luftfeuchtigkeit

 Humusreiche, saure Erde, bestehend aus einer Mischung von Heideerde, Torf und kalkfreiem Sand

Espostoa

Espostoa gehört zur Gruppe der »behaarten« Kakteen. Diese haarartigen Dornen dienen als Schutz gegen intensive Sonneneinstrahlung. Die abgebildete *Espostoa lanata* wird in ihrer Heimat Peru 4 m hoch, wobei sich der Stamm kandelaberartig verzweigt. Dort erscheinen nachts auch ca. 6 cm lange, hellrosa Blüten. Bei uns kommt *Espostoa* nicht zur Blüte. Es empfiehlt sich, diesen Kaktus, der bei uns eine Höhe von 1 m erreichen kann, im Sommer ab und zu zu besprühen. Die Wintertemperatur für *Espostoa* liegt deutlich höher als für andere Kakteen. Man kann die Art deshalb gut auf einem sonnigen Standort in der Wohnung überwintern. Das abgebildete Exemplar ist gepfropft.

 Möglichst immer einen sonnigen Standort geben

 Warm (nachts 16–20 °C); Überwinterung nicht unter 15 °C

 Während des Wachstums relativ viel gießen, im Winter trocken halten

 Niedrige Luftfeuchtigkeit ist ausreichend

 Kakteenerde oder durchlässige, kalkhaltige Blumenerde

Euonymus
Spindelstrauch

Als Gartenstrauch ist *Euonymus europaeus,* das Pfaffenhütchen, bekannt. Es gibt jedoch von der Gattung *Euonymus* auch Zimmerpflanzen, die allerdings nur selten fruchten. Ihr Zierwert besteht in hübschen, bunten Blättern. *Euonymus*-Topfpflanzen eignen sich nicht für wärmere Räume und müssen kühl überwintert werden. Auf dem Foto sind von links nach rechts drei buntlaubige Sorten von *Euonymus japonicus* abgebildet, und zwar 'Medio-Pictus', 'Albomarginatus' und 'Microphyllus-Variegatus'. Darüber hinaus gibt es noch eine Reihe weiterer buntlaubiger Formen.
Die Vermehrung erfolgt durch Kopfstecklinge von jungen Trieben, die bei Wärme und Luftfeuchtigkeit bewurzelt werden.

 Verträgt sowohl volle Sonne als auch Halbschatten

 Kühl (nachts 3–10 °C); unbedingt kühl überwintern, wobei kurzfristig leichter Nachtfrost vertragen wird

 Regelmäßig gießen, und zwar im Frühsommer (Triebwachstum) mehr als in den übrigen Monaten

 Mäßige Luftfeuchtigkeit reicht aus

 Kräftige, humose Blumenerde

Euphorbia milii

Christusdorn

Als erste Art der Gattung *Euphorbia* wird *Euphorbia milii* besprochen. Es ist dies die bekannteste Zimmerpflanze dieser Pflanzengattung. Sie ist wohl ein wenig altmodisch geworden, weshalb man sie derzeit weniger sieht. Möglicherweise kommt diese Art für die moderne Inneneinrichtung nicht so an, obwohl es sich andererseits um eine besonders robuste Pflanze handelt, die bei einiger Pflege gut durchhält. Wenn sie einmal das Laub fallen läßt, wird so lange sehr wenig gegossen bis wieder neues Laub erscheint.

Die Vermehrung erfolgt durch Stecklinge. Sie scheiden einen milchigen Saft aus, den man erst abtropfen läßt, ehe man die Stecklinge in sandiges Vermehrungssubstrat bringt.

 Steht am liebsten in der vollen Sonne

 Warm (nachts 16–20 °C); verträgt auch im Winter normale Zimmertemperatur

 Nur mäßig gießen

 Empfindlich gegen höhere Luftfeuchtigkeit, eignet sich gut für trockene Zimmerluft

 Sandige, kalkhaltige Blumenerde

Euphorbia pulcherrima

Poinsettie, Weihnachtsstern

Der Weihnachtsstern hat die früher stärker verbreitete Christrose, *Helleborus,* ziemlich verdrängt. Die neuen Poinsettien zeichnen sich durch sehr große Hochblätter (die eigentlichen Blüten sind unscheinbar) aus, die oft mehr als ein halbes Jahr durchhalten. Im übrigen gibt es auch andere Farben als Rot, so z. B. Rosa oder Weiß.

Das Weiterkultivieren der Poinsettie nach der Blüte ist nicht so einfach. Man gießt sie weniger und schneidet sie zurück, wenn das Laub abgefallen ist. Im Sommer kann die Pflanze im Freien stehen. Zum Herbst hin gibt man ihr zur Blühinduktion nicht mehr als 10 Stunden Tageslicht. Vermehrung durch Kopfstecklinge im Sommer.

 Heller Standort ohne direkte Sonneneinstrahlung

 Mäßig warm (nachts 10–16 °C) bis warm (nachts 16–20 °C), während der Blüte kühler

 Während der Blüte reichlich mit temperiertem Wasser gießen, anschließend weniger

 Mäßige Luftfeuchtigkeit, ab und zu besprühen

 Etwas kalkhaltige, humose Blumenerde

Euphorbia

Wolfsmilch (sukkulente Formen)

Die Gattung *Euphorbia* ist besonders artenreich. Die Vielfalt der Formen wird durch nebenstehende Abbildung deutlich gemacht. *Euphorbia meloformis* (links) sieht einem Kaktus täuschend ähnlich, lediglich die Blüte zeigt den Unterschied. Sie macht die Verwandtschaft mit der Poinsettie deutlich.

Die rechts abgebildete Art *Euphorbia pseudocactus* ist noch recht klein. Ältere Exemplare werden höher und verzweigen sich. Große Exemplare von einigen Metern Höhe werden importiert und zeichnen sich durch dekorative Wirkung und Robustheit in Wohnräumen etc. aus. Sie dürfen nur vorsichtig gegossen werden und sollen möglichst kühl überwintert werden.

 Heller, sonniger Standort, bei einigen Arten während des Sommers im Freien

 Warm (nachts 16–20 °C); Überwinterung kühl, etwa wie bei den Kakteen

 Sparsam gießen

 Vertragen niedrige Luftfeuchtigkeit

 Lehmige Erde mit reichlich Sandbeimengung zur Dränage

Exacum

Blaues Lieschen

Das Blaue Lieschen gehört in die Familie der Enziangewächse, *Gentianaceae,* und ist im Sommer häufig in Blumengeschäften vorzufinden. *Exacum affine* ist ein einjähriges Gewächs, das durch Aussaat ab Dezember vermehrt wird. Die Sämlinge werden zweimal pikiert und dann zu dreien in einen 10-cm-Topf eingetopft. Die Blüte setzt ab Juni ein. Zur Erhaltung der Blühfähigkeit und des gedrungenen Wuchses darf die Pflanze nicht zu warm stehen. Man kann sie auch zu mehreren Exemplaren zur Bepflanzung von Schalen etc. verwenden, wenn man diese kühl stellen kann.

Die Vermehrung durch Aussaat kann man selbst vornehmen. Sie ist besonders interessant, weil man die Pflanze nicht überwintern kann.

 Heller Standort ohne intensive Sonneneinstrahlung

 Warm (nachts 16–20 °C) bis mäßig warm (nachts 10–16 °)

 Mäßig gießen, aber darauf achten, daß der Wurzelballen nicht austrocknet

 Normale Zimmerluft reicht aus

 Normale Blumenerde, mit ausreichender Humusversorgung

× Fatshedera

Efeuaralie

Im Jahre 1912 entstand in der Baumschule der Gebrüder Lizé in Nantes aus einer Kreuzung zwischen *Fatsia japonica* und *Hedera helix* ein recht erfolgreiches Kreuzungsprodukt, nämlich × *Fatshedera lizei*. Während die Art, wie nebenstehend abgebildet, grüne Blätter hat, zeichnet sich die Sorte 'Variegata' durch cremeweiß gefleckte Blätter aus. In beiden Fällen ist das Blatt fünflappig.

Die Efeuaralie ist ein Halbklimmer und kann recht kräftig wachsen. Um einen verzweigten, buschigen Wuchs zu erzielen, muß deshalb ab und zu entspitzt werden. Stecklinge kann man im Rahmen des Entspitzens nahezu das ganze Jahr gewinnen und in der Wasserflasche oder in einem fußwarmen Torf-Sand-Gemisch zur Bewurzelung bringen. Außer Kopfstecklingen kann man auch Stammstecklinge (mit Blättern) von ca. 10 cm Länge verwenden. Nach der Bewurzelung setzt man pro Topf drei Jungpflanzen ein. Nach einigen Entwicklungsjahren entstehen im Herbst hellgrüne Blüten ohne besonderen Zierwert.

Eufeuaralien sind anspruchslose Zimmerpflanzen, die wenig von Krankheiten und Schädlingen befallen werden. Wichtig ist für ihre Erhaltung ein relativ kühler Standort, andernfalls verlieren sie bald die unteren Blätter. Die Sorte 'Variegata' steht gerne einige Grad wärmer. Blattfall kann auch die Folge von Staunässe sein.

Man überwintert die Efeuaralie an einem ziemlich hellen Platz ohne direkte Sonneneinstrahlung. Bei Daueraufenthalt der Pflanze in der Wohnung muß man sie zwischendurch besprühen, um Schäden als Folge zu trockener Luft vorzubeugen. Außerdem sollte man die Blätter ab und zu mit einem nassen Schwamm abwaschen, um den Staub zu entfernen.

Die Düngung verabreicht man im Abstand von 2 Wochen. Wenn man die Efeuaralie als Bodendecker verwenden will, muß man die aufrecht stehenden Triebteile bei 30–40 cm Länge wieder auf die Erde biegen und befestigen, wo sie dann rasch Wurzeln schlagen. Interessant ist übrigens auch, daß man × *Fatshedera* als Unterlage zum Veredeln von Efeu verwenden kann, insbesondere für buntblättrige Formen.

 Ist mit verhältnismäßig wenig Licht zufrieden, aber gedeiht auch auf helleren Standorten

 Kühl (nachts 3–10 °C) oder mäßig warm (10–16 °C); in der Wohnung überwintern

 Im Sommer reichlich, sonst mäßig gießen

 Bei Überwinterung im mäßig warmen Bereich für ausreichende Luftfeuchtigkeit sorgen

 Normale, etwas kalkhaltige Blumenerde

Fatsia

Zimmeraralie

Die ursprünglich aus Japan stammende *Fatsia japonica* kann bis zu 5 m hoch werden, verzweigt sich nur ungern und besitzt 7 bis 9-lappige, große, glänzend grüne Blätter. Ältere Pflanzen entwickeln weißliche Blüten und in der Folge schwarze, beerenartige Früchte. Die buntlaubigen Formen, wie 'Variegata' und 'Albomarginata', wachsen etwas langsamer als die grünen Formen und brauchen etwas mehr Wärme. Sie sollten im Winter bei 14–16 °C stehen. Gelbe Blätter zeigen einen zu warmen Standort und Lufttrockenheit oder Staunässe an. Wenn die Pflanze unten kahl geworden ist, kann man sie durch Abmoosen verjüngen. Sonst erfolgt die Vermehrung durch Stecklinge oder Aussaat. Düngung von Februar bis August wöchentlich.

 Gedämpftes Tageslicht, verträgt Schatten; kann im Sommer im Freien stehen

 Kühl (nachts 3–10 °C); bunte Formen einige Grad wärmer halten; Überwinterung bei 6–10 °C

 Während der Vegetationszeit reichlich gießen, sonst weniger

 Mäßige Luftfeuchtigkeit

 Humose, etwas lehmhaltige Blumenerde

Faucaria

Tigermaul

Neben *Faucaria tigrina,* dem Tigermaul, sind auch *Faucaria felina,* das Katzenmaul, und *Faucaria lupina,* das Wolfsmaul, bekannt. Von den vielen in Südafrika vorkommenden *Faucaria-Arten* sind bei uns sechs in Kultur. Sie alle zählen zu den Sukkulenten und brauchen entsprechend wenig Wasser.

Die einzelnen Blätter sind kielförmig ausgebildet, gezahnt, kreuzgegenständig und an der Basis verwachsen. Ab Ende August erscheinen die goldgelben Blüten. Umgetopft wird im dreijährigen Abstand am besten im April. Bei dieser Gelegenheit kann man durch Teilung vermehren. Ausgesät wird im Frühjahr und Stecklingsvermehrung erfolgt von Juni bis August. Stecklinge vor dem Stecken 2 Tage abtrocknen lassen.

 Erwünscht ist ein sonniger Standort, im Sommer am liebsten im Freien

 Mäßig warm (nachts 10–16 °C); Überwinterung bei 5 °C

 Im Sommer mäßig gießen, während der winterlichen Ruheperiode vollkommen trocken halten

 Trockene Luft wird ausgezeichnet vertragen

 Lockere, lehmhaltige Blumenerde

Felicia

Kapaster

Felicia amelloides, nebenstehend abgebildet, ist eine hübsche Blütenpflanze, die allerdings bei uns wenig bekannt ist. Sie ist hinsichtlich ihrer Attraktivität etwa mit *Exacum* oder *Torenia* zu vergleichen. Das Saatgut ist im Fachhandel leicht erhältlich. Aussaat ist ab Januar möglich. Man sät in Saatschalen und hält eine Bodenwärme von ca. 16 °C. Abdeckung durch Glas oder Folie ist zu empfehlen. Nach der Ausbildung der ersten Blätter wird pikiert und relativ kühl weiterkultiviert. Die Blüte hält bei günstiger Witterung den ganzen Sommer an. Zwischen Juni und August kann auch durch Stecklinge vermehrt werden. Die daraus entstehenden Pflanzen kühl überwintern und im Frühjahr umtopfen.

 Heller, sonniger Standort erwünscht, im Sommer für reichlich frische Luft sorgen

 Mäßig warm (nachts 10–16 °C)

 Mäßig gießen, aber den Wurzelballen gleichmäßig feucht halten

 Mäßig hohe Luftfeuchtigkeit

 Humose Erde mit etwas Kalkgehalt

Ferocactus

Diese rundliche Kakteenart ist vor allem wegen der hübschen Ausbildung ihrer Dornen bekannt. In dem abgebildeten Trögchen stehen von links nach rechts: *Ferocactus viridescens, Ferocactus horridus, Ferocactus latispinus.* Um die Dornen hübsch ausgefärbt zu erhalten, ist volles Sonnenlicht erforderlich. Deshalb wird man die Ferokakteen am besten an einem Südfenster aufstellen. Ebenso geht ein helles Gewächshaus. Zwischen den einzelnen Wassergaben die Erde vollständig austrocknen lassen. Nur mit enthärtetem Wasser oder Regenwasser gießen. Gegen Ende Oktober mit dem Gießen aussetzen und bei niedrigen Temperaturen überwintern. Im März umtopfen und wieder mit dem Gießen beginnen.

 Im Sommer im Freien auf einen sonnigen, warmen Platz stellen, im Winter hell und kühl aufstellen

 Mäßig warm (nachts 10–16 °C), Wintertemperatur ca. 8 °C

 Im Sommer zurückhaltend, im Winter gar nicht gießen

 Geringe Luftfeuchtigkeit ist ausreichend, bei großer Trockenheit im Sommer etwas sprühen

 Spezielle Kakteenerde

Ficus

Feigenbaum, Gummibaum

Die *Ficus* zeichnet sich durch eine Vielfalt an Arten aus, von denen uns nur die wenigsten bekannt sind. Dementsprechend gibt es Arten in Baum- oder Strauchform, als Kletter- oder Hängepflanzen, als Epiphyten, winterhart oder empfindlich, blattabwerfend oder immergrün. Die Arten, die bei uns Bedeutung als Zimmerpflanzen haben, stammen aus Süd- und Südostasien (Indien und Indonesien), Australien und verschiedenen Teilen Afrikas. Der Echte Feigenbaum, *Ficus carica,* ist in Südeuropa und Nordafrika heimisch.

Als Ausgleich zu dem unterschiedlichen Äußeren der einzelnen *Ficus*-Arten muß es auch ein gleichgeartetes Bindeglied geben. Dies ist z. B. die eigenartige Blüten- und Fruchtform. Die einzelnen unscheinbaren Blüten befinden sich in einem knollen- bis birnenförmig ausgebildeten Gefäß, das sich nach der Befruchtung zur Feigenfrucht entwickelt. Ein weiteres gemeinschaftliches Merkmal der *Ficus*-Arten ist der in den Geweben enthaltene Milchsaft. Durch diesen Milchsaft hatten früher verschiedene Arten als Grundlage für die Kautschukgewinnung Bedeutung. Derzeit dienen jedoch andere Pflanzen der Rohstoffgewinnung, so daß an den *Ficus*-Arten lediglich noch ihr Zierwert von Interesse ist.

Der oben abgebildete kleinblättrige Gummibaum, *Ficus benjamina,* erzielt mit seinen überhängenden Zweigen und den teilweise hängend angeordneten Blättern einen recht dekorativen Effekt, der etwas an die Trauerweide erinnert. Diese Art wächst recht schnell, ohne besondere Anforderungen an das Licht zu stellen und kann nach einigen Jahren durchaus die Zimmerdecke erreichen.

Ficus deltoidea, die Mistelfeige (unteres Foto), ist die einzige Art, die auch in der Wohnung leicht Früchte bildet, und das schon in relativ jugendlichem Stadium. Die Früchte sind gelblich-grün und ca. 1 cm groß. Die Pflanze bleibt verhältnismäßig klein, trägt eirunde, zum Stengel hin spitz zulaufende Blätter und verzweigt sich leicht. Sie schätzt höhere Luftfeuchtigkeit.

Die weite Verbreitung verdanken die *Ficus*-Arten den lederartig ausgebildeten Blättern, die verdunstungshemmend wirken.

 Möglichst heller Standort ohne direkte, intensive Sonneneinstrahlung

 Warm (nachts 16–20 °C); während der Ruheperiode soll die Temperatur nicht unter 12 °C fallen

 Während der Wachstumsphase reichlich gießen und den Topfballen nicht austrocknen lassen; im Winter wenig gießen

 Regelmäßig besprühen

 Humusreiche Blumenerde

Ficus (Fortsetzung)

Ungeachtet der Robustheit der Blätter empfiehlt es sich, gelegentlich zu sprühen und die Blätter zwischendurch abzuwaschen.

Am besten gießt man mit temperiertem Wasser. Im Winter genügt es dabei, die Erde vor dem Austrocknen zu schützen. Während der Vegetationsperiode wird im Abstand von 2 Wochen gedüngt.

Zum Umtopfen verwendet man humusreiche Blumenerde. Ebenso kann man eine Mischung aus Lauberde, Rasenerde, Torf und Sand zusammenstellen. Wichtig ist in jedem Falle eine gute Dränage, die Staunässe verhindert.

Um *Ficus*-Arten erfolgreich vermehren zu können, ist in vielen Fällen eigentlich ein Gewächshaus erforderlich. Wenn man jedoch in einem umschlossenen Raum für eine Bodenwärme von mindestens 25 °C und Verdunstungsschutz sorgen kann, hat man Chancen für brauchbare Resultate. Gern werden Stammstecklinge verwendet, wobei man ca. 1 cm unterhalb und oberhalb des Auges abschneidet und das so mit abgeschnittene Blatt beläßt. Zur Verringerung der Verdunstung rollt man große Blätter, z. B. bei *Ficus elastica,* zusammen und befestigt das aufgerollte Blatt mit einem Gummiring.

Als Vermehrungssubstrat wird eine Torf-Sand-Mischung (1:1) verwendet. Man stellt die Stecklinge nach dem Gießen des Substrats hell, aber geschützt vor direkter Sonneneinstrahlung. Nach dem Bewurzeln wird langsam abgehärtet. Umgetopft wird, wenn sich die ersten Blattknospen zeigen. Bei einigen Arten ist auch die Vermehrung durch Aussaat oder Abmoosen möglich. Für die letztere Vermehrungsart (s. S. 11) stellt *Ficus elastica* das Schulbeispiel dar.

Ficus elastica 'Decora' ist eine breitblättrige Selektion des altbekannten Gummibaumes. Die oben abgebildete bunte Form wächst langsamer und ist empfindlicher. Die unten abgebildete Art *Ficus lyrata* (= *Ficus pandurata*), die Geigenfeige, ist sehr dekorativ mit ihren gewellten, großen Blättern. Ebenfalls aufrecht wachsend ist *Ficus bengalensis* mit großen, im Jugendstadium behaarten Blättern. *Ficus cyathistipula,* mit 20 cm großen hellgrünen Blättern, verzweigt sich stark.

Eine echte Warmhauspflanze ist *Ficus aspera* (= *Ficus parcelli*), ein kleiner Strauch mit relativ großen, weißlich-grün marmorierten Blättern und rotweiß geäderten, kirschartigen Früchten. Mindesttemperatur 20 °C.

Ficus religiosa hat ein hohes Licht- und Luftbedürfnis. Die Blätter sind dünn, langgestielt und ca. 15 cm lang. *Ficus retusa* ist ein dicht belaubter Strauch, dessen ursprünglich aufrecht wachsende Triebe mit dem Längerwerden überhängen. *Ficus rubiginose* ist eine Pflanze für das Kalthaus (gering temperiertes Gewächshaus,

Ficus (Fortsetzung)

Überwinterung bei 10–12 °C) und kann im Sommer auf einem geschützten Platz im Freien stehen. Die Blätter werden 10 cm lang, sind stumpf geformt, lederartig und grün. Es gibt auch eine bunte Form 'Variegata'. Die Triebe bewurzeln verhältnismäßig schnell.

Eine bekannte kriechende oder klimmende Form ist *Ficus pumila* der Kletterficus (oberes Foto), mit kleinen, herzförmigen Blättchen. Diese Art eignet sich sehr gut zur Bekleidung von Wänden. Nach relativ kurzer Zeit bedeckt sie eine größere Wandfläche. *Ficus radicans,* der Kriechende Gummibaum, entwickelt 5–10 cm lange Blätter und wächst kriechend. Er bildet an den Blattansatzstellen leicht Wurzeln und eignet sich vorzüglich als Bodendecker für Pflanzgefäße, Blumenfenster etc. Unten abgebildet ist die bunte Form 'Variegata'.

Weniger bekannt ist *Ficus montana,* der früher wegen seiner an Eichenlaub erinnernden Blätter auch *Ficus quercifolia* genannt wurde. Diese Art eignet sich vor allem als Hängepflanze.

Andere *Ficus*-Arten sind noch im vorderen Teil des Buches im Rahmen der allgemeinen Bepflanzungsvorschläge mit abgebildet. Für nahezu alle Arten gilt die Regel, daß sie bei richtiger Pflege wenig Anfälligkeit für Krankheiten und Schädlinge zeigen. Nachdem die schnell wachsenden Arten viel Nährstoffe brauchen, empfiehlt es sich, sie auch entsprechend reichlich zu düngen. Ebenso muß rechtzeitig umgetopft werden. Häufig läßt man sie zu lange in zu kleinen Töpfen stehen und wundert sich dann, wenn sie kümmern. Mit Düngen allein ist es also auch nicht getan.

Bei Verwendung von Plastikgefäßen muß man darauf achten, Staunässe zu vermeiden.

 Möglichst heller Standort ohne direkte, intensive Sonneneinstrahlung

 Warm (nachts 16–20 °C); während der Ruheperiode soll die Temperatur nicht unter 12 °C fallen

 Während der Wachstumsphase reichlich gießen und den Topfballen nicht austrocknen lassen; im Winter wenig gießen

 Regelmäßig besprühen

 Humusreiche Blumenerde

Fittonia

Die Gattung *Fittonia* bringt hübsche, kleine Blattpflanzen hervor, die jedoch zu ihrem Gedeihen viel Luftfeuchtigkeit brauchen. Auf Dauer halten sie als Einzelpflanze auf dem Fensterbrett nicht durch. Deshalb bringt man sie in einem größeren Pflanzgefäß oder einem Blumenfenster unter. Durch Besprühen etc. sorge man für reichlich Luftfeuchtigkeit. Die Erde soll gut durchlüftet und ausreichend feucht sein. Wenn die Pflanze blüht, kann man feststellen, daß sie zur Familie der Acanthaceen gehört. Auf dem nebenstehenden Foto ist *Fittonia verschaffeltii* zu sehen, und zwar vorne die Sorte 'Pearcei' und hinten die Sorte 'Argyroneura'. Vermehrung durch Stecklinge im Frühjahr unter Glas.

 Möglichst heller Standort ohne direkte Sonneneinstrahlung

 Warm (nachts 16–20 °C)

 Während des ganzen Jahres mit temperiertem Wasser gießen, das kalkfrei sein soll

 Empfehlenswert ist hohe Luftfeuchtigkeit

 Lockere, humusreiche Blumenerde mit Sandbeimischung zur Verbesserung der Dränage

Fuchsia

Fuchsie

Fuchsien zieht man am besten in einem mäßig temperierten bis kühlen Gewächshaus (mit Schattierung während intensiver Sonneneinstrahlung) an. Etwas kühler kann man sie so auch überwintern. Viele Sorten eignen sich aber auch für das Fensterbrett während des Sommers fürs Freiland. Der Erfolg hängt vom Auffinden des richtigen Standorts ab. Fuchsien sind für sorgfältige Pflege sehr dankbar. Es sind typische Liebhaberpflanzen, die liebevolle Pflege offensichtlich durch gutes Gedeihen und reiche Blüte lohnen.

Sehr wichtig ist auch die richtige Erdmischung. Der Fuchsien-Freund stellt eine Mischung aus alter Lauberde, reifer Mistbeeterde, Lehm und Blutmehl her. Es geht aber auch humus- und nährstoffreiche Blumenerde.

Steht die Fuchsie im Freien, verwendet man der geringeren Verdunstung wegen besser Plastiktöpfe anstelle von Tontöpfen oder senkt die Pflanze in Erde ein.

Während der Wachstumsphase braucht die Fuchsie reichlich Wasser und Nährstoffe. Man wird sie deshalb regelmäßig mit Hilfe eines Volldüngers mit Nährstoffen versorgen.

Fuchsia (Fortsetzung)

Auf Seite 92 ist die aufrecht wachsende, altbewährte, kleinblumige Sorte 'Dollarprinzessin' abgebildet. Nebenstehend ist die Hängesorte 'La Campanella' zu sehen, die größere, deutlich zweifarbige Blüten entwickkelt. Fuchsien kann man leicht durch Kopfstecklinge vermehren. Wichtig ist eine relativ kühle Jungpflanzenanzucht und mehrfaches Entspitzen, damit sich die Pflänzchen verzweigen und buschig werden. Durch entsprechenden Schnitt kann man auch bestimmte Formen, wie Pyramiden, Kugeln etc. anziehen. In der Regel sind die Fuchsien im 2. oder 3. Jahr am schönsten. Der Erfolg der späteren Jahre hängt von der Pflege ab. Es werden viele Sorten angeboten.

 Halbschattiger Standort im Sommer; im Winter möglichst hell ohne intensive Sonneneinstrahlung

 Mäßig warm (10–16 °C); Überwinterung bei 10 °C

 Möglichst gleichmäßig feucht halten, im Winter weniger als im Sommer gießen

 Für ausreichende Luftfeuchtigkeit sorgen, da sonst Gefahr des Knospenabfalls besteht

 Humusreiche, nahrhafte, etwas kalkhaltige Blumenerde

Gardenia

Gardenie

In Deutschland ist die Gardenie nur wenig verbreitet. Im Gegensatz dazu ist sie in den angelsächsischen Ländern häufig anzutreffen und als »Knopflochblume« bekannt. Insbesondere *Gardenia jasminoides* wird in diesen Ländern als Zimmerpflanze kultiviert und erfreut die Pflanzenliebhaber mit ihren hellen, intensiv duftenden, wachsartigen Blüten. Wichtig sind bei der Pflege der Gardenie hohe Luftfeuchtigkeit und ein heller Standort ohne intensive Sonneneinstrahlung.
Die Vermehrung erfolgt durch Kopfstecklinge ab Januar bei hoher Bodenwärme und Luftfeuchtigkeit. Auch Vermehrung durch Aussaat ist möglich. Die Gardenie braucht regelmäßige Düngung bis Anfang August. Anschließend müssen die Triebe ausreifen.

 Heller Standort mit Schutz vor intensiver Sonneneinstrahlung; kann im Sommer im Freien stehen

 Warm (nachts 16–20 °C); Überwinterung bei 18 °C; den Standort möglichst nicht wechseln

 Mäßig mit temperiertem, enthärtetem Wasser gießen

 Laub häufig besprühen oder sonst für ausreichende Luftfeuchtigkeit sorgen

 Humusreiche, etwas saure Blumenerde

Gasteria

Die *Gasteria* gehört in die Gruppe der Sukkulenten und hat eine gewisse Ähnlichkeit mit der *Haworthia* (siehe S. 98). Sie wächst allerdings etwas rascher. Während des Sommers kann die *Gasteria* gut im Freien stehen und verträgt volles Sonnenlicht. Auch während des Sommers hat sie keinen hohen Wasserbedarf und während des Winters darf nur selten und in kleinen Mengen gegossen werden. Während des Sommers erscheinen an langen Stielen rosa-, orangefarbene oder rote Blüten, wenn die winterliche Ruhezeit eingehalten wurde. Vermehrung durch Blattstecklinge oder Aussaat.
Das Foto zeigt *Gasteria verrucosa*.

 Verträgt volle Sonneneinstrahlung aber auch Halbschatten; im letzteren Falle weniger gießen

 Warm (nachts 16–20 °C); Überwinterung bei 6–12 °C

 Nur sehr mäßig gießen, vor allem während der Wintermonate

 Verträgt Lufttrockenheit ausgezeichnet

 Lockere, kalkhaltige Blumenerde

Grevillea
Australische Silbereiche

In Queensland und Neusüdwales (Australien) wird die Grevillea bis zu 20 m hoch. Dieses baumförmige Gewächs gleicht einem Farn, gehört aber nicht in die Familie der Farne. Wenn man junge Exemplare häufiger entspitzt, verzweigen sie sich hin und wieder. Die so entstehenden buschigen Pflanzen sehen hübscher aus als die durchgehend aufrecht wachsenden. Die *Grevillea robusta* steht am besten in einem kühlen Treppenhaus oder Flur, in dem es genügend hell ist. Vor Beipflanzung zu wärmebedürftigen Pflanzen ist abzuraten. Die Vermehrung erfolgt durch importiertes Saatgut. Man topft zeitig in nahrhafte Erde um, wobei man 3–5 Pflänzchen in einen Topf bringt. Topfscherben sorgen für Dränage.

 Während des Sommers Halbschatten, im Winter hell

 Mäßig warm (nachts 10–16 °C); Überwinterung bei 4–8 °C

 Mäßig gießen, aber den Topfballen nicht austrocknen lassen

 Vor allem während des Austriebs im Frühjahr häufig besprühen

 Kalk- und humusreiche Blumenerde

Guzmania

Die *Guzmania* zählt zu den Bromeliaceen oder Ananasgewächsen. Sie erfreut sich zunehmender Beliebtheit und wird häufig für größere Pflanzgefäße, Blumenfenster etc. verwendet. Dabei ist eine möglichst dekorative Verwendung wichtiger als ein pflanzenphysiologisch optimaler Standort, weil die Blüte sowieso den Abschluß des Lebens der Guzmania bedeutet. Allerdings hält sie um so besser, je kühler man sie stellt. Die Weiterkultur kann durch Ableger (Kindel) erfolgen. Diese nimmt man möglichst erst ab, wenn die Mutterpflanze einzieht. In der Wohnung ist die Aufzucht der Jungpflanzen wegen der fehlenden Luftfeuchtigkeit schwierig. Besser geht es im Gewächshaus oder Blumenfenster.

 Leicht schattiger Standort mit Schutz vor intensiver Sonneneinstrahlung

 Warm (nachts 16–20 °C); Minimumtemperatur während des Winters 16 °C

 Mit temperiertem, kalkfreiem Wasser gießen (auch in den Blatt-Trichter); im Winter trockener halten

 Im Sommer häufig, im Winter wenig oder nicht besprühen

 Saure, lockere Erde mit Sphagnum- und Torfbeimengung

Gymnocalycium

Diese Gattung bringt apart gefärbte Kakteen hervor, wenn man sie auf lebenskräftige, grüne Kakteen pfropft. Die nebenstehend abgebildeten rötlichen Pflanzenteile sind keine Blüten, ausgenommen der oberste Teil der mittleren Pflanze. Es handelt sich vielmehr um aufgepfropfte Formen von *Gymnocalycium*. Links ist *Gymnocalycium mihanovichii* 'Rosea', in der Mitte 'Black Cap' und rechts 'Optima Rubra' zu sehen. Außerdem gibt es noch eine gelbe Mutante im Handel. Gymnocalycien bilden reichlich Seitensprosse. Beim Pfropfen werden Unterlage und Pfropfling flach angeschnitten und bis zum Verwachsen vorübergehend befestigt, beispielsweise mit einem Gummiband.

 Heller Standort ohne intensive Sonneneinstrahlung

 Mäßig warm (nachts 10–16 °C) bis warm (nachts 16–20 °C); Überwinterung bei ca. 10 °C

 Im Sommer sehr mäßig gießen, im Winter trocken halten

 Trockene Zimmerluft wird vertragen

 Kakteenerde oder lockere, gut dränierte, kalk- und sandhaltige Blumenerde

Gynura

Der Zierwert der *Gynura* ist vor allem in den hübschen, samtig behaarten Blättern zu sehen, deren violette Zeichnung apart wirkt. Zur Erhaltung der arttypischen Eigenschaften braucht die *Gynura* einen möglichst hellen Standort. An älteren Pflanzen erscheinen gelbliche Blüten von unbedeutenden Aussehen, die übel riechen. Man entfernt deshalb am besten schon die Knospen. Vermehrt wird in kürzeren Zeitabständen, um immer jüngere Pflanzen auf Vorrat zu besitzen. Die Blätter sollte man nicht besprühen, um Flecken zu vermeiden.

Im Winter wird die nebenstehend abgebildete *Gynura aurantica* infolge Lichtmangels häßlich, aber man kann sie durchbringen.

 Zur Erhaltung der violetten Blattfärbung so hell wie möglich stellen, aber kein intensives Sonnenlicht

 Warm (nachts 16–20 °C)

 Während der Wuchsperiode viel gießen (Laub trocken halten), im Winter nur mäßig

 Mäßige Luftfeuchtigkeit

 Normale, humose Blumenerde

Habranthus

Es handelt sich hier um ein wenig bekanntes Zwiebelgewächs, das aber vielfach durch den Versandhandel angeboten wird. Die Pflege ist etwa mit der der altbekannten Amaryllis, *Hippeastrum,* zu vergleichen. Man pflanzt im Herbst bis zu 5 Zwiebeln in einen gut dränierten Topf, hält die erste Zeit ziemlich kühl (ungefähr 10–15 °C) und gibt nur wenig Wasser. Sobald die Zwiebeln mit dem Austrieb beginnen, werden die Wassergaben gesteigert. Ebenso werden die Temperaturen etwas erhöht. Nach der Blüte soll das Laub noch etwas wachsen. Anschließend hält man die Erde trocken, so daß die Zwiebeln einziehen. Umtopfen alle 2–3 Jahre. Abgebildet ist *Habranthus robustus.*

 Heller Standort ohne direkte, intensive Sonneneinstrahlung

 Mäßig warm (nachts 10–16 °C); nach der Blüte Ruheperiode einschalten

 Mäßig gießen

 Mäßige Luftfeuchtigkeit

 Nährstoff- und humusreiche Blumenerde

Haemanthus

Blutblume

Zwiebeln oder Jungpflanzen von *Haemanthus* kann man sowohl im Einzelhandel als auch im Versandhandel beziehen. In den Niederlanden wird *Haemanthus* sehr treffend auch als »Puderquaste« bezeichnet. Zwiebeln oder Pflanzen sind im Frühjahr erhältlich und werden nach dem Kauf in nahrhafte Erde eingepflanzt. Insbesondere bei den Zwiebeln gibt man anfangs wenig Wasser bis der Trieb sich entwickelt, dann allmählich etwas mehr. Zum Ende des Sommers soll die Pflanze einziehen, dementsprechend hört man mit dem gießen auf.

Die Art *Haemanthus albiflos* ist immergrün und verlangt dementsprechend auch eine andere Behandlung. Im Winter stellt man diese der *Clivia* ähnliche Pflanze wohl etwas kühler, gießt aber vorsichtig weiter. Weil diese Art nur schwer umgetopft werden kann, gehen die älteren Blätter häufig ein, aber nach einiger Zeit treiben junge Blätter nach. Es handelt sich letztendlich um eine robuste Zimmerpflanze. Schwieriger sind Formen mit roten Blüten, denn sie verlangen einen warmen Fuß und wachsen am besten im Gewächshaus.

Haemanthus albiflos wird Elefantenohr genannt. Diese Art besitzt lange, glatte, fleischige Blätter und entwickelt weiße Blüten mit langen, am Ende gelblichen Staubblättern.

Haemanthus katharinae ist eine einziehende Art mit 4–5 Blättern auf einem kurzen Stämmchen. Der Blütenstand ist rot und sehr groß (bis zu 25 cm Durchmesser). Die Sorte 'King Albert' ist ziemlich bekannt.

Haemanthus multiflorus (Abbildung) gleicht der vorgenannten Art. Allerdings werden die Blütenstände nicht so groß. Die Blüte kommt im April. Anschließend entwickeln sich die Blätter weiter. Auch in diesem Stadium muß die Pflanze gut versorgt werden, sonst erscheint im nächsten Jahr keine Blüte.

Das Umtopfen ist nicht jedes Jahr erforderlich. Häufig genügt es, die obere Erdschicht zu entfernen und durch frische Erde zu ersetzen. Umgetopft wird jedes 2. oder 3. Jahr.

Kleine Brutzwiebeln können zur Vermehrung abgenommen werden. Es dauert allerdings nach ihrem Auspflanzen einige Jahre, bis wieder blühfähige Pflanzen entstehen.

 Sonniger Standort, wobei Standortswechsel vermieden werden muß

 Warm (nachts 16–20 °C); im Winter etwas kühler (12–15 °)

 Normal, bei einziehenden Arten ab Mitte August weniger gießen; im Winter nahezu trocken halten

 Ziemlich hohe Luftfeuchtigkeit erforderlich

 Humus- und nährstoffreiche Blumenerde

Hamatocactus

Hakenkaktus

Der *Hamatocactus* gehört zu den leicht zu kultivierenden Kakteenarten und blüht dazu noch willig. Deshalb zählt er zu den häufig bei Liebhabern vorzufindenden Arten. Auf dem Fensterbrett fühlt er sich recht wohl, wenn man für kühle und trockene Überwinterung sorgt. Es sind verschiedene Arten in Kultur, die durch ihre großen hakenförmigen Mitteldornen auffallen. Nebenstehend ist *Hamatocactus setispinus* abgebildet. Es ist wohl die bekannteste Art; sie hat 12–14 Rippen und gelbe, duftende Blüten mit einem rötlichen Inneren. Die Pflanzen beginnen relativ früh mit der Blüte. Um das Austrocknen des Wurzelballens zu verhindern, verwendet man am besten Plastiktöpfe. Die Vermehrung erfolgt durch Aussaat.

 Möglichst sonnigen Standort

 Mäßig warm (nachts 10–16 °C); kühl überwintern

 Wenig gießen und im Winter trocken halten

 Trockene Luft wird gut vertragen

Kakteenerde oder lockere, etwas kalkhaltige Blumenerde

Haworthia

Die Gattung *Haworthia* gehört zur Familie der Liliengewächse. Die meisten Arten stammen aus den südafrikanischen Kapprovinzen und besitzen dicke, fleischige Blätter, die rosettenartig angeordnet sind. Häufig werden an der Basis dieser Rosetten neue Ableger gebildet. Dementsprechend erfolgt die Vermehrung mit Hilfe dieser Ableger, aber auch durch Aussaat. Die Ruhephase der *Haworthia*-Arten mit durchscheinenden Blättern ist Juni bis September. Die Arten mit perlartigen, weißen Gebilden auf der Blattunterseite, wie die abgebildete *Haworthia reinwardtii*, legen von Oktober bis Februar eine Ruhezeit ein. Ruhetemperatur 10–12 °C. Andere bekannte Arten sind *H. attenuata*, *H. fasciata*, *H. margaritifera* und *H. papillosa*.

 Möglichst heller Standort aber ohne direkte, intensive Sonneneinstrahlung

 Warm (nachts 16–20 °C); während der Ruheperiode je nach Art 5–16 °C

 Mäßig gießen (kein Wasser zwischen die Blätter), während der Ruheperiode sehr wenig gießen

 Keine besonderen Ansprüche

 Durchlässige, etwas kalkhaltige Blumenerde

Hebe

Strauchveronika

Die nebenstehend abgebildete *Hebe-Andersonii*-Hybride ist ein immergrüner, kleiner Strauch mit kleinen, lederartigen Blättern. Die Blüte kommt im Spätsommer und Herbst. Auf dem Bild sind die Blütenstände violett gefärbt, aber es gibt auch Formen mit weißen oder roten Blüten. Bei höheren Zimmertemperaturen fallen die Blüten häufig schnell ab. Deshalb kühl stellen! Nach der Blüte werden die Pflanzen zurückgeschnitten. Die hierbei erhältlichen Stecklinge lassen sich bei mäßiger Bodenwärme bewurzeln. Während des Wachstums wöchentlich düngen. Überwinterung bei 5–10 °C. Im Gegensatz dazu vertragen die verwandten Freilandarten, die vielfach unter dem Gattungsnamen *Veronica* laufen, bis zu −20 °C.

 Im Sommer an einem geschützten Platz im Freien; zeitig ins Haus nehmen, da kälteempfindlich

 Mäßig warm bis kühl (nachts 5–12 °C)

 Im Sommer viel gießen, im Winter wenig

 Mäßige Luftfeuchtigkeit

 Humus- und etwas kalkhaltige Blumenerde

Hedera

Efeu

Der Efeu ist eine weit verbreitete Zimmerpflanze, die bekanntlich möglichst kühl gehalten werden muß. Die Vermehrung erfolgt aus Stecklingen, vor allem im Herbst. Die gewöhnlichen Freilandarten halten auch in kühlen Wohnräumen durch, aber meistens nimmt man doch die kleinblättrigen Zierformen, insbesondere die Sorte 'Garland' (links abgebildet) und die Sorte 'Glacier' (in der Mitte). Daneben gibt es noch zahlreiche andere Sorten, die allerdings nicht winterhart sind. Ebenso wenig ist die Unterart *canariensis* winterhart, die unter dem Namen 'Variegata' als bunte Form angeboten wird. Häufig läuft sie auch unter dem Sortennamen 'Gloire de Marengo' (rechts im Bild). Diese Form sollte wärmer stehen.

 Verträgt verhältnismäßig lichtarme Standorte

 Kühl bis mäßig warm (4–12 °C); Überwinterung in einem kühlen, aber frostfreien Raum

 Mäßig gießen; der Wurzelballen sollte aber feucht bleiben

 Im Sommer häufig besprühen, ab und zu die Blätter abwaschen

 Humus- und kalkreiche Erde

Hemigraphis

Halbgriffel

Hemigraphis ist eine weniger bekannte tropische Blattpflanze, die eine ziemlich hohe Luftfeuchtigkeit braucht. Im südlichen Raum Indiens etc. wird die häufig als Gartenpflanze benützt und in unserem Klimabereich dient sie als Bodendecker im warmen Gewächshaus. Außerdem kann sie als Bodendecker in größeren Pflanzkübeln verwendet werden, wo sie erstaunlich lang durchhält. Hierfür verwendet man vor allem die abgebildete Art *Hemigraphis alternata,* mit ihren violett-silbrigen, glänzenden Blättern. Im Gewächshaus oder in einem Minigewächshaus kann man leicht während des ganzen Jahres Kopfstecklinge gewinnen und zur Bewurzelung bringen. Zur Verzweigung entspitzt man sie rechtzeitig.

 Typische Schattenpflanze, die keine volle Sonne vertragen kann

 Warm (nachts 16–20 °C)

 Mäßig mit völlig enthärtetem Wasser gießen

 Verlangt hohe Luftfeuchtigkeit und kann als Einzelpflanze nur begrenzte Zeit in der Wohnung gehalten werden

 Humus- und kalkhaltige Blumenerde

Hibiscus

Eibisch

Der *Hibiscus* ist eigentlich ein aus den Suptropen und Tropen stammender Blütenstrauch, der dort zahllose Gärten ziert. Bei uns hat er sich zur gern gekauften Zimmerpflanze entwickelt. Während anfänglich nur einfach blühende Sorten kultiviert wurden, sind derzeit halb gefüllte Formen in den Blütenfarben Gelb, Kupfer und Lachsrosa in Mode.

Die einfach blühende Form, wie die rechts abgebildete Sorte 'Cooperi' ist leichter anzuziehen. Manche Liebhaber erzielten Pflanzen mit einem Durchmesser von 1 m, die über und über mit Blüten besetzt waren. Derartige Erfolge kann man mit den gefüllten Formen nicht erreichen.

Leider ist der einfache *Hibiscus* selten geworden. Möglicherweise findet man ihn im Rahmen einer Reise, z. B. nach Spanien, wo er im Freien gedeiht. Mit Hilfe einer Jungpflanze oder notfalls mit Stecklingen kann man zuhause eine eigene Anzucht aufbauen. Die Jungpflanzen sollen relativ warm stehen.

Wichtig für eine erfolgreiche Kultur ist eine kühle Ruhezeit während des Winters. In dieser Zeit kann auch zurückgeschnitten werden. Der Topfballen darf nicht austrocknen.

Hibiscus (Fortsetzung)

Auf Seite 100 ist ein Vertreter des weit verbreiteten, gefüllt blühenden *Hibiscus rosa-sinensis,* des Chinesischen Roseneibisch, abgebildet. Nebenstehend ist die buntblättrige Form 'Cooperi' zu sehen, eine Blattpflanze, die aber auch einige Blüten entwickelt. Alle *Hibiscus*-Arten und -Sorten können in der vollen Sonne stehen, aber buntblättrige Formen brauchen besonders viel Licht.

Ab Juni kann man die Pflanzen ins Freie bringen, muß ihnen aber einen möglichst geschützten Platz zuweisen. Für den Aufenthalt im Freien ist die einfach blühende, rote Form am besten geeignet. Die Vermehrung erfolgt durch Stecklinge, die man mit Bodenwärme unter Glas oder Folie zum Bewurzeln bringt.

 Zu bevorzugen ist ein sonniger Standort; liegt dieser im Freien, so muß er geschützt sein

 Warm (nachts 16–20 °C); Überwinterung bei 12–15 °C

 Regelmäßig und reichlich gießen, während der Überwinterung weniger Wasser geben

 Gelegentliches Besprühen wirkt sich positiv aus

 Lockere, humus- und kalkhaltige Blumenerde

Hippeastrum

Ritterstern

Das Antreiben von *Hippeastrum*-Zwiebeln gelingt nahezu immer und ist deshalb weit verbreitet. Der Ritterstern ist auch vielfach als Amaryllis bekannt. Es werden einerseits Zwiebeln unter Angabe der Blütenfarbe angeboten. Zum anderen sind auch Zwiebeln unter Sortennamen im Handel. Die letztgenannten sind in der Regel teurer, entwickeln aber auch die schöneren Blüten. Auf dem nebenstehenden Foto sind von links nach rechts abgebildet 'Belinda' (auch auf S. 102), 'Fire Dance' und 'President Tito'. Sehr hübsch sind auch die sogenannten 'Picotee'-Formen, bei denen der Blütenrand anders gefärbt ist.

Die speziellen Amaryllis-Sorten sind normalerweise nur im Fachhandel erhältlich. Meist werden sie dort sogar nach Zwiebelgröße differenziert angeboten. Extrem große Zwiebeln können 3–4 Blütenstengel hervorbringen.

Präparierte Amaryllis-Zwiebeln können im November eingetopft werden. Dann stülpt man über den Topf einen Plastikbeutel und hält ihn möglichst warm. Als Standort kann man ein Fensterbrett über einem nicht zu warmen Heizkörper auswählen. Wichtig ist dabei möglichst gleichmäßige Wärme und Feuchtigkeit.

Hippeastrum (Fortsetzung)

Sobald der Blütensproß eine Länge von 15–20 cm erreicht hat, wird die Pflanze an ein helles Fenster gestellt und kommt dort zum Blühen. Nach der Blüte entwickeln sich die Blätter erst richtig. Wenn man die Zwiebel im nächsten Jahr wieder antreiben will, muß man jetzt für eine kräftige Entwicklung des Laubes sorgen. Hierzu hält man die Pflanze bei mindestens 20 °C. Der abgeblühte Blütenschaft wid über der Zwiebel abgeschnitten. Zur Unterstützung der Laubentwicklung wird reichlich gegossen und alle 2 Wochen flüssig gedüngt. Ab September schränkt man das Gießen immer mehr ein, so daß das Laub einzieht. Anschließend verwahrt man die Zwiebel im trockenen Topf frostfrei bis Januar und treibt dann erneut an.

 Möglichst heller Standort mit Schutz vor praller Sonne

 Mäßig warm (nachts 10–16 °C); Überwinterung der ruhenden Zwiebel bei minimal 6 °C

 Während der Vegetationsphase reichlich gießen; ab September Wassergaben immer mehr einschränken

 Mäßige Luftfeuchtigkeit

 Humus- und lehmhaltige Erde mit guter Dränage

Homalocladium

Bandbusch

Der von den Salomon-Inseln stammende Bandbusch ist eine merkwürdige Pflanze. Er entwickelt bandartige Triebe, die die Funktion der Blätter übernehmen, ab und zu auch einzelne Blätter, die jedoch meist abgestoßen werden, als seien sie überflüssig. *Homalocladium* wird nur selten kultiviert, obwohl es keine besonderen Ansprüche stellt. Man kann die Pflanze ab Ende Mai auf einen hellen Platz ins Freie stellen, wo sie vor praller Mittagssonne geschützt ist. Überwinterung bei 8–16 °C. Stecklinge bewurzeln bei etwas Wärme. Mehrere Jungpflanzen werden zusammen in einen Topf gepflanzt. Ältere Pflanzen entwickeln Blüten und purpurrote Früchte. Abgebildet ist *Homalocladium platycladum.*

 Heller, sonniger Standort mit Schutz vor praller Mittagssonne; im Sommer im Freien

 Warm (nachts 16–20 °C); es werden aber auch niedrigere Temperaturen vertragen

 Mäßig gießen

 Ab und zu besprühen; verträgt keine ausgesprochen trockene Luft

 Humus- lehm- und etwas kalkhaltige Blumenerde

Howeia

Kentia-Palme

Seit man dazu übergegangen ist, für größere Zimmerpflanzen entsprechende Pflanzgefäße einzusetzen, haben auch die Palmen ihren Ruf, sie seien altmodisch, verloren. Das ist gut so, denn sie besitzen eine Reihe guter Eigenschaften für die Zimmerpflege. Die winterliche Ruheperiode erreicht man durch leicht gesenkte Zimmertemperatur und Weglassen des Düngers. Vor allem in größeren Gefäßen ohne Abfluß nicht zu viel gießen, da Staunässe nicht vertragen wird. Zum Umpflanzen möglichst tiefe Gefäße verwenden, die eine gute Dränage besitzen. Die Vermehrung erfolgt durch Aussaat. Nebenstehend ist *Howeia forsteriana* abgebildet.

 Eine echte Schattenpflanze

 Mäßig warm (nachts 10–16 °C); mäßig warm überwintern (14–18 °C)

 Während des ganzen Jahres mäßig gießen, und zwar am besten mit enthärtetem Wasser

 Laub regelmäßig besprühen

 Lockere, humusreiche Blumenerde, der bei gesicherter Dränage auch etwas Lehm beigemischt sein kann

Hoya

Wachsblume

Von den beiden für die Zimmerkultur geeigneten *Hoya*-Arten ist *Hoya bella* die weniger auffällige und anspruchsvollere. Auf dem nebenstehenden Foto sind die Triebe etwas hochgebunden, um die Blütenstände zu zeigen. Hohe Wärme und Luftfeuchtigkeit sind erforderlich. Dagegen besteht kein großer Lichtbedarf. Man hält die Pflanze am besten in einer Hängeampel, die mit humoser Blumenerde gefüllt ist. Die Blüten kommen so am besten zur Geltung; sie erscheinen von Mai bis September. Die Überwinterung soll kühler und trockener erfolgen, um dem Befall durch Läuse vorzubeugen. Die Vermehrung erfolgt durch Stecklinge bei Fußwärme.

 Leichter Schatten wird vertragen; die Pflanze nicht drehen oder umstellen

 Warm (nachts 16–20°C); Überwinterung kühler (Minimum 13 °C)

 Mäßig gießen und während der winterlichen Ruheperiode etwas trockener halten

 Hohe Luftfeuchtigkeit durch häufiges Besprühen

 Lockere, grob strukturierte Blumenerde mit reichlich Torfzusatz in Hängeampel oder -körbchen

Hoya (Fortsetzung)

Die zweite hier vorgestellte Wachsblume, *Hoya carnosa*, entwickelt größere Blätter und Blütenstände. Es handelt sich um eine dankbare Zimmerpflanze, die jahrelang durchhält. Die langen Triebe müssen an einem Gestell befestigt werden. Sobald die Blütenknospen erscheinen, darf die Pflanze nicht mehr gedreht werden, auch wenn die Blüten alle auf der Fensterseite stehen. Wenn die Blüten völlig geöffnet sind, scheiden sie Honigtröpfchen ab. Blütenstände erst abnehmen, wenn sie eingezogen haben, da manchmal noch eine Nachblüte auftritt. Eigenartig sind die buntlaubigen Formen. Die Vermehrung erfolgt durch Stecklinge im Juni/Juli, die bei Wärme unter Glas zum Bewurzeln gebracht werden.

 Heller Standort mit Schutz vor intensiver Mittagssonne

 Warm (nachts 16–20 °C); Überwinterung bei minimal 10 °C

 Mäßig gießen und während der winterlichen Ruheperiode noch etwas trockener halten

 Verträgt normale Zimmerluft, schätzt aber gelegentliches Besprühen

 Lockere, grob strukturierte Blumenerde mit Zusatz von Torf und Holzkohlestückchen

Hyacinthus

Hyazinthe

Vorbehandelte Hyazinthen-Zwiebeln kann man ab Anfang Oktober eintopfen. Das Eingraben der mit Zwiebeln bepflanzten Gefäße an einem frostfreien Platz hat sich am besten bewährt. Auch ein dunkler Keller bei Abdeckung der Gefäße mit Folie ist geeignet. Optimale Bewurzelungstemperatur 9–13 °C. Sobald die Zwiebeln deutlich ausgetrieben haben, stellt man die Gefäße ans Licht, am besten an ein kühles Fenster.

Wenn man in Hyazinthen-Gläsern oder in Kies treiben will, muß man dafür sorgen, daß das Wasser einige Millimeter unter dem Zwiebelboden steht. Höherer Wasserstand bedeutet Fäulnis. Diese Zwiebeln lassen sich nicht ein zweites Mal im Zimmer treiben.

 Zum Antreiben dunkel stellen, zur Blüte hell aber nicht in die Sonne

 Zwiebeln bewurzeln lassen (s. o.; 8–10 Wochen), dann 9 Tage kühl und danach 15 °C

 Mäßig gießen, während der Blüte mehr

 Mäßie Luftfeuchtigkeit

 Sandhaltige, durchlässige Blumenerde; Nährstoffgehalt unwesentlich

Hydrangea

Hortensie

Hortensien werden zwar nicht mehr so viel wie früher kultiviert, aber für den Liebhaber ist es nach wie vor ein Erlebnis, sie erneut zum Blühen zu bringen. Wichtig für den Erfolg ist ein kühler, schattiger Standort. Im zentral beheizten, reichlich warmen Wohnzimmer fühlt sich die Hortensie dagegen nicht wohl. Man wählt deshalb am besten einen kühleren Ort mit Ost- oder Nordfenster. Wenn die Blätter welk werden, den Topf sofort tauchen, damit die Pflanze sich wieder erholt.

Während des Sommers wird reichlich gegossen und gedüngt. Am besten steht die Hortensie in dieser Zeit an einem geschützten, etwas schattigen und zugfreien Platz eingesenkt. Soweit irgendwie möglich, sollte man Regenwasser verwenden. Blaublühende Hortensien entstehen in Gärtnereien, indem man bei rot blühenden Sorten Eisen- oder Aluminiumsalze in die Erde mischt. Sie sind gegen hartes Wasser besonders empfindlich.

Direkt nach der Blüte werden die Triebe stark zurückgeschnitten. Soweit nötig, wird unter Verwendung saurer Erde umgetopft. Ab Ende August wird nicht mehr gedüngt und weniger gegossen.

Wenn die ersten Herbstfröste einsetzen, wird die Pflanze ins Haus gebracht, wo sie kühl und relativ trocken stehen muß, damit die Blütenknospen ausreifen können. Ab Dezember wird die Pflanze etwas wärmer gestellt und reichlicher gegossen, so daß sie langsam auszutreiben beginnt.

Alle Zimmer-Hortensien stammen von *Hydrangea macrophylla* ab. Sie sind nicht winterhart und wenn man sie in den Garten pflanzt, besteht Gefahr, daß die Blütenknospen zurückfrieren. Auf dem unteren Foto ist eine extra harte Gartenform abgebildet, die sich in saurer Erde z. B. herrlich zusammen mit Rhododendren entwickelt.

Die Vermehrung erfolgt durch jüngere Triebenden ohne Blütenknospen im Mai/Juli. Die Bewurzelung vollzieht sich bei Wärme und Luftfeuchtigkeit. Die Anzucht der Jungpflanzen erfolgt im kühlen Gewächshaus oder Frühbeetkasten und ist mehr Aufgabe des Berufsgärtners.

 Heller Standort, aber kein intesives, direktes Sonnenlicht

 Mäßig warm (nachts 10–16 °C); Überwinterung bei 4–8 °C

 Während der Blüte reichlich mit enthärtetem Wasser gießen und im Winter nicht austrocknen lassen

 Mäßig hohe Luftfeuchtigkeit

 Lockere, humushaltige Blumenerde mit Torfzusatz

Hypocyrta

Kußmäulchen

Mit der *Hypocyrta* wird eine leicht zu pflegende Zimmerpflanze vorgestellt, die aufgrund ihrer hübschen Blüten einen geeigneten Platz in der Wohnung verdient. Die bekannteste Art ist *Hypocyrta glabra* (Bild) mit glänzend grünen Blättern, die aufrecht stehende und überhängende Triebe garnieren. In den Blattachseln entwickeln sich die orangefarbenen, bauchigen Blüten. Zur Blütenbildung ist eine kühle Überwinterung erforderlich, außerdem reichlich Sonnenlicht. Zurückgeschnitten wird, ehe der neue Trieb beginnt, weil die Blüten an den jungen Trieben entstehen. Vermehrung durch Stecklinge zu 6–8 Stück in einem Topf mit normaler Blumenerde.

 Leichter Schatten mit Ausnahme der Wintermonate, wo zur Blütenbildung volle Sonne erforderlich ist

 Warm (nachts 16–20 °C); Überwinterung bei 12 °C

 Mäßig gießen, vor allem während der Ruheperiode nur wenig gießen

 Hohe Luftfeuchtigkeit während der Vegetationsphase ist zu empfehlen

 Mischung aus alter Lauberde, Sphagnum-Moos und Holzkohlestückchen oder humusreiche Blumenerde

Hypoestes

Hypoestes taeniata stammt aus Madagaskar und fällt insbesondere wegen seiner bunt gefleckten Blätter auf. Die kleinen Blüten sind meist lila gefärbt und recht unauffällig. Im Gewächshaus oder unter vergleichbaren Bedingungen wächst *Hypoestes* bei guter Wärme flott. Wird die Pflanze zu hoch oder beginnt von unten zu verkahlen, dann schneidet man sie kräftig zurück. Man kann sie leicht durch Stecklinge vermehren, und zwar insbesondere bei Bodenwärme während des Frühjahrs. Durch rechtzeitiges Entspitzen entwickelt sich eine buschige Pflanze und die größeren Triebenden dienen als Stecklinge. Man pflanzt am besten in ein flaches Gefäß. Auch Vermehrung durch Aussaat ist möglich.

 Leicht schattiger Standort; ausreichend lüften aber vor Zugluft bewahren

 Warm (nachts 16–20 °C)

 Während der Vegetationsphase reichlich mit temperiertem, enthärtetem Wasser gießen

 Vor allem im Sommer durch Besprühen etc. für ausreichend Luftfeuchtigkeit sorgen

 Humusreiche, etwas saure Blumenerde

Impatiens

Springkraut

Die nebenstehend abgebildete *Impatiens balsamina* mit
hellgrünen Blättern und gefüllten, rosafarbenen Blüten
ist eine einjährige Pflanze. Sie eignet sich für kühle
Fenster, für Balkon und Garten. Unten ist *Impatiens
walleriana,* das Fleißige Lieschen, abgebildet. Diese
Art bleibt niedrig und es gibt viele Sorten für die Topfkultur. Die Blüten weisen eine Farbskala von Weiß
über Rosa bis Rot auf. Die Sorte 'Petersiana' hat bron-
zefarbene bis dunkelrote Blätter und Stengel und rote
Blüten.

Die beiden vorgenannten Arten sind bei uns weit verbreitet, aber das tropische Bergland von Ostafrika beheimatet noch andere Arten, wie *Impatiens repens* mit
kriechenden Trieben, kleinen dunkelgrünen Blättern
und großen gelben Blüten. Des weiteren kommt dort
Impatiens niamniamensis vor, das aufrecht wächst, eigenartige, rote Blüten und ziemlich große Blätter an
unverzweigten Trieben entwickelt.

Das Vermehren von *Impatiens* ist einfach. Triebenden
bewurzeln sich sowohl im Wasserfläschchen als auch in
feuchtem Sand leicht und schnell. Der Name *Impatiens*
bezieht sich auf die Früchte, die bei der leisesten
Berührung aufspringen. Das Saatgut keimt nach ungefähr 10 Tagen.

Jungpflanzen werden während der Anzucht mehrmals
entspitzt, damit sie gedrungen und buschig bleiben.
Zum Umtopfen verwendet man eine leichtere, aber
nährstoffhaltige Erde. Während der Vegetationsperiode muß wöchentlich flüssig gedüngt werden.

Blattfall ist meist die Folge zu niedriger Temperaturen.
Wenn die Pflanze zu dunkel steht, läßt sie gerne die
Blüten fallen. Die Gefahr der Stengelfäule ist nur gegeben, wenn man laufend zu viel gießt und Staunässe
erzeugt. Selbstgezogene *Impatiens* können die Grundlage für die Weitervermehrung sein.

Als Folge zu trockener Luft können Blattläuse und
Weiße Fliege auftreten. Dennoch soll man die Pflanzen
nicht besprühen, wenn sie Blüten tragen, weil sonst
Flecken entstehen. Auch Spinnmilben können in Verbindung mit Trockenheit und intensiver Sonneneinstrahlung auftreten.

☼ Heller Standort ohne intensive Sonneneinstrahlung;
im Frühjahr und Herbst Halbschatten

🌡 Mäßig warm (nachts 10–16 °C); bei einer Wintertemperatur von 13 °C blühen die Pflanzen durch

💧 Außer in der Ruheperiode reichlich gießen, aber Staunässe vermeiden; enthärtetes Wasser verwenden

Mäßige Luftfeuchtigkeit

Lockere, humusreiche Blumenerde

Ipomoea
Prunkwinde

Aus der artenreichen Gattung *Ipomoea* kann man einige Arten leicht selbst anziehen. Zu diesem Zweck wird das Saatgut vor der Aussaat 24 Stunden in Wasser gelegt (vorgekeimt), was die Keimung im Saatbeet beschleunigt. Die Aussaat hält man bei 18 °C. Die nebenstehend abgebildete *Ipomoea violacea* entwickelt zartgrüne, herzförmige Blätter und große, trichterförmige Blüten, deren Inneres weiß gefärbt ist. Die übrige Blüte ist blau bis violett. Gut für die Zimmerkultur eignet sich *Ipomoea learii*. Sie entwickelt einen Überfluß an blauen Blüten. Diese Art wächst sehr üppig und für die große Wurzelmasse braucht man ein großes Gefäß. Man kann die Pflanze jederzeit einkürzen.

 So viel Sonne wie möglich

 Warm (nachts 16–20 °C)

 Reichlich mit temperiertem Wasser gießen, insbesondere während sonniger Perioden

 Häufig mit temperiertem Wasser besprühen

 Normale Blumenerde oder eine humus- und kalkhaltige Mischung

Iresine

Iresine herbstii ist eine einjährige Pflanze mit rötlichen Trieben. Die obere Blattseite ist braunrot und etwas uneben. Die Blattnerven sind karminrot gefärbt. Die Zierform 'Aureireticulata' besitzt goldgelb gefleckte Blätter und rote Stengel. Auch die Hauptblattnerven sind rötlich getönt. Eine völlig rot gefärbte Art stellt *Iresine lindenii* dar. Diese Art entwickelt glatte, spitze Blätter und wächst buschiger als *Iresine herbstii*.
Die Vermehrung durch Kopfstecklinge ist problemlos. Um eine gedrungene, buschige Pflanze zu erzielen, wird während der Anzucht mehrmals entspitzt. Im Sommer kann die Iresine im Freien stehen. Die rote Färbung ist auf den Blattfarbstoff Anthocyan zurückzuführen.

 Sonniger Standort erwünscht

 Mäßig warm (nachts 10–16 °C) bis warm (nachts 16–20 °C)

 Häufig mit temperiertem Wasser gießen und Topfballen vor dem Austrocknen bewahren

 Mäßig hohe Luftfeuchtigkeit

 Humus- und kalkhaltige Erdmischung

Ixora

Aus einer Reihe von Arten und Sorten sind die *Ixora-Coccinea*-Hybriden die bekanntesten Zimmerpflanzen. Die nebenstehend abgebildete Sorte 'Biers Glorie' entwickelt orangerote Blüten, die von Mai bis September erscheinen können. Nach der Blüte werden die strauchartigen Pflanzen zurückgeschnitten, damit sie auch im darauffolgenden Jahr kompakt bleiben und eine reiche Blüte entwickeln. Nach dem Rückschnitt wird auch etwas weniger gegossen, damit die Pflanzen eine Ruhepause einlegen können. Eventuell wird in ein lockeres Erdgemisch umgetopft. Vermehrung im Frühjahr durch Kopfstecklinge bei 25–30 °C. Immer nach dem zweiten Blattpaar entspitzen. Ältere Pflanzen können dreimal im Jahr blühen.

 Leicht schattiger Standort und möglichst kein Standortwechsel

 Warm (nachts 16–20 °C); Überwinterung bei mindestens 16 °C Luft- und 19 °C Bodentemperatur

 Während des Wachstums normal mit enthärtetem Wasser gießen, im Winter geringere Wassergaben

 Möglichst hohe Luftfeuchtigkeit einhalten

 Humusreiche Erdmischung, eventuell Zusatz von reifer Lauberde

Jacaranda

Palisanderbaum

In ihrem Herkunftsland Brasilien entwickelt sich die *Jacaranda* zu einem Baum mit sehr graziösem Blattwerk und einem Überfluß an bläulich-violetten Blüten. Bei uns ist *Jacaranda mimosifolia* bekannt und als Zimmerpflanze vornehmlich der hübsch gefiederten Blätter wegen begehrt.

Die Vermehrung erfolgt durch Aussaat bei ca. 25 °C oder durch Stecklinge im Frühjahr oder Sommer. Man verwendet hierfür halbreife Triebenden. Während des Wachstums im Abstand von 2 Wochen kalkarm düngen.

Die untersten Blätter fallen nach einiger Zeit ab. Um weiterem Blattfall vorzubeugen, wird ab 50–60 cm Höhe entspitzt.

 Freier, heller Standort mit Schutz vor intensiver Sonneneinstrahlung

 Warm (nachts 16–20 °C); Überwinterung bei minimal 14 °C

 Vorsichtig und zurückhaltend mit enthärtetem Wasser gießen; im Winter noch weniger gießen

 Ausreichende Luftfeuchtigkeit ist für das Gedeihen unerläßlich

 Kalkarme und humushaltige Erdmischung

Jacobinia carnea

Die für die Zimmerkultur geeigneten Arten der Jakobinia kann man von den Ansprüchen und dem Aussehen her in zwei Gruppen untergliedern. Zur einen Gruppe zählen *Jacobinia carnea* (nebenstehende Abbildung) und *Jacobinia pohliana*. Sie entwickeln endständige, ährenförmige Blütenstände mit rosafarbenen, röhrenförmigen Einzelblüten. Bei *Jacobinia carnea* sind die Blüten klebrig. Das Laub ist weich und behaart. Ältere Pflanzen schneidet man nach der Blüte (August/September) zurück und stellt sie in einen luftigen Raum bei 12–16 °C. Mutterpflanzen überwintert man bei 12–14 °C. Im Frühjahr umtopfen und Jungpflanzen zwei bis dreimal entspitzen. Zum erneuten Austrieb etwas wärmer stellen und mehr gießen.

 Möglichst freien Standort im leichten Schatten; häufig lüften

 Warm (nachts 16–20 °C); Überwinterung bei 10–14 °C; im Frühjahr bei 21 °C antreiben

 Gleichmäßig feucht halten

 Im Sommer möglichst hohe Luftfeuchtigkeit, im Winter nicht zu trockene Zimmerluft

 Nährstoffhaltige Blumenerde mit ausreichender Humus- und Kalkversorgung

Jacobinia pauciflora

Die nebenstehend abgebildete *Jacobinia pauciflora* gehört zusammen mit *Jacobinia ghiesbreghtiana* und *Jacobinia × penrhosiensis* zu der winterblühenden Gruppe. Sie haben lederartige Blätter und verstreut angeordnete Blüten. *Jacobinia pauciflora* hat entlang der Triebe achselständig angeordnete Blüten, die gelb und rot gefärbt sind. Diese Art ist empfindlich gegen Ballentrockenheit und reagiert darauf mit dem Abwerfen der Blätter. Vermehrung durch Stecklinge im Januar/Februar bei entsprechender Fußwärme. Die erste Zeit werden die Jungpflanzen ziemlich warm gehalten. Nach der Durchwurzelung des Topfes hält man die Pflanzen etwas kühler und sorgt durch Entspitzen für Verzweigung.

 Mehr Licht als bei *Jacobinia carnea*; kann während des Sommers im Freien stehen

 Etwas weniger warm (nachts 12–18 °C); zur Blütezeit 6–10 °C

  Ausreichend gießen und Topfballen nicht austrocknen lassen

 Vor allem während der Blüte für hohe Luftfeuchtigkeit sorgen

Etwas kalkhaltige, humusreiche Blumenerde

Jasminum

Jasmin

Bei der reichblühenden Pflanze auf dem nebenstehenden Foto handelt es sich um *Jasminum officinale*. Diese Art stammt aus China. Die herrlich duftenden Blüten erscheinen vom Sommer bis zum Herbst. Nach der Blüte wird zurückgeschnitten. Um wieder eine blühende Pflanze zu erhalten, müßte sie eigentlich im Gewächshaus stehen, es genügen aber notfalls auch vergleichbare Bedingungen, unter denen für ausreichende Luftfeuchtigkeit und viel Licht gesorgt ist. Von Mai bis September kann die Pflanze im Freien in der vollen Sonne stehen.

Vermehren kann man diesen Jasmin durch Ableger oder halbreife Triebenden (Stecklinge).

 Im Zimmer möglichst viel Licht, aber keine intensive Sonneneinstrahlung; im Sommer im Freien

 Mäßig warm (nachts 10–16 °C); kühl überwintern bei einer Minimumtemperatur von ca. 2 °C

 Gleichmäßig gießen, insbesondere während der Wachstumsperiode

 Häufiges Besprühen ist der Entwicklung förderlich

 Durchlässige, etwas kalkhaltige Blumenerde

Kalanchoe

Die *Kalanchoe* gehört zur Familie der Crassulaceen oder Dickblattgewächse und dürfte mit ihre bekannteste Vertreterin sein. Die abgebildete *Kalanchoe blossfeldiana* stammt aus Afrika. Kalanchoen zählen zu den Kurztagpflanzen, die man durch entsprechende Steuerung des Lichts während des ganzen Jahres zum Blühen bringen kann. Das Sortiment wurde in den letzten Jahren laufend ausgeweitet und heute werden nahezu alle Farbschattierungen von Gelb über Rosa bis Rot angeboten. Ebenso gibt es unterschiedlich hohe Sorten. Vermehrung durch Aussaat oder Stecklinge und Anzucht unter Glas. Zu viel Sonne führt zu rot getönten Blättern. Düngung alle 2 Wochen. Insbesondere hohe Sorten nach der Blüte zurückschneiden.

 Im Sommer hellen, vor intensiver Sonne geschützten Standort, im Winter möglichst hell

 Mäßig warm (nachts 10–16 °C); während der Ruheperiode Minimumtemperatur von 10 °C

 Im Sommer mäßig gießen, im Winter wenig

 Mäßige Luftfeuchtigkeit

 Gut dränierte Erde mit etwas Kalkgehalt

Kalanchoe (Fortsetzung)

Kalanchoe tomentosa (oberes Foto, rechts) stellt dieselben Ansprüche wie *Kalanchoe blossfeldiana*. Ihre Triebe wachsen aufrecht und verzweigt. Die länglichen Blätter sind dicht grau behaart. Die braune Behaarung am oberen Ende der Blätter gibt diesen eine aparte Note. *Kalanchoe tomentosa* blüht bei uns nur selten. *Kalanchoe miniata* wächst bis zu 25 cm hoch und entwickelt glöckchenförmige Blüten. Auch diese Art wird wie *Kalanchoe blossfeldiana* behandelt.

Die früher als eigenständig ausgewiesene Gattung *Bryophyllum* zählt jetzt auch zu den Kalanchoen. Sie stammt aus Madagaskar. *Kalanchoe laxiflora* (oberes Foto, links) ist völlig mit einem blaugrauen Überzug bedeckt. Die roten Blüten sind in Sträußchenform angeordnet. Entlang der Blattränder können Brutblätter entstehen. Auf dem unteren Foto sind deutlich die Brutblätter von *Kalanchoe daigremontiana* (rechts) und *Kalanchoe tubiflora* (links) zu sehen. Bei der letztgenannten Art erscheinen die Brutblätter am äußeren Ende der röhrenförmigen, graugrünen, gefleckten Blätter. Die orangefarbenen, glöckchenförmigen Blüten stehen in kleinen Sträußchen zusammen. Während die Brutknospen an den großen Blättern festsitzen, formen sie kleine Blättchen und Wurzeln und fallen dann ab.

Die Arten der ehemaligen Gattung *Bryophyllum* stellen nur geringe Ansprüche und sind dankbare Zimmerpflanzen. Die trockene Luft in zentral beheizten Räumen schadet ihnen nicht. Im Winter braucht man nur wenig zu gießen. In der Wachstums- und Blühphase wird normal gegossen und im Abstand von 3 Wochen gedüngt. Die Vermehrung geschieht naturgemäß durch die abfallenden Brutpflänzchen und im Frühjahr auch durch Ausläufer.

Eine kriechende Form stellt *Kalanchoe uniflora* dar. Sie entwickelt 2 cm lange rote Blüten. Eine klimmende Art ist *Kalanchoe schizophylla*. Sie besitzt lange, tief eingeschnittene Blätter und ist für ein mäßig temperiertes Gewächshaus oder für ein Blumenfenster geeignet.

Übrigens laufen auch die im letzten Absatz behandelten Kalanchoen häufig noch unter dem Gattungsnamen *Bryophyllum*.

 Heller, luftiger Standort ohne direkte Einstrahlung der Mittagssonne

 Warm (nachts 16–20 °C); Überwinterung bei 10–12 °C

 Nicht zu viel gießen, da sonst Fäulnisgefahr besteht

 Verträgt trockene Zimmerluft sehr gut

 Etwas kalkhaltige Blumenerde

Lachenalia

Lachenalia aloides blüht je nach Standort zwischen Januar und März. Die Sorte 'Aurea' stellt die zierlichste Form dar. Der Blütenstengel ist braunrot und trägt meist 12–18 hängende, röhrenförmige, orangefarbene Blüten, die bisweilen an der Spitze der Blütenblätter grünlich gefärbt sind. Von Mai bis September legen die Zwiebeln eine Ruhepause ein, nachdem das Laub vorher eingezogen hat. In dieser Zeit darf überhaupt nicht gegossen werden. Im Oktober wird in sandige Lauberde eingetopft. Die Töpfe kommen an einen kühlen, hellen Standort und werden zunächst wenig gegossen. Sobald der Blütenstengel kommt, etwas wärmer stellen (12–15 °C). Vermehrung durch Brutzwiebeln oder Aussaat.

 Möglichst sonniger Standort bei guter Belüftung

 Kühl (nachts 3–10 °C)

 Sobald die Zwiebeln austreiben, regelmäßig gießen und vorbeugend für gute Dränage sorgen

 Mäßige Luftfeuchtigkeit

 Lockere Lauberde oder Blumenerde mit Sandbeimengung

Lampranthus

Lampranthus zählt mit zu den populären Sukkulenten. Er bringt in der Zeit von Juni bis Oktober reichlich strahlenförmige Blüten hervor. Der Blütenbildung förderlich ist eine magere Erdmischung aus 1 Teil Lehm, 3 Teilen Sand und 1 Teil Torf. Normalerweise öffnen sich die Blüten nur bei Sonnenschein und schließen sich bei ungenügender Belichtung.
Vermehrung im Herbst durch Kopfstecklinge. Bewurzelung und weitere Entwicklung verlaufen relativ schnell. Vermehrung durch Aussaat im Frühjahr bei 21 °C und Pikieren der Sämlinge bei 2,5 cm Länge. Die Blütenfarbe der aus Südafrika stammenden Gattung reicht von Rosa über Orange bis Rot. Abgebildet ist *Lampranthus blandus*.

 Während des ganzen Jahres so sonnig wie möglich aufstellen, während des Sommers im Freien

 Warm (nachts 16–20 °C), verträgt aber auch ein Minimum von 12 °C; Überwinterung bei 6 °C

 Mäßig gießen, vor allem bei niedrigeren Temperaturen

 Widerstandsfähig gegen Lufttrockenheit

 Blumenerde mit reichlicher Beigabe von Sand oder Erdmischung wie oben beschrieben

Lantana

Wandelröschen

Von dieser Gattung Lantana werden bei uns die *Lantana-Camara*-Hybriden und *Lantana montevidensis* kultiviert. Während die erstgenannte Gruppe aufrecht wächst, hat die genannte Art liegende Triebe. Die ursprüngliche Blütenfarbe ist Orange, aber die Hybriden sind auch gelb, rosa oder rot gefärbt. Außerdem verändern (wandeln) die meisten Sorten ihre Blütenfarbe im Laufe des Abblühens. Viel Licht und ausreichend Nährstoffe sind die Voraussetzung für eine erfolgreiche Anzucht und Pflege. Vermehrung durch Januar-Aussaat oder durch Stecklinge ab April, am besten im August. Mutterpflanzen ab Februar wärmer stellen. Jungpflanzen zur Verzweigung entspitzen.

 Möglichst sonniger, gut belüfteter Standort; im Sommer möglichst im Freien

 Kühl bis mäßig warm (nachts 5–15 °C); Ruheperiode bei 8 °C; ab März ca. 12 °C

 Mäßig aber regelmäßig gießen

 Für etwas Luftfeuchtigkeit sorgen

 Etwas kalkhaltige Blumenerde

Laurus

Lorbeerbaum

Das nebenstehende Foto zeigt *Laurus nobilis* als Kübelpflanze vor einem Grachtenhaus in Amsterdam. Eigentlich stammt diese baumartige, zweihäusige Pflanze aus dem Mittelmeerraum. Der Lorbeerbaum ist unter unseren klimatischen Verhältnissen nicht winterhart, muß aber kühl überwintert werden. Eine zu hohe Temperatur im Frühjahr führt zu einem verfrühten Austrieb und unausgereiften Trieben, die für Krankheiten und Schädlinge anfällig sind. Gedüngt wird mit dem beginnenden Austrieb im Frühjahr bis zum September

Stecklingsvermehrung im Frühjahr oder Herbst bei 16–20 °C Bodenwärme. Schnitt der Lorbeerbäumchen im Frühjahr.

 Sonniger Standort; steht von Mai bis September/Oktober gerne im Freien

 Mäßig warm (nachts 10–16 °C); Überwinterung bei 1–6 °C

 Während der Wachstumsphase reichlich gießen, im Winter wenig, um Staunässe und Blattvergilbung zu vermeiden

 Regelmäßiges Besprühen ist vorteilhaft

 Normale Blumenerde

Lilium

Lilie

Nebenstehend sind einige bekannte Lilien-Arten und -Hybriden abgebildet, die sich für die Topfkultur eignen.

Wenn man im Frühjahr blühende Pflanzen haben will, muß man im Herbst eintopfen. Das Gefäß muß genügend weit und tief sein und eine gute Dränage aus Kieselsteinen oder Topfscherben besitzen. Die Zwiebel wird auf eine Lage Sand gesetzt und dann wird der Topf mit lockerer Blumenerde soweit angefüllt, daß die Zwiebel gut bedeckt ist. Das Gefäß wird während des Winters frostfrei gehalten und ab März wärmer gestellt. Sobald die Zwiebel austreibt, erhöht man die Temperatur auf 18 °C und gibt entsprechend der höheren Verdunstung häufiger und mehr Wasser.

 Halbschatten oder Sonne

 Kühl (nachts 3–10 °C); Lilien wollen keinen warmen Fuß, deshalb nicht über einen Heizkörper stellen

 Mäßig gießen, während des Wachstums und der Blüte mehr

 Mäßige Luftfeuchtigkeit

 Mischung aus Lauberde, Sand und Torf (1 : 1 : 1) und etwas Knochenmehl; auch sandhaltige Blumenerde

Liriope

Liriope ist ein Mitglied der Familie der Liliengewächse und bei uns noch wenig bekannt. Aber mit etwas Geschick kann man auch diese Pflanze durchbringen. Am bekanntesten dürfte die nebenstehend abgebildete *Liriope muscari* sein. Sie entwickelt hellviolette Blütenstände und gestreifte Blätter. Außerdem gibt es noch *Liriope spicata*. Diese Art ist etwas kleiner, ausläuferbildend und hat rosenartige Blüten. Diese aus Ostasien stammenden Pflanzen blühen spät im Sommer. Die nach der Blüte erscheinenden beerenartigen Früchte sind gut haltbar. Im Sommer stehen die Pflanzen gerne im Freien und werden alle 2 Wochen gedüngt. Vermehrung durch Teilen der Wurzelballen.

 Verträgt etwas Schatten, steht aber am liebsten auf einem sonnigen Platz, vor allem im Sommer

 Mäßig warm (nachts 10–16 °C); Überwinterung bei 10–12 °C

 Gleichmäßig feucht halten und den Topfballen nicht austrocknen lassen

 Mäßig hohe Luftfeuchtigkeit

 Normale Blumenerde

Lithops

Die Arten dieser Gattung werden im Volksmund auch als »Lebende Steine« bezeichnet. Gemessen an dem eigenartigen Aussehen der Pflanzen, ist dies eine recht treffende Bezeichnung. Die Pflanzen bauen sich aus zwei stark verdickten Blättern auf, die am Grunde miteinander verwachsen sind. Während der Ruheperiode von November bis April entsteht ein neues Blattpaar, während das alte langsam einzieht. Aus dem Spalt zwischen den beiden Blättern erscheinen im September/Oktober strahlenförmige, weiße oder gelbe Blüten. Vermehrung durch Aussaat; die ersten Blüten erscheinen nach 2–3 Jahren. Ein- bzw. Umtopfen unter Verwendung einer möglichst durchlässigen Erdmischung.

 Während des ganzen Jahres so sonnig wie möglich aufstellen

 Mäßig warm (nachts 10–16 °C); im Winter Ruheperiode (5–8 °C)

 Während des Wachstums äußerst sparsam gießen, während der Ruheperiode überhaupt nicht

 Trockene Luft wird gut vertragen und ist erwünscht

 Kakteenerde oder lockere, sandige Erde mit etwas Lehmgehalt

Lobivia

Neben *Lobivia densispina* (Abbildung) gehört noch eine Vielzahl von Arten zu der aus Südamerika stammenden Gattung. Die einzelnen Arten unterscheiden sich in ihrem Aussehen häufig sehr voneinander. So gibt es sowohl kugelige als auch säulenartige Formen und bei der einen Art stehen die Dornen dicht gedrängt, während sie bei einer anderen Art weit verstreut sind.
Nahezu bei allen Arten erscheinen die Blüten leicht und in großer Vielzahl. Die Blütenfarben variieren je nach Art von Weiß über Gelb bis Rot. Bekannte Arten sind *Lobivia aurea* (gelb), *L. backebergii* (rot), *L. haageana* (hellgelb bis rot), *L. jajoiana* (rot mit schwarzem Schlund). Vermehrung durch Aussaat oder Stecklinge.

 Möglichst sonniger Standort, z. B. an einem Südfenster

 Warm (nachts 16–20 °C); kühle Überwinterung bei 7 °C

 Mäßig feucht und während des Winters trocken halten

 Niedrige Luftfeuchtigkeit

 Kakteenerde mit etwas Humuszusatz oder Blumenerde mit reichlichem Zusatz von scharfem Sand

116

Lycaste

Diese Gattung umfaßt eine Reihe tropischer, epiphytischer Orchideen, die in Mittelamerika beheimatet sind. Einige Arten, so die abgebildete *Lycaste virginalis*, lassen sich ohne Schwierigkeiten pflegen. Aus Mexiko stammt *Lycaste aromatica*. Sie entwickelt zahlreiche, kleine, gelb-orange, duftende Blüten. *Lycaste cruenta* bildet größere orangefarbene oder grünlich-gelbe Blüten in geringer Anzahl.

Sobald die Bulben (Reserveorgane) voll entwickelt sind, wird eine Ruheperiode eingeschaltet. In der Zeit von März bis Mai kann man umtopfen und bis September hält man die Pflanzen mäßig warm und etwas schattig. Nach dem Blattfall wenig gießen.

 Im Sommer Halbschatten; im Winter etwas heller stellen

 Mäßig warm (nachts 10–16 °C); im Winter kühl bei ca. 7 °C

 Während des Wachstums regelmäßig gießen; die Bulben nicht verschrumpeln lassen

 Für hohe Luftfeuchtigkeit sorgen, aber nicht besprühen

 Orchideen-Mischung

Mammillaria

Warzenkaktus

Die Gattung Mammillaria umfaßt eine große Anzahl von Arten, deren größter Teil im sonnigen Mexiko beheimatet ist. Dementsprechend brauchen die meisten *Mammillaria*-Arten während des ganzen Jahres so viel Sonne wie möglich. Es gibt aber auch einige hellgrüne Arten, die während des Sommers etwas Schutz vor intensiver Sonneneinstrahlung benötigen. Die Wassergaben verabreicht man am besten über den Untersatz, um die Pflanzen selbst nicht zu benetzen. Dies gilt insbesondere für die weißbehaarten Arten. Unvorsichtiges Gießen unter Benetzen des Pflanzenkörpers führt zu Fäulnis. Während des Sommers wird regelmäßig, aber in geringer Konzentration, mit Volldünger flüssig gedüngt.

 Im Sommer i. a. volle Sonne und ab und zu drehen (Schiefwuchs!); im Winter möglichst hell

 Warm (nachts 16–20 °C); Überwinterung bei 6–8 °C

 Im Sommer regelmäßig kleine Wassergaben, möglichst morgens; im Winter nicht völlig austrocknen lassen

 Trockene Luft wird gut vertragen

 Kalkhaltige, durchlässige Erde; Kakteenerde

Mammillaria (Fortsetzung)

Vermehrung durch Aussaat im April/Mai bei 21 °C. Arten mit Sproßbildung können auch durch Stecklinge vermehrt werden, die man vor dem Stecken 2 oder 3 Tage abtrocknen läßt. Die Mammillarien werden bei normaler Entwicklung jedes Jahr im April umgetopft. Hierfür verwendet man am besten Kakteenerde oder eine Mischung aus Lauberde, Lehm, Sand und Torf, die möglichst durchlässig ist.

Die Warzenkakteen sind sehr beliebt, da sie leicht blühen und wenig Ansprüche stellen. Häufig wirken auch die Dornen sehr attraktiv.

Mammillaria centricirrha (Foto auf S. 117, Mitte) ist ein blaugrüner, mehr oder weniger kugelförmiger Kaktus, der Milchsaft enthält. Die Warzen sind bei dieser Art ebenso wie bei *Mammillaria magnimamma* (oberes Foto, rechts) deutlich zu sehen. Bei beiden Arten stehen die Blüten in einem Kreis auf der Oberseite.

Mammillaria dawsonii (Foto auf S. 117 links) besitzt hübsche Dornen und karminrote Blüten. *Mammillaria herrerae* (Foto auf S. 117, rechts) ist eine kleinbleibende Art, die im Verhältnis zu ihrer Größe beachtliche Blüten produziert.

Die Dornen der kugelförmigen *Mammillaria hahniana* (oberes Foto, links) sind erstaunlich lang. Ältere Exemplare sind meist etwas langgestreckt. Die Blüten sind dunkelrot.

Mammillaria gracilis var. *fragilis* (unteres Foto, links) ist ein zierlich bleibender Kaktus, der nur einige Zentimeter hoch wird. Das gebrechliche Pflänzchen ist dicht mit erstaunlich langen Dornen besetzt. Die Blüten sind cremefarben oder gelb, insgesamt aber unbedeutend.

Mammillaria spinossissima (unteres Foto, rechts) erweckt durch die feine, dichte Bedornung einen wolligstacheligen Eindruck. Diese Art muß unbedingt kalkhaltige Erde bekommen, um sich richtig zu entwickeln. Außerdem sollte sie, ebenso wie *Mammillaria rhodantha,* nicht in der vollen Sonne stehen.

Mammillaria prolifera breitet sich polsterartig aus und blüht gelb.

Im Sommer i. a. volle Sonne und ab und zu drehen, (Schiefwuchs!); im Winter hell stellen

Warm (nachts 16–20 °C); Überwinterung bei 6–8 °C

Im Sommer regelmäßig gießen, am besten morgens; im Winter nicht austrocknen lassen

 Vertragen Lufttrockenheit gut

 Kräftige, kalkhaltige Kakteenerde

Maranta

Die ursprüngliche Heimat dieser Gattung ist der tropische Regenwald Brasliens mit seinen lichteren Stellen. Die Maranta zählt zu den hübschesten kleineren Blattpflanzen, und findet insbesondere bei der Bepflanzung größerer Gefäße oder Blumenfenster Verwendung. Die unten abgebildete *Maranta leuconeura* 'Kerchoveana' wird in den Niederlanden wegen der meist 10 dunklen Flecken auf den grünen Blättern als »Zehn-Gebote-Pflanze« bezeichnet. Sie sollen also ein Sinnbild für die Tafeln mit den 10 Geboten darstellen, die Moses empfangen hat. Die Sorte 'Fascinator' (oberes Foto) wird auch häufig angeboten. Die Blätter sind durch rötliche Hauptnerven gekennzeichnet, die die samtiggrüne, gefleckte Blattfläche untergliedern.

Maranta bicolor besitzt Blätter mit 6–8 braunen Flekken, die die grüne Blattoberfläche verzieren. Die Blattunterseite ist purpurfarben.

Die Blüten sind bei allen *Maranta*-Arten unbedeutend. Nachdem die Pflanzen Ausläufer bilden, eignen sie sich gut als Bodendecker.

Man pflanzt in der Regel alljährlich im April um und verwendet hierzu eine Mischung aus alter Laub- und Mistbeeterde mit Zusatz von Sand und Torf. Man verwendet am besten breitere, schalenartige Gefäße, damit die Blätter von unten her über die Erde mit Luftfeuchtigkeit versorgt werden. Von Mai bis September wird in 14-tägigem Abstand vorsichtig gedüngt. Zur Erhaltung der Luftfeuchtigkeit kann auch im Winter gesprüht werden. Man kann dann etwas weniger gießen.

Man verwende jederzeit temperiertes Wasser, das ausreichend enthärtet ist (pH-Wert 4–4,5) und gieße nur so viel, daß im Untersatz kein überschüssiges Wasser stehen bleibt. Andererseits muß man darauf achten, daß der Wurzelballen nicht austrocknet. Von September bis Februar wird eine Ruheperiode eingeschaltet. Vermehrung durch Kopfstecklinge vom Frühjahr bis zum August.

☼ Halbschattiger Standort; es wird Helligkeit, aber keine intensivere Sonneneinstrahlung vertragen

🌡 Warm (nachts 16–20 °C); Tagestemperatur im Winter 18–20 °C, Minimum nachts 14 °C

💧 Während des Wachstums häufig mit temperiertem, enthärtetem Wasser gießen, im Winter weniger

🖌 Für hohe Luftfeuchtigkeit sorgen

🪣 Normale, humusreiche Blumenerde oder Mischung wie oben genannt

Medinilla

Medinilla magnifica zeichnet sich durch große, dunkelgrüne Blätter mit auf der Unterseite erhabenen Adern aus. Besonders auffallend ist der Blütenstand. Wie nebenstehend zu sehen ist, besitzen die großen, hängenden Blütenstände auffällige Schutzblätter, die eine Fülle kleiner, rosafarbener Blüten teilweise umhüllen. Der Blütenstand kann 40 cm lang werden. Die Blüte fällt in die Zeit von Februar bis August. Während des Wachstums alle 14 Tage düngen. Nach der Ruheperiode von November bis Ende Januar vielleicht etwas zurückschneiden und umtopfen. Nicht düngen, bis sich die Blütenknospen zeigen. Vermehrung durch Abmoosen oder Stecklinge. Bodenwärme des Torf-Sand-Gemisches 25 °C.

☼ Heller Standort ohne direkte, intensive Sonneneinstrahlung

🌡 Warm (nachts 16–20 °C); während der Ruheperiode 15–17 °C

💧 Während des Wachstums reichlich enthärtetes, temperiertes Wasser, in der Ruheperiode weniger

💦 Für höhere Luftfeuchtigkeit sorgen

🪣 Humusreiche, luftige Erdmischung, etwa ähnlich wie bei Bromelien, aber etwas kräftiger

Microcoelum

Kokospälmchen

Microcoelum weddelianum entwickelt zierlich gebogene, gefiederte Blätter, die bis zu 1,5 m lang werden können. Die linealischen Nebenblätter sind oberseits grün, unterseits grau. Der Stamm ist von braunen Fasern umhüllt. Braune Blattspitzen oder Blattflecken sind insbesondere auf Ballentrockenheit oder zu niedrige Luftfeuchtigkeit zurückzuführen. Wenn sich die Blätter gelblich verfärben, steht die Pflanze in der Regel zu kalt. Das Kokospälmchen muß während des ganzen Jahres in der Wohnung stehen und dabei im Winter etwas kühler. Am besten ist ein tiefer, nicht zu weiter Topf. Während des Wachstums im 10-tägigen Abstand düngen. Die Vermehrung erfolgt durch Aussaat.

☼ Heller Standort ohne direktes, intensives Sonnenlicht

🌡 Im Sommer warm (nachts 16–20 °C); Überwinterung bei 15–18 °C

💧 Topfballen darf nicht austrocknen; während des Wachstums reichlich mit enthärtetem Wasser gießen

💦 Im Sommer für hohe Luftfeuchtigkeit sorgen

🪣 Humusreiche, etwas saure Blumenerde

Microlepia

Microlepia ist ein Farn mit zartgefiederten, hellgrünen Blättern, dessen natürliche Heimat die Tropen sind. Die einzige, bei uns verbreitete Art ist *Microlepia speluncae*. Die spezielle Form 'Cristata' besitzt an der Spitze verbreiterte Blätter.

Wenn erforderlich, wird *Microlepia* im Frühjahr in einen hohen Topf umgepflanzt. Man verwendet hierfür eine nährstoffreichere Mischung als für andere Farnarten. Gedüngt wird in 14-tägigem Abstand. Im Winter wird bei einer Minimumtemperatur von 15 °C weniger gegossen und nicht gedüngt. Die Vermehrung erfolgt durch Aussaat von Sporen.

 Heller bis etwas schattiger Standort

 Mäßig warm (nachts 10–16 °C)

 Reichlich mit enthärtetem Wasser gießen; einmal in der Woche tauchen ist empfehlenswert

 Farne brauchen hohe Luftfeuchtigkeit, dementsprechend durch Sprühen oder andere Maßnahmen dafür sorgen

 Humusreiche Erdmischung, z. B. aus 3 Teilen Lauberde, 2 Teilen alter Mistbeeterde und 1 Teil Sand

Mimosa

Sinnpflanze

Auf dem nebenstehenden Foto ist dargestellt, was bei Berührung der gefiederten Blätter von *Mimosa pudica* geschieht: Die Fiederblättchen legen sich (bei einer Mindesttemperatur von 18 °C) erstaunlich schnell an den Mitteltrieb an. Dies geschieht jedoch nur tagsüber, denn während der Nacht liegen die Fiederblättchen von Natur aus in dieser Stellung

Die Vermehrung durch Aussaat im Mai ist einfach; die Keimung erfolgt nach 12–15 Tagen. Man zieht die kräftigsten Sämlinge weiter, ohne sie zu entspitzen. Während des Wachstums und der Blüte, die bald einsetzt (Juni bis Oktober) reichlich gießen und alle 14 Tage düngen. *Mimosa pudica* ist empfindlich gegen Rauch und andere Luftverunreinigungen.

 Heller Standort ohne intensive, direkte Sonneneinstrahlung; möglichst viel frische Luft

 Warm (nachts 16–20 °C)

 Regelmäßig gießen und Topfballen vor dem Austrocknen bewahren

 Schätzt hohe Luftfeuchtigkeit

 Humose, etwas kalkhaltige Blumenerde.

Monstera

Fensterblatt

Die Gattung *Monstera* umfaßt verschiedene Arten, die in Mittel- und Südamerika beheimatet sind. Es handelt sich um immergrüne Kletterpflanzen, die neben den Haftwurzeln häufig auch Luftwurzeln besitzen. Diese verwandeln sich in normale Wurzeln, sobald sie auf der Erde auftreffen oder in die Erde gesteckt werden. Im Jugendstadium ist das Blatt der *Monstera* ganzrandig. Später entstehen vom Rande her Einschnitte und es bilden sich fensterartige Öffnungen, auf die sich der deutsche Name bezieht. Voraussetzung hierfür sind jedoch ausreichend Licht und Nährstoffe. Deutlich zeigt diese typische Ausbildung *Monstera deliciosa*, die von den Westhängen des mexikanischen Berglandes stammt. Wie auf dem Foto zu sehen, sind die Blätter kräftig, lederartig und mit einem oder mehreren Fenstern versehen. Ältere Pflanzen entwickeln einen eigenartigen Blütenstand, der aus einem kolbenartigen Gebilde und einem cremefarbenen Hüllblatt aufgebaut ist. An dem Kolben können sich nach Ananas duftende, beerenartige Früchte entwickeln.

Die Form 'Borsigiana' fällt in allen Teilen zierlicher aus. Andere Arten sind *Monstera obliqua* mit langgestreckten Öffnungen in ganzrandigen Blättern, *Monstera acuminata* mit großen, ungleichseitigen, tief eingeschnittenen Blättern und *Monstera pertusa*, ein flotter Klimmer mit reicher Belaubung.

Vermehrung durch Stecklinge, Abmoosen oder durch Aussaat. Vielfach werden Kopfstecklinge verwendet, aber man kann auch Stammstecklinge mit einem Blatt und einem Auge in der Blattachsel nehmen. Günstig ist es, wenn der Stammsteckling schon mit einer oder mehreren Luftwurzeln ausgestattet ist. Bei den Kopfstecklingen wählt man das Triebende mit den jüngeren Blättern und schneidet unter dem ersten voll entwickelten Blatt ab. Bewurzelung bei Fußwärme in einer Mischung aus Torf und Sand.

Die Gattung *Monstera* stellt keine hohen Anforderungen und verträgt Temperaturschwankungen. Umtopfen alle 2–3 Jahre. Gelbe Flecken deuten darauf hin, daß zuviel oder zu wenig gegossen wird.

 Verträgt verhältnismäßig lichtarme Standorte, wenn ein gewisses Alter erreicht ist

 Warm (nachts 16–20 °C); Überwinterung bei minimal 10 °C

 Mäßig aber regelmäßig gießen, damit die Erde nicht austrocknet

Mäßige Luftfeuchtigkeit; ab und zu Laub besprühen oder abwaschen, eventuell in warmen Regen stellen

 Humusreiche, lockere Blumenerde

Myrtus

Myrte

Myrtus communis, die Brautmyrte, ist bei uns der bekannteste Vertreter dieser aus dem Mittelmeer stammenden Pflanzengattung. Der immergrüne Strauch hat kleine, lederartige, glänzende Blätter und entwickelt kleine, weiße Blüten, die vor allem durch die Vielzahl ihrer Staubgefäße auffallen. Sowohl die Blüten als auch das Laub sind wohlriechend. Die Myrte blüht in der Zeit von Juni bis September. In der Folge erscheinen je nach Sorte blauschwarze oder weiße, beerenartige Früchte. Vermehrung durch Aussaat oder junge, 10 cm lange, Triebenden. Man behandelt die Basis dieser Stecklinge mit Wuchsstoff und bringt sie dann verhältnismäßig kühl im Gewächshaus oder in einer vergleichbaren Einrichtung zum Bewurzeln.

 Steht im Sommer gerne im Freien; während des ganzen Jahres möglichst hellen, sonnigen Standort geben

 Kühl bis mäßig warm (nachts 5–15 °C); kühl überwintern (nachts 2–5 °C, tags 10 °C)

 Mäßig gießen, aber so reichlich, daß der Topfballen nie austrocknet

 Mäßige Luftfeuchtigkeit

 Nährstoff- und humusreiche Blumenerde

Narcissus

Narzisse

Neben der nebenstehend abgebildeten Narzissen-Sorte 'Cragford' mit cremeweißen Blüten und orangefarbener Krone ist auch die völlig weiß blühende Sorte 'Paperwhite' gut für die Zimmerkultur geeignet.

Zwiebeln der Sorte 'Paperwhite' können von September bis Januar aufgesetzt werden. Man verwendet hierfür flache, mit Kies gefüllte Schalen, die so mit Wasser gefüllt werden, daß dieses den Zwiebelboden nicht erreicht. Andernfalls entsteht Fäulnis. Man kann diese Sorte direkt ans volle Licht setzen. Im Gegensatz hierzu müssen andere Sorten bei 8–10 °C im Dunkeln bewurzeln. Man verwendet hierfür eine Erde-Sand-Mischung. Ans Licht setzen, wenn die Blütenknospen durchschieben.

 Heller, luftiger Standort

 Kühl (nachts 3–10 °C); je kühler der Raum, umso länger halten die Blüten

 Mäßig aber regelmäßig gießen

 Mäßige Luftfeuchtigkeit reicht aus, bei trockener Luft etwas sprühen

 Blumenerde; bei 'Paperwhite' Kieselsteinchen oder vergleichbares Material

Neoporteria

Neoporteria verkörpert eine Kakteengattung mit von Natur aus kugelförmigen Pflanzenkörpern, die sich im Alter zwar etwas in die Länge strecken, insgesamt aber klein bleiben. Diese Kakteen stammen aus Chile und dem nördlichen Argentinien. Vielfach sind die Dornen dieser Gattung besonders hübsch, je nach Art weiß, gelb, bräunlich oder nahezu schwarz gefärbt. Die abgebildete Art *Neoporteria subgibbosa* hat bis zu 20 Längsrippen, die durch Querfurchen unterteilt sind. Die Blüten sind rosa mit gelbem Schlund. Andere Arten sind *Neoporteria nidus, N. napina* und *N. senilis*, wobei letztere Art dem Greisenhaupt ähnlich sieht. Neoporterien wachsen langsam und werden deshalb häufig gepfropft.

 Im Sommer so viel Sonne wie möglich, im Winter möglichst hell

 Warm (nachts 16–20 °C); Überwinterung bei 6–8 °C

 Im Sommer normal gießen, zum Winter hin weniger und im Winter selbst trocken halten

 Bei hohen Temperaturen für etwas Luftfeuchtigkeit sorgen

 Lockere, durchlässige Kakteenerde

Neoregelia

Neoregelia gehört in die Familie der Bromeliaceen. Sie stammt aus Brasilien und besitzt köcherförmig angeordnete Blätter. Die innersten Blätter fungieren als Blütenblatt-Ersatz und sind meist hübsch gefärbt. Am Grunde des von diesen sogenannten Hochblättern gebildeten Trichters sitzen die unscheinbaren Blüten, wie dies auf dem Foto deutlich zu sehen ist. Bekannt als Zimmerpflanze ist *Neoregelia carolinae* (Foto), bei der die äußeren Blätter grün, die inneren rot gefärbt sind. Bei der Sorte 'Tricolor' sind die grünen Blätter in der Längsrichtung gelb gestreift. *Neoregelia concentrica* bildet große Rosetten aus gestachelten, dunkel gefleckten Blättern und besitzt violette Hochblätter.

 Heller Standort ohne intensive direkte Sonneneinstrahlung

 Warm (nachts 16–20 °C); Überwinterung bei 15–18 °C

 Normal gießen, auch in den Trichter, und bei hohen Temperaturen reichlich Wasser geben

 Hohe Luftfeuchtigkeit ist sehr förderlich

 Lockere Mischung aus Lauberde, Torf und Sphagnum-Moos wie bei anderen Bromelien

Nephrolepis

Schwertfarn

Diese Gattung umfaßt verschiedene Arten, die in den Tropen und Subtropen beheimatet sind. *Nephrolepis cordifolia* wächst epiphytisch oder terrestrisch, ist ausläuferbildend und entwickelt knollenartige Reserveorgane, die 2–5 cm dick werden. Die wedelartigen Blätter werden bis zu 60 cm lang und sind doppelt gefiedert. Als Zimmerpflanze am meisten vertreten ist *Nephrolepis exaltata*, von der es eine Reihe von Zierformen gibt. Auch diese Art bildet Ausläufer. Die Blätter können eine Länge von 1 m erreichen. Auf dem nebenstehenden Foto ist hinten die Sorte 'Rooseveltii Plumosa' mit doppelt gefiederten Blättern und gekrausten Fiederblättchen zu sehen. Weitere doppelt gefiederte Sorten sind 'Rooseveltii' (Bildmitte) und 'Teddy Junior' (unterste Pflanze im Bild). Für den Laien gleichen sich die einzelnen Sorten ziemlich und selbst für den Pflanzenkenner ist die Unterscheidung nicht immer einfach.

Die Vermehrung von *Nephrolepis* erfolgt durch die Aussaat von Sporen. Außerdem kann man ältere Pflanzen teilen, Ausläufer abtrennen und gesondert eintopfen. Am besten erfolgt die Vermehrung im Frühjahr, aber Ausläufer kann man auch im Sommer abtrennen. Zum Ein- oder Umtopfen verwendet man eine Mischung aus gleichen Teilen groben Sandes und faserigen Torfes. Ältere Pflanzen brauchen ein kräftiges Substrat, das sich aus reifer Lauberde, Torf, Lehm, etwas scharfem Sand und Sphagnum-Moos zusammensetzt. Notfalls geht auch grobfaseriger Torf und homose Blumenerde.

Die normale Zimmerluft ist für *Nephrolepis* zu trokken. Man muß deshalb für entsprechende Luftfeuchtigkeit (siehe S. 9) sorgen. Zur Unterstützung des Wachstums wird regelmäßig wöchentlich in schwacher Konzentration gedüngt. Außerdem gießt man in dieser Phase reichlich. Wird die Pflanze trotz sorgfältiger Pflege unschön, sorgt man für eine Ruhezeit mit wenig Gießen und ohne Düngung; alte Blätter werden entfernt. Nach ca. 5 Wochen wird umgetopft und wieder stärker gegossen, also erneut angetrieben. Im Winter wird weniger gegossen und nur monatlich gedüngt.

 Verträgt sowohl schattigen als auch hellen Standort aber keine stärkere, direkte Sonneneinstrahlung

 Mäßig warm (nachts 10–16 °C); Minimumtemperatur für die Überwinterung 14 °C

 Während des ganzen Jahres die Topferde feucht halten, im Winter oder in der Ruhezeit weniger gießen

Hohe Luftfeuchtigkeit ist unentbehrlich für gutes Wachstum

 Humose, lockere, etwas saure Erdmischung, die bei älteren Pflanzen kräftiger als im Jugendstadium sein soll

Nerium oleander

Oleander

Dieser immergrüne, giftige Strauch hat lanzettförmige Blätter, die zu jeweils dreien an den Trieben angeordnet sind. Die Blüten erscheinen im Sommer am Ende der Triebe. Sie können einfach oder gefüllt sein und die Farben Weiß, Rosa oder Rot, ja sogar Gelb aufweisen. Nebenstehend ist eine einfach rosa blühende Form abgebildet.

Der Oleander stammt aus dem Mittelmeergebiet und kann dort während des Winters im Freien stehen. Unter unseren Klimaverhältnissen muß er kühl und hell überwintert werden. Die Vermehrung erfolgt durch Kopfstecklinge, die in einer Torf-Sand-Mischung oder im Wasserglas Wurzeln bilden. Vorsichtig eintopfen. Während der Vegetationszeit wöchentlich düngen.

 Möglichst hellen, sonnigen Standort wählen, am besten während der warmen Jahreszeit im Freien

 Warm (nachts 16–20 °C); Überwinterung bei 4–6 °C; kann kurzzeitig einige Frostgrade ertragen

 Im Sommer reichlich mit temperiertem Wasser gießen

 Verträgt trockene Luft gut, schätzt aber als Jungpflanze etwas Luftfeuchtigkeit

 Lehm- und humushaltige, kräftige Blumenerde

Nertera

Korallenmoos

Das Korallenmoos stammt aus Südamerika. Es wird vor allem wegen der zierlichen, orangefarbenen Früchtchen kultiviert. Diese beerenartigen Früchtchen erscheinen nach einer unauffälligen Blüte von April bis Mai bei richtiger Pflege in so großer Zahl, daß von den kleinen Blättchen kaum mehr etwas zu sehen ist. Erfreulicherweise können sie einige Monate durchhalten. Die Vermehrung erfolgt durch Aussaat im Februar/März in sandige Erde oder durch Teilen im August. Die Jungpflanzen werden in gut dränierte Erde getopft. Nur schwach mit stickstoffarmem Dünger düngen, sonst überwiegt das Blattwachstum. Abgebildet ist *Nertera granadensis*.

 Möglichst heller Standort ohne intensive Sonneneinstrahlung bei reichlicher Lüftung

 Mäßig warm (nachts 10–16 °C); Überwinterung bei 8–10 °C

 Mäßig gießen und möglichst über den Untersatz Wasser verabreichen, um Fäulnis zu vermeiden

 Luftfeuchtigkeit ist erwünscht, soll aber nicht durch Besprühen erzielt werden

 Sandig-humose Blumenerde; da Flachwurzler, halbhohe Töpfe verwenden

Nidularium

Die Bromelien-Gattung *Nidularium* stammt aus Brasilien und umfaßt eine Reihe von Arten. Davon werden etwa zehn bei uns in Kultur genommen. Alle Arten wachsen rosettenförmig. Die inneren Blätter fungieren als Hochblätter und sind meist lebhaft gefärbt. *Nidularium fulgens* hat an der Basis verbreiterte, nach unten gebogene, bis zu 30 cm lange Blätter, die grün gefleckt und gestachelt sind. Zwischen den Hochblättern entwickeln sich kleine violette Blüten. *Nidularium innocentii* (Foto) besitzt dunkel-oliv-farbene Blätter, deren Unterseite bräunlich-violett gefärbt ist. Die Hochblätter sind schon vor der Blüte intensiv rot gefärbt. Die Blüte selbst ist weiß. Vermehrung durch Aussaat oder Ausläufer.

 Heller bis halbschattiger Standort; keine intensive Sonneneinstrahlung

 Warm (nachts 16–20 °C); vor allem während der Vegetationszeit möglichst gleichmäßige Temperatur

 Im Sommer reichlich gießen, auch ruhig mit temperiertem Wasser überbrausen

 Hohe Luftfeuchtigkeit fördert die Entwicklung

 Wie bei anderen Bromelien Mischung aus grobem Torf, Sphagnum-Moos und Lauberde

Notocactus

Buckelkaktus

Diese Kakteen-Gattung stammt aus Südamerika und umfaßt eine größere Zahl von Arten. Die Grundform der Pflanzenkörper ist die Kugel. Sie sind jedoch durch Längsrillen untergliedert, die ihrerseits wieder in Form kleiner Höcker (Buckel) aufgeteilt sind. Sowohl die Dornen als auch die gelben oder roten Blüten wirken dekorativ. Die Buckelkakteen sind leicht zu kultivieren und selbst junge Pflanzen blühen schon reich. Abgebildet ist *Notocactus ottonis*, dessen Dornen gelb bis rotbraun sind. Die gelben, 4 cm großen Blüten, erscheinen von Mai bis Juli. Andere Arten sind *Notocactus apricus*, *N. concinnus* und *N. scopa*.

 Heller, sonniger Standort, im Sommer möglichst an einem geschützten Platz im Freien

 Warm (nachts 16–20 °C); Minimumtemperatur für die Überwinterung 10 °C

 Im Sommer mit enthärtetem Wasser feucht halten, im Winter möglichst trocken

 Während der Anzucht und im blütenlosen Zustand gelegentlich etwas sprühen

 Nährstoffhaltige, gut durchlässige Erde

Odontoglossum

Zahnzunge

Die Gattung *Odontoglossum* umfaßt eine Reihe epiphytischer Orchideen-Arten und ist in Mittel- und Südamerika beheimatet. Dort kommen sie am Rande der Bergwälder in einer Höhe von 1500–3000 m in einem relativ kühlen und feuchten Klima vor.

Die Reserveorgane (Bulben) sind je nach Art verschieden ausgebildet und am Fuß von Blättern umgeben, zwischen denen die häufig recht langen Blütentriebe hervorkommen. *Odontoglossum bictoniense* (oberes Foto) bringt im Herbst oder Winter einen bis zu 1 m lang werdenden Blütenstengel hervor, der mit 3–4 cm breiten Blüten besetzt ist. Die Blütenblätter sind gelblich-grün gefärbt und mit dunkleren Flecken gezeichnet, die Blütenlippe ist rosa. Odontoglossum grande (unteres Foto) stammt aus Guatemala und bildet breitovale Reserveorgane. Diese Orchidee entwickelt einen ca. 40 cm langen Blütenstengel, an dem in der Zeit von Oktober bis Dezember 4–8, gelb und braun gefärbte Blüten erscheinen, die bis zu 15 cm Größe erreichen können. Andere für die Zimmerkultur geeignete Arten sind: *Odontoglossum insleayi*, ein gelb-roter Winterblüher; *Odontoglossum pulchellum*, eine kleinbleibende Art mit wohlriechenden, gelb-roten Blüten; *Odontoglossum schlieperianum*, eine von Juli – September gelb und braun blühende Art. Alle genannten Arten vertragen einen relativ kühlen Standort und sind erstaunlich widerstandsfähig gegen trockene Luft. *Odontoglossum grande* ist die stärkste Orchidee für die Zimmerkultur. Beim Umtopfen im Frühjahr ist es wichtig, durch eine Lage Topfscherben am Boden des neuen Topfes für eine gute Dränage zu sorgen. Als Substrat eignet sich eine Mischung aus 2 Teilen Farnwurzeln, 1 Teil reifer Buchenlauberde und 1 Teil Sphagnum-Moos. Während der Vegetationszeit alle Arten reichlich gießen, aber Staunässe vermeiden. Ab und zu schwach konzentrierte Flüssigdüngung (kalkfrei) verabreichen. *Odontoglossum*-Arten mit Eignung für ein kühleres Gewächshaus oder Blumenfenster sind *Odontoglossum cervantesii*, ein duftender Winterblüher mit braunroten, weiß gezeichneten Blüten; *O. cordatum* und *O. maculatum*.

 Hell ohne intensive Sonneneinstrahlung; im Sommer luftiger, geschützter Platz im Freien möglich

 Mäßig warm (nachts 10–16 °C); Minimumtemperatur im Winter 7 °C

 In der Vegetationsperiode mit enthärtetem Wasser reichlich gießen, der Ruhezeit trocken halten

 Im Sommerhalbjahr hohe Luftfeuchtigkeit

 Orchideenerde wie oben beschrieben

Ophiopogon

Schlangenbart

Ophiopogon jaburan gleicht im nicht blühenden Zustand der auf S. 115 beschriebenen *Liriope muscari*. Wenn auch beide derselben Familie angehören, sind doch die Blüten bei *Ophiopogon* weiß und die beerenartigen Früchte violett. *Ophiopogon japonicus* entwickelt im Gegensatz zu der vorgenannten Art Ausläufer, hat gebogene Blätter und Blütenstände, die kürzer als die Blätter sind. Nebenstehend ist *Ophiopogon jaburan* 'Vittatus' abgebildet, dessen Blätter mit cremeweißen Längsstreifen verziert sind.

Beim Schlangenbart handelt es sich um eine Zimmerpflanze mit geringen Ansprüchen. Vermehrung durch Teilen im Frühjahr. Die Teilstücke werden in humusreiche Erde eingetopft.

 Verträgt schattige Standorte

 Mäßig warm (nachts 10–16 °C); Überwinterung bei 5–10 °C; verträgt Temperaturschwankungen

 Während der Vegetationszeit reichlich, im Winter wenig gießen

 Mäßige Luftfeuchtigkeit ist ausreichend

 Humusreiche, lockere Blumenerde mit etwas Kalkgehalt

Oplismenus hirtellus

Stachelspelze

Oplismenus gehört in die Familie der Gramineen, also der Grasgewächse. Er entwickelt hängende oder kriechende Triebe, die mit relativ breiten, kurzen, zugespitzten, gewellten Blättern besetzt sind. Stengel, die der Erde aufliegen, bewurzeln sich dort. So ist es leicht, bewurzelte Stecklinge heranzuziehen. Man topft *Oplismenus* unter Verwendung torfhaltiger Blumenerde und etwas Lauberde ein. Um eine möglichst buschige, gedrungene Pflanze zu erziclen, steckt man in einen Topf mehrere Jungpflanzen. Neben der abgebildeten Art gibt es noch die verfeinerte Form 'Variegatus' mit weißen Längsstreifen, gelegentlich etwas rosa überhaucht. Wenig düngen, damit die Pflanzen nicht vergrünen.

 Im Winter möglichst heller Standort, im Sommer etwas schattig

 Warm (nachts 16–20 °C); Überwinterung bei 10–20 °C in der Wohnung

 Während der Vegetationszeit reichlich gießen, ab August weniger, im Winter je nach Temperatur

 Mäßige Luftfeuchtigkeit

 Nährstoff- und humushaltige Blumenerde mit etwas Kalkgehalt

Opuntia

Feigenkaktus

Diese Kakteen-Gattung ist sehr artenreich. Die bei uns in Kultur befindlichen Arten stammen aus Amerika, wo ihre feigenartigen Früchte als Nahrungsmittel dienten. Als Folge der Entdeckung Amerikas wurden sie in alle Welt mitgenommen und kommen heute in wärmeren Klimaten nahezu auf der ganzen Welt vor. Es gibt winterharte Arten, wie *Opuntia compressa*, die einen kriechenden Wuchs aufweist und hellgelbe Blüten entwickelt. Auch *Opuntia rhodantha* mit bräunlichroten Gliedern und prächtigen roten Blüten ist winterhart. Ebenso übersteht *Opuntia fragilis* Temperaturen unter dem Gefrierpunkt. Allgemein gilt, daß Opuntien mit scheibenförmigem Aufbau des Pflanzenkörpers wenig Ansprüche stellen. Neben dieser Form gibt es eine Gruppe mit stielförmigem Aufbau, früher *Cylindropuntia* benannt. Einen kugel- oder knotenförmigen Aufbau des Pflanzenkörpers weisen die früher als *Tephrocactus* bezeichneten Opuntienarten auf. Beide zuletzt genannten Gruppen verlangen etwas schwerere, lehmhaltigere Erde. Die Gruppe der früher als *Tephrocactus* bezeichneten Arten ist empfindlich für zu viel Feuchtigkeit. Diese Arten wachsen sehr langsam und werden deshalb auf *Austrocylindropuntia*-Arten gepfropft.

Beim Umgang mit Opuntien muß man sehr vorsichtig sein, weil sie winzige Dornen mit Widerhaken (Glochiden) besitzen, die schwer zu entfernen sind.

Die Vermehrung der Opuntien geschieht durch Aussaat oder Stecklinge. Bevor man die scheibenförmigen Pflanzenteile zur Bewurzelung eintopft, läßt man die Schnittstelle 2–3 Tage abtrocknen. Stecklingsvermehrung im Juni/Juli, Aussaat im Frühjahr bei 20–21 °C, nachdem man das Saatgut in Wasser vorgekeimt hat.

Auf dem Foto ist rechts vorne *Opuntia bergeriana* zu sehen. Sie blüht orangefarben und kann recht hoch werden. *O. delactiana* (rechts hinten) ist spärlich bedornt und blüht orange. *O. microdasys* (links vorn) bleibt klein und trägt Büschel von goldgelben Glochiden. *O. scheerii* (links hinten) ist dicht mit Dornen besetzt und kann ziemlich hoch werden.

 Während des Sommerhalbjahres sonniger Standort, im Winter kühl und hell

 Warm (nachts 16–20 °C); Überwinterung bei 6–8 °C

 Während der Hauptvegetationsperiode mäßig gießen, ab Mitte August wenig; im Winter trocken halten

 Geringe Luftfeuchtigkeit ist erwünscht

 Nährstoffhaltige, gut durchlässige Erde

Oxalis

Sauerklee

Von den vielen *Oxalis*-Arten, die bei uns bekannt sind, werden hier zwei vorgestellt. Auf dem Foto ist links *Oxalis lasiandra* aus Mexiko zu sehen. Diese Art entwickelt 5- bis 9-teilige Blätter, die unten rötlich gefleckt sind und aus gelbbraunen Knöllchen sprießen. Die lilarosa Einzelblüten sind zu doldenförmigen Blütenständen angeordnet. *Oxalis deppei* (rechts), der vierblättrige Glücksklee, blüht im Sommer und Herbst rosarot. Die hellgrünen Blätter besitzen einen rötlichen bis braunen Querstreifen. Abends klappen die Teilblättchen nach unten (siehe Abbildung) als wollten sie schlafen. Ab Januar kann man die Knöllchen selbst eintopfen und antreiben. Ab April kann man ins Freie pflanzen.

 Heller, sonniger Standort

 Kühl bis mäßig warm (nachts 6–12 °C); tagsüber am besten nicht über 18 °C

 Sehr mäßig gießen; wenn man zu stark gießt, wachsen die Stiele zu sehr in die Länge

 Mäßige Luftfeuchtigkeit

 Lockere, lehmhaltige Erde; bis August einmal pro Woche flüssig düngen

Pachyphytum

Diese Sukkulenten-Gattung stammt aus Mexiko. *Pachyphytum oviferum* (Foto, links) entwickelt kurze Stämmchen, an denen in Rosettenform kurze, eiförmige Blättchen sitzen, die weißlich bereift sind. Die im Mai/Juni erscheinenden Blüten sind glockenförmig und tiefrot. *Pachyphytum hookeri* (rechts) wächst sehr gedrungen und hat blaugrün bereifte Blätter und glockenförmige Blüten mit rot-gelber Färbung. Aus einer Kreuzung zwischen *Pachyphytum* und *Echeveria* ist × *Pachyveria* entstanden (Mitte), deren Pflege auf S. 133 beschrieben wird. Vermehrung von *Pachyphytum* durch Aussaat oder durch Blatt- bzw. Kopfstecklinge, vor allem dann, wenn die Pflanzen von unten verkahlen. Stecklinge vor dem Stecken abtrocknen lassen.

 Luftiger und sonniger Platz während des Sommers; auch im Winter möglichst hell stellen

 Mäßig warm (nachts 10–16 °C); Überwinterung bei 6–10 °C

 Während des ganzen Jahres relativ trocken halten, dabei im Winter mehr als im Sommer

 Verträgt trockene Zimmerluft ausgezeichnet; kein Wasser auf die Blätter bringen

 Sandige, etwas humose Blumenerde

Pachypodium

Die Gattung *Pachypodium* stammt aus Südafrika, wo sie Bewohner relativ trockener Gebiete ist. Dementsprechend schützen sich diese Pflanzen vor dem Austrocknen durch die Bildung knolliger, fleischiger Stämmchen. Die stammbildenden Arten sind mit Dornen bewehrt und die Blätter sitzen in Schopfform an der Spitze der Pflanze. Auf dem Bild ist *Pachypodium lameri* zu sehen. Die Blüten sind meist auffällig und gelb, rosa oder rot gefärbt. Die Pflanzen der Gattung *Pachypodium* entwickeln Milchsaft, der als sehr giftig gilt.

Die Vermehrung erfolgt durch Aussaat. Man verwendet hierfür sandige Erde, die man relativ warm hält.

 Während des ganzen Jahres einen hellen, sonnigen Standort geben

 Warm (nachts 16–20 °C); Überwinterung bei 14–16 °C

 Während der Vegetationsperiode im Winter mäßig gießen, im Sommer (Ruhezeit) ziemlich trocken halten

 Geringe Luftfeuchtigkeit genügt

 Lockeres, etwas lehmhaltiges Erdgemisch mit guter Dränage in tiefen Töpfen

Pachystachys

Die abgebildete *Pachystachys lutea* wird während der letzten Jahre wieder in zunehmendem Maße angeboten. Sie stammt aus dem mittelamerikanischen Raum. Diese Pflanze erinnert an *Aphelandra* (S. 36), besitzt aber zartere, gänzlich grüne Blätter. Der bis zu 15 cm lange Blütenstand ist mit gelben Hochblättern besetzt, die viele Wochen halten können und dabei dekorativ wirken. Die weißen Einzelblüten fallen relativ schnell ab. Im Frühjahr wird die Pflanze durch Rückschnitt verjüngt. Die Vermehrung geht leicht aus Stecklingen. Man schneidet zu diesem Zweck von Mitte Januar bis Ende Juli Kopf- oder Triebstecklinge und entspitzt sie nach dem Bewurzeln und Eintopfen zur Förderung der Verzweigung.

 Heller Standort mit diffusem Licht aber ohne direkte Sonne

 Warm (nachts 16–20 °C); während des Winters 10–15 °C

 Während der Vegetationsphase reichlich gießen und ab und zu tauchen, in der Ruhezeit wenig gießen

 Schätzt hohe Luftfeuchtigkeit; bei niedrigeren Temperaturen jedoch Luftfeuchtigkeit verringern

 Lehm- und humusreiche Blumenerde

132

✕ Pachyveria

Durch die Kreuzung von *Echeveria* mit *Pachyphytum* ist ✕ *Pachyveria* entstanden. Auf dem nebenstehenden Foto ist ✕ *Pachyveria scheideckeri* abgebildet. Diese Art besitzt spatelförmige, blaugrüne, weiß bereifte Blätter. Die Blütenstände fallen durch die Hochblätter auf. Die Blüte selbst ist orangefarben.

Im Sommer können diese Sukkulenten an einem sonnigen Platz im Freien stehen. Während des Winters hält man sie hell, kühl und trocken.

Vermehrung durch Kopfstecklinge, Blattstecklinge oder Ausläufer. Vor dem Stecken in Torf-Sand-Gemisch oder Sand Stecklinge gut abtrocknen lassen.

 Während des Sommers sonnigen Standort wählen; im Winter hell

 Mäßig warm (nachts 10–16 °C); kühl überwintern (einige Grad über Null)

 Im Sommer mäßig gießen, im Winter nahezu trocken halten

 Trockene, gelegentlich etwas feuchtere Luft

Mischung aus alter Lauberde, Lehm und Sand oder lockere, humus- und sandhaltige Blumenerde

Pandanus

Schraubenbaum

Diese Gattung umfaßt eine Reihe von Arten tropischer Herkunft, die als immergrüne Sträucher oder Bäume auftreten. Die ursprüngliche Heimat des abgebildeten *Pandanus veitchii* ist Polynesien. Die linealen, grünen Blätter sind stachelig und mit cremefarbenen Mittelstreifen verziert. Bei dieser Art handelt es sich um die am besten für die Zimmerpflege geeignete *Pandanus*-Art. Sie ist besonders widerstandsfähig für trockene Zimmerluft.

Bei älteren Exemplaren entwickeln sich am Fuße neue Pflänzchen in Form von Ablegern. Vermehrung durch Abtrennen dieser Ableger ist möglich. Die Schnittwunden werden mit Holzkohlepulver bedeckt und die Stecklinge bei 25 °C Bodenwärme bewurzelt.

 Heller Standort ohne direkte Einstrahlung intensiven Sonnenlichts

 Warm (nachts 16–20 °C); Überwinterung nicht unter 18 °C

 Während der Vegetationszeit reichlich mit enthärtetem Wasser gießen, in der Ruhezeit weniger

 Schätzt etwas Luftfeuchtigkeit, verträgt aber auch trockenere Luft

Normale Blumenerde oder noch besser Mischung aus alter Lauberde, Rasenerde und etwas Torf

Paphiopedilum

Venusschuh

Die Vertreter der artenreichen Gattung *Paphiopedilum* sind unschwer an der pantoffelförmigen Unterlippe der Blüte zu erkennen. Der größte Teil dieser terrestrischen Orchideen stammt aus Asien. Sie entwickeln ein normales Wurzelwerk, wobei die einzelnen Wurzeln fleischig sind. Diese Orchideen bilden keine Knollen oder andere Speicherorgane. Das Laub ist lederartig, bodenbürtig, einfach grün, gefleckt oder marmoriert. Meist trägt der Blütenstiel nur eine Blüte. Das nach oben stehende Blütenblatt wird auch Fahne genannt. Die beiden seitlichen Blütenblätter sind weniger auffallend entwickelt. In der Regel sind sie langgestreckt und haben die Farbe der Lippe. Die Blüten der Gattung *Paphiopedilum* sind sehr lange haltbar.

Die grünblättrigen Arten werden im Februar umgetopft, die übrigen im Juni. Soweit der Topf noch nicht völlig durchwurzelt ist, genügt auch das Auswechseln der obersten Erdschicht. Beim Gießen vorsichtig vorgehen, damit keine Wurzelfäulnis entsteht. Ab September etwas mehr Licht gewähren. Im Oktober bilden die meisten *Paphiopedilum*-Arten ihre Blütenknospen. Trockenheit schadet der Knospenbildung. Im November hält man die Temperatur bei 14 °C und gießt weniger. Im Dezember gibt man zweimal in der Woche Wasser und sorgt für feuchte Luft; die normale Zimmerluft ist zu trocken. In feuchter Luft entstehen an den Blüten keine Flecken.

Nachstehend werden einige grünblättrige Arten vorgestellt, die sich für temperierte Gewächshäuser oder vergleichbare Einrichtungen eignen: *Paphiopedilum faireanum*, Blüte weiß mit grünen und violetten Streifen; *Paphiopedilum hirsutissimum*, stark behaart, Blüte grün, violett und braun ineinander überlaufend; *Paphiopedilum insigne*, eine bekannte Art, die verhältnismäßig kühl kultiviert werden muß, Blütenfarbe grünlich-weiß mit braunrot; *Paphiopedilum villosum* blüht von Dezember bis April mit weiß-grün-braunen Blüten. Es existiert eine Reihe von Hybriden, z. B. *Paphiopedilum × nitens* (Foto), eine Kreuzung zwischen *P. insigne* und *P. villosum*. Wärmebedürftige Arten sind *P. barbatum*, *P. concolor* und *P. niveum*.

 Schattiger Standort

 Nachts 15 °C, tagsüber 25–30 °C; während des Winters nachts 15–18 °C, tagsüber 18–20 °C; buntblättrige Arten etwas wärmer

 Mit enthärtetem Wasser normal gießen; im Winter keine Ruheperiode, aber insgesamt weniger Wasser

 Für Luftfeuchtigkeit sorgen

🪣 Orchideen-Substrat

Parodia

Diese Gattung mit einer Reihe von Arten gehört in die Familie der Kakteengewächse. Die kugelförmig wachsenden Pflanzen sind aufgrund ihrer unproblematischen Pflege, der reichen Blüte und der hübsch ausgebildeten Dornen sehr beliebt. Allerdings muß man beim Gießen vorsichtig sein, da der Wurzelhals sehr wasserempflindlich ist. Vermehrung durch Aussaat und bei einigen Arten durch Stecklinge.

Parodia aureispina (Foto) stammt aus dem nördlichen Argentinien. Diese Art ist mit kräftigen, gebogenen Mitteldornen und kürzeren, geraden Seitendornen ausgestattet. Die Blüten sind goldgelb. *Parodia chrysacanthion* besitzt gelbe Dornen und gelbe Blüten. *Parodia nivosa* hat rote Blüten und weiße Dornen.

 Während des Sommers sehr sonnig, im Winter hell und kühl; Sämlinge vor intensiver Sonne schützen

 Warm (nachts 16–20 °C); Überwinterung bei 8–12 °C

 Sehr mäßig gießen und im Winter trocken halten

 Trockene Luft wird vertragen

 Kakteenerde oder alte Lauberde mit kleinen Topfscherben

Passiflora

Passionsblume

Die Passionsblume hat ihren Namen aufgrund der eigenartig aufgebauten Blüte erhalten. Die drei Stempel symbolisieren die Kreuzesnägel, die Staubgefäße die Dornenkrone Christi.

Die abgebildete *Passiflora violacea* ist etwas weniger bekannt als *Passiflora caerulea*. Die letztere Art findet man im milden europäischen Klima häufig als Kletterpflanze an Mauern. Ihre Blüten sind grünlich-weiß mit blauweißem und purpurnen Kranz, die Früchte orangefarben. Ebenfalls für die Zimmerkultur: *Passiflora racemosa* mit traubigen, orangefarbenen Blüten.

Das Abfallen einzelner, gelber Blätter im Winter ist nicht schlimm. Im Frühjahr bei Bedarf zurückschneiden.

 Blüht nur an warmen, sonnigen Standorten

 Mäßig warm (nachts 10–16 °C); kühl überwintern (5–10 °C), geschützt mit Abdeckung auch im Freien

 Während der Vegetationszeit normal gießen, über den Herbst zum Winter hin weniger

 Geringe Luftfeuchtigkeit ist ausreichend

 Kräftige, humose, nährstoffhaltige Erde; bei zu leichter Erde kommen keine Blüten

Pavonia

Das natürliche Vorkommen der Gattung *Pavonia* verteilt sich über viele Länder. Aber nur die aus Brasilien stammende *Pavonia multiflora* hat bei uns Eingang als Topfpflanze gefunden. Sie ist ein winterblühender, meist einstämmiger Strauch, der mit lanzettförmigen, immergrünen Blättern besetzt ist. Die Blüten stehen aufrecht in den Blattachseln und sind traubenförmig angeordnet. Die purpurroten Kelchblätter sind linealisch geformt und stehen aufrecht. Die Blütenblätter sind violett gefärbt und bleiben zusammengerollt. Die Staubblätter wachsen während der Blühreife aus der Blüte heraus. Die Vermehrung erfolgt durch Kopfstecklinge bei hoher Bodenwärme (30 °C) und Luftfeuchtigkeit in einem Torf-Sand-Gemisch.

 Heller, etwas schattiger Standort mit Schutz vor intensiver Sonneneinstrahlung

 Warm (nachts 16–20 °C); Überwinterung bei 12–18 °C, mit beginnendem Austrieb wieder wärmer

 Während der Blüte reichlich gießen und alle 14 Tage düngen; im Winter wenig gießen

 Durch gelegentliches Besprühen und andere geeignete Maßnahmen für Luftfeuchtigkeit sorgen

 Humusreiche Erde mit hohem Torfanteil

Pelargonium
Pelargonie

Ein großer Teil der Pelargonien-Arten ist in Südafrika beheimatet. Von den vielen Arten sind einige unter unseren Verhältnissen auch für die Freilandkultur geeignet. Eine ausgesprochene Zimmerpflanze hingegen ist *Pelargonium grandiflorum* (auf dem Foto links). Es blüht von April bis September, vor allem aber im ersten Teil dieser Zeitspanne. Während des Hauptwachstums wöchentlich düngen. Kann im Sommer eventuell auf dem Balkon oder im Garten stehen. Trotz reichlicher Wassergaben achte man darauf, daß kein Wasser im Untersatz stehen bleibt. Vermehrung durch Kopfstecklinge im August. Vor dem Stecken Schnittfläche etwas abtrocknen lassen.

 Möglichst heller Standort mit Schutz vor Mittagssonne

 Mäßig warm (nachts 10–16 °C); bei 10–15 °C hell überwintern

 Von März bis August regelmäßig und reichlich gießen, anschließend Wassergaben allmählich verringern

 Schätzt reichlich frische Luft

 Humus- und kalkhaltige Komposterde mit Torfzusatz

Pelargonium (Fortsetzung)

Die größte Vielfalt an Sorten und Blütenfarben bieten die *Pelargonium-Zonale*-Hybriden (Foto, links). Typisch für das Laub dieser Gruppe ist der würzige Geruch verletzter Blätter und der rötlich-braune Streifen auf der Blattoberfläche. Blüte von April bis Oktober. Besonders geeignet als Beet- und Balkonpflanze. Die *Pelargonium-Peltatum*-Hybriden besitzen glänzend grüne Blätter mit glatter Oberfläche, die an Efeu erinnern. Diese Gruppe entwickelt lange, hängende Triebe (Hängegeranie); (Foto, rechts). Das Laub von *Pelargonium radens* (Foto S. 136, rechts) duftet nach Rosen oder Zitronen. Die Blüte ist weiß, rosa oder rot. Die Vermehrung erfolgt im Frühjahr.

 Während des Sommerhalbjahres an der vollen Sonne im Freien

 Mäßig warm (nachts 16–20 °C); bei 6–8 °C möglichst hell überwintern, z.B. im Keller oder in der Garage

 Während des Wachstums reichlich gießen und düngen, im Winter nur selten gießen

 Braucht stets frische Luft

 Durchlässige, humus- und kalkhaltige Erde

Pellaea

Die *Pellaea* gehört zwar in die Familie der Farngewächse, nimmt aber aufgrund ihrer lederartig harten Blätter und der Widerstandsfähigkeit gegen Lufttrockenheit eine Sonderstellung ein. Abgebildet ist *Pellaea rotundifolia*. Diese Art bildet einfach gefiederte Blätter, bleibt verhältnismäßig klein und wächst breit ausladend. Es handelt sich um eine ideale Grünpflanze für kühlere Räume. Weniger häufig wird *Pellaea viridis* angeboten. Diese Art bildet 2- bis 3-fach gefiederte Blätter mit langen, dreieckigen Einzelblättchen. Düngung im 14-tägigen Abstand.
Vermehrung durch Aussaat von Sporen, oder, was einfacher geht, durch Teilen. Ein- und Umtopfen in humusreiche Erde.

 Verträgt schattigen Standort und sollte nicht an die pralle Sonne gesetzt werden

 Mäßig warm (nachts 10–16 °C); Überwinterung bei 10 °C

 Durch regelmäßiges Gießen gleichmäßig feucht halten, wobei das Gießwasser etwas kalkhaltig sein kann

 Verträgt trockene Zimmerluft

 Gut durchlässige, humusreiche Erde mit Torfbeimengung

Pellionia

Die ursprüngliche Heimat von *Pellionia* sind die tropischen Regenwälder Südostasiens. Bei uns werden derzeit zwei Arten kultiviert, und zwar *Pellionia repens* (Foto) und *Pellionia pulchra*. *Pellionia repens* hat hellgrüne Blätter mit dunkelbraunem Rand. Die Stengel wachsen zunächst aufrecht und hängen später über. *Pellionia pulchra* hat denselben Wuchscharakter, entwickelt aber viel dunklere Blätter. Lediglich entlang der Blattnerven bilden sich hellgrüne Flecken. Die Blattunterseite ist violett gefärbt.

Vermehrung durch Kopfstecklinge im Frühjahr bei entsprechender Fußwärme. Eintopfen in gut dränierte Schalen. Während des Wachstums wöchentlich düngen. Vor Zugluft schützen.

 Heller Standort mit Schutz vor intensiver Sonneneinstrahlung

 Warm (nachts 16–20 °C); Überwinterung bei 10–12 °C aber nicht kühler

 Während der Wachstumsperiode reichlich mit enthärtetem Wasser gießen; im Winter sparsam wässern

 Schätzt höhere Luftfeuchtigkeit

 Lockere, humus- und nährstoffhaltige Erde mit Torfzusatz

Peperomia
Zwergpfeffer

Nahezu alle Peperomien sind krautartige, tropische oder subtropische Pflanzen, die aus Mittel- oder Südamerika stammen. Sie leben dort als Epiphyten (Aufsitzer) auf Baumstämmen oder auf dem Boden feuchter Regenwälder. Von der Vielzahl an Arten befinden sich einige in gärtnerischer Kultur. Die Wirkung des dekorativen Laubes wird teilweise noch durch die Blütenstände gesteigert. Peperomien eignen sich gut als Zimmerpflanzen oder zur Bepflanzung von Blumenfenstern und Glasgefäßen.

Die Peperomien bilden relativ dicke Blätter und fleischige Triebe. Damit können sie, ähnlich wie Sukkulenten, Wasser speichern – allerdings nicht in so großen Mengen. Aufgrund der Fähigkeit muß man aber beim Gießen vorsichtig vorgehen und zu große Wassergaben vermeiden. Solange die Blätter nicht einschrumpeln, ist die Peperomie noch ausreichend mit Wasser versorgt.

Auf dem Bild ist links *Peperomia caperata* mit stark gewellten Blättern und hellgrüner Unterseite zu sehen. Blatt- und Blütenstengel sind rosarot, die Blütenstände weißlich. Bei *Peperomia verticillata* (rechte Pflanze) sind die Blätter kranzförmig angeordnet.

Peperomia (Fortsetzung)

Peperomia argyreia (oberes Foto, vorne) besitzt schildförmige, fleischige Blätter mit einer silbrig-grünen Zeichnung zwischen den Blattnerven. Blatt- und Blütenstengel sind rötlich. *Peperomia arifolia* hat dieselbe Blattform, ist aber völlig dunkelgrün. *Peperomia blanda* hat bräunlich-rote, aufrecht wachsende Stengel und ist kurz behaart. Die Blätter stehen zu dreien oder vieren und sind von unten rot. *Peperomia glabella* entwickelt lange, überhängende Triebe und kann als Hängepflanze verwendet werden. *Peperomia incana* besitzt dicke, fleischige, auf beiden Seiten weißfilzige Blätter. *Peperomia maculosa* zeichnet sich durch braunrot gefleckte Blattstiele und dunkelgrüne Blätter mit weißem Mittelnerv aus. *Peperomia obtusifolia* (unteres Foto, Mitte) hat kurzgestielte, dicht stehende, dicke, fleischige Blätter und endständige Blüten. Die Formen 'Lougenii' (Foto unten, vorne) und 'Variegata' (oberes Foto, hinten) sind buntlaubig und brauchen etwas mehr Licht als die einfach grünen Gegenstücke. *Peperomia resediflora,* jetzt *Peperomia fraseri* benannt, fällt durch weiße, herrlich duftende Blüten auf. Eine Art mit kriechendem Wuchs ist *Peperomia rotundifolia*, deren Blätter rund und marmoriert sind. *Peperomia serpens* bildet lange, überhängende Triebe, an denen breite, grüne, zugespitzte Blätter sitzen. Die bunte Form 'Variegata' ist auf dem unteren Foto links hinten abgebildet. *Peperomia velutina* ist eine hübsche Art, die aus Equador stammt. Man erkennt sie an den behaarten, rötlichen Stengeln und den dunkelgrünen Blättern, die entlang der Nerven mit silbernen Streifen geschmückt sind.

Die Vermehrung erfolgt am besten im Frühjahr. Man kann hierfür Blatt-, Trieb- oder Kopfstecklinge schneiden und in einem Torf-Sand-Gemisch bei guter Bodenwärme und Luftfeuchtigkeit zum Bewurzeln bringen. Abdeckung mit Glas oder Plastikfolie unter Berücksichtigung der Fäulnisgefahr ist erforderlich. Meist läßt man die Schnittwunden vor dem Stecken etwas abtrocknen.

Aufrecht wachsende Arten kann man entspitzen, um einen buschigen Wuchs zu erzielen. Von Mai bis September wird alle 2–3 Wochen gedüngt.

 Heller Standort ohne intensive, direkte Sonneneinstrahlung

 Warm (nachts 16–20 °C); Überwinterung buntblättriger Formen bei 18–20 °C, grünblättriger bei 15 °C

 Mäßig mit temperiertem, enthärtetem Wasser gießen, im Winter besonders sparsam

Während des Sommers höhere, im Winter niedrigere Luftfeuchtigkeit erwünscht

 Lockere, gut durchlässige, humose Blumenerde

Pereskia

Trotz der normal ausgebildeten Blätter gehört die *Pereskia* in die Familie der Kakteengewächse. Bekannt ist bei uns die abgebildete *Pereskia aculeata*. Es handelt sich hierbei um eine Klimmpflanze, deren Triebe mit Dornen bewehrt sind, wobei 1–3 Dornen zusammenstehen. Die jungen Pflanzen können sich mit diesen Dornen an geeigneten Stützen festhalten. Im Oktober entwickeln sich weißlich-rosafarbene Blüten, die duften.

Vermehrung durch Aussaat im Frühjahr bei Fußwärme (21 °C). Im Sommer kann man halbreife Triebe in eine Mischung aus Torf und Sand stecken. Die Pereskia wird nach dem Blattfall zurückgeschnitten und einige Zeit trocken gehalten.

 Leicht schattiger Standort mit etwas Mittags- und Abendsonne

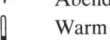 Warm (nachts 16–20 °C); Überwinterung bei einer Minimumtemperatur von 10 °C

 Während der Wachstumsperiode reichlich gießen, nach dem Blattfall sehr wenig

 Mäßige Luftfeuchtigkeit

 Kakteenerde oder lockere Mischung aus lehmiger Erde mit Sand und etwas Torf

Persea

Avocadobirne

Im Blumengeschäft wird man eine *Persea*-Pflanze nur selten antreffen. Aber man kann sie notfalls selbst aus dem Kern einer Avocadobirne anziehen. Zu diesem Zweck bringt man den Kern nach Entfernung der nahrhaften, fleischigen Hülle mit der Spitze nach oben in einen mit Erde gefüllten Topf.

Auch die Bewurzelung in Wasser ist möglich. Zu diesem Zweck steckt man 3 Streichhölzer zur Hälfte in den Kern und legt das Ganze auf ein Glas mit Wasser. *Persea americana* (Abbildung) kann im Frühjahr durch Stecklinge vermehrt werden. Gut entwickelte Zimmerpflanzen gleichen dem nebenstehenden Exemplar, bringen aber keine Früchte.

 Heller Standort, wobei etwas direktes Sonnenlicht nicht schädlich ist

 Mäßig warm bis warm (12–20 °C); Überwinterung bei 10–12 °C

 Topfballen gleichmäßig feucht halten, im Winter etwas weniger gießen

 Mäßige Luftfeuchtigkeit; Blätter ab und zu besprühen

 Nahrhafte, humus- und lehmhaltige Blumenerde

Philodendron

Wie *Monstera* und *Scindapsus* so gehört auch die Gattung *Philodendron* in die Familie der Aronstabgewächse *(Araceae)*. Viele *Philodendron*-Arten wurden aufgrund der Blattform oder -zeichnung in Kultur genommen. Die typische Blüte der Aronstabgewächse besteht aus einem kolbenförmigen Gebilde mit den Blütenanlagen und einem ausgeprägten, weiß oder gelb gefärbten Hüllblatt (als Beispiel hierzu das obere Foto von *Philodendron karstenianum*). Im Gewächshaus blühen verschiedene *Philodendron*-Arten. Als Zimmerpflanze bieten sie normalerweise nur den Schmuck ihrer Blätter.

Die Gattung *Philodendron* stammt aus den tropischen Regenwäldern Mittel- und Südamerikas. Einige Arten wachsen klimmend, andere strauchartig. Die Blattform junger Pflanzen unterscheidet sich häufig von der älterer Pflanzen. Unter optimalen Bedingungen können verschiedene Arten beachtliche Ausmaße erreichen.

Klimmende Arten können durch Abmoosen oder durch Kopfstecklinge bei entsprechender Wärme vermehrt werden. Auch die Vermehrung durch Stammstücke mit 2 oder 3 Augen ist möglich. Strauchartige Formen lassen sich auch durch Teilung vermehren. Als Vorbereitung zum Teilen werden jüngere Pflanzen entspitzt. Nach einem Jahr haben sich so behandelte Pflanzen genügend bestockt. Jetzt wird so geteilt, daß jedes Teilstück noch mit einem Stückchen der Mutterpflanze ausgestattet ist. Man hält die so gewonnenen Jungpflanzen feucht-warm (25 °C), bis sie neue Wurzeln gebildet haben.

Nebenstehend ist die buntblättrige Form *Philodendron imbe* 'Variegatum' abgebildet. *Philodendron bipinnatifidum* wächst aufrecht und hat dicht stehende, herzförmige Blätter. *Philodendron laciniatum* (Foto S. 142 oben) ist eine klimmende Art mit geteilten und gelappten Blättern. *Philodendron elegans* stellt wenig Ansprüche. *Philodendron squamiferum* hat lange, mit schuppenartigen Haaren besetzte, rote Blattstiele.

Folgende Arten sind klimmend oder kriechend und haben ungeteilte Blätter: *Philodendron elongatum* mit langgestreckten, großen Blättern; *Philodendron erubescens* mit zunächst dunkelbraunen, später glänzenden Blättern, rötlichem Hüllblatt und weißlichem Blütenkolben. Neben *Philodendron melanochrysum* und *Philodendron panduriforme* ist *Philodendron scandens*, mit ziemlich kleinen, herzförmigen Blättern, eine der bekanntesten Arten.

Philodendron (Fortsetzung)

Philodendron martianum hat kurze Stengel und lange Blätter. Abgesehen von der anspruchslosen Art *Philodendron scandens* sind viele Arten doch einigermaßen empfindlich und verlangen optimale Pflegebedingungen. Dabei spielt auch die Geschicklichkeit des Einzelnen eine gewisse Rolle. Für den Experimentierfreudigen bietet sich hier ein weites Feld. Allgemein ist für ausreichende Wärme zu sorgen und Zugluft sowie kaltes Wasser zu vermeiden.

 Hell, aber nicht in die volle Sonne stellen; die meisten Arten vertragen Schatten

 Warm (nachts 16–20 °C); Überwinterung grünblättriger Formen bei mind. 14 °C, buntlaubiger bei 18 °C

 Während des Sommers reichlich mit temperiertem Wasser gießen, im Winter sparsamer wässern

 Höhere Luftfeuchtigkeit wirkt sich günstig aus

 Humus- und nährstoffhaltige Blumenerde

Phlebodium

Phlebodium wurde früher unter dem Namen *Polypodium* angeboten und stammt aus Südamerika. *Phlebodium aureum*, nebenstehend abgebildet, verkörpert die einzige Art dieser Gattung. Die fiederartig eingeschnittenen Blätter besitzen einen bläulichen Glanz und sitzen an bis zu 50 cm langen Stielen. Der Wurzelstock füllt rasch den Topf aus. Er ist hellbraun und schuppenförmig aufgebaut. Die Pflanze kann beachtliche Ausmaße erreichen und wird dann vielfach zu groß für Wohnräume. Meist findet man aber noch einen geeigneten Platz.
Vermehrung durch Teilen oder Aussaat. Während des Wachstums schwache Düngergaben verabreichen.

 Schattiger Standort ist erforderlich

 Warm (nachts 16–20 °C); Überwinterung bei 18–22 °C; bei niedrigeren Temperaturen weniger gießen

 Erde ausreichend feucht halten und stauende Nässe vermeiden; enthärtetes Wasser verwenden

 Durch geeignete Methoden (s. S. 9) für ausreichende Luftfeuchtigkeit sorgen

 Normale, humusreiche Blumenerde ist besser als spezielle Farnmischung

Phoenix

Dattelpalme

Die nebenstehend abgebildete *Phoenix canariensis* ist, wie schon der Artname vermuten läßt, auf den Kanarischen Inseln zuhause. Sie ist härter als *Phoenix dactylifera*, die Echte Dattelpalme. Beide werden durch Aussaat vermehrt. Dies ist aber in jedem Fall eine langwierige Angelegenheit. Normal entwickelte Pflanzen werden von März bis Juli wöchentlich gedüngt.

Die Ursache für braune Blattspitzen können sein: zu hartes Wasser, zu viel und zu kaltes Wasser, Austrocknen des Wurzelballens während des Winters. Die Gefahr des Austrocknens besteht vor allem bei stark durchwurzelten Töpfen. Gelbe Flecken entstehen durch Lichtmangel.

 Während des Sommers leicht schattiger Platz (auch im Freien); Überwinterung in einem hellen Raum

 Mäßig warm (nachts 10–16 °C); im Winter frostfrei halten (Optimum 4 °C)

 Im Sommer reichlich mit enthärtetem, temperiertem Wasser gießen, im Winter wenig

 Schätzt reichlich frische Luft

 Humus- und nährstoffreiche Blumenerde

Phyllitis

Hirschzunge

Der Hirschzungenfarn ist in Europa und Nordamerika zuhause. Es handelt sich um einen immergrünen, winterharten Farn mit ungeteilten, lederartigen, glänzend grünen Blättern. Es existieren Varietäten mit gewellten oder stark gekrausten Blättern, ja sogar mit stärker gegliederten Blättern. Die Sporenträger sind parallel zu den Seitennerven angeordnet.

Am meisten bekannt ist *Phyllitis scolopendrium*. Abgebildet ist die Form 'Undulata', die sich durch gewellte Blätter auszeichnet. Vermehrung durch Sporenaussaat oder Teilen. Auch das Stecken der unteren Enden der Blattstiele bei Fußwärme stellt eine Möglichkeit dar.

 Nimmt mit relativ wenig Licht vorlieb und kann sowohl in der Wohnung als auch im Freien stehen

 Kühl (nachts 3–10 °C); kühl aber frostfrei überwintern

 Regelmäßig gießen, so daß die Erde feucht bleibt, im Winter aber weniger

 Frische, feuchte Luft

 Humusreiche Erde

Pilea

Kanonierblume

Die Bezeichnung Kanonierblume ist darauf zurückzuführen, daß blühende Pflanzen bei Berührung ihre Staubblätter plötzlich strecken und dadurch den Blütenstaub nach außen schleudern.

Vertreter der artenreichen Gattung *Pilea* kann man in allen tropischen Gebieten der Welt finden. Bei den für uns interessanten Arten handelt es sich um mehrjährige, immergrüne Pflanzen.

Die Vermehrung erfolgt durch Kopfstecklinge. Man kann sie sowohl in Wasserfläschchen als auch bei warmem Fuß und Glas- oder Folienabdeckung in einem Torf-Sand-Gemisch zum Bewurzeln bringen. Die beste Vermehrungszeit ist Mai. Der Rückschnitt unten verkahlter Pflanzen erfolgt März/April. Will man zum Ein- und Umtopfen eine eigene Erdmischung verwenden, sollte sich diese aus 2 Teilen alter Lauberde, 2 Teilen Mistbeeterde und 1 Teil Rasenerde zusammensetzen. Durch Auflegen eines Topfscherbens auf das Abzugloch des Topfes sichert man eine gute Entwässerung. Auch Vermehrung durch Aussaat ist möglich.

Gedüngt wird von Juni bis September in zweiwöchigem Abstand.

Die bekannte *Pilea cadierei* stammt aus Vietnam. Sie besitzt grüne Blätter mit silbrig-weißen Flecken zwischen den Blattnerven. Die unauffälligen Blüten erscheinen im Frühjahr und Sommer. Sie sind weißlich gefärbt und stehen in den Blattachseln.

Pilea involucrata (oberes Foto) besitzt ovale, grüne, mit dunkelgrünem Muster verzierte, stark gekräuselte Blätter. Die Blüte ist weiß. *Pilea microphylla* ist mit ihren kleinen, übereinander stehenden Blättern gut als Bodendecker zu gebrauchen. Dieses moosartige Pflänzchen stammt aus Südamerika. Die Blüten stehen in achselständigen Wickeln. *Pilea nummulariifolia* hat runde Blättchen und die Triebe kriechen oder hängen.

Pilea spruceana hat behaarte, runzelige Blätter. Zwischen den Runzeln ist die Blattfläche uneben. Die Blätter sind oberseits bronzegrün, unterseits violett. Die hübsche Sorte 'Norfolk' (unteres Foto) ist durch silbrige Streifen verziert.

☼ Heller Standort ohne direkte Einstrahlung intensiven Sonnenlichts

🌡 Mäßig warm bis warm (nachts 10–16 °C bzw. 16–20 °C); Überwinterung bei 10–18 °C

💧 Während des Wachstums mäßig feucht halten, im Winter noch etwas weniger gießen

💦 Mäßige Luftfeuchtigkeit

🪣 Wenn man die oben beschriebene Erdmischung nicht herstellen kann, genügt auch humusreiche Blumenerde

Piper

Pfeffer

Diese Gattung ist recht artenreich. Am bekanntesten dürfte wohl *Piper nigrum*, der Schwarze bzw. Weiße Pfeffer sein, aus dem der Gewürzpfeffer hergestellt wird. Das Pfefferblatt ist lederartig, dunkelgrün, ca. 10 cm lang und spitz auslaufend. Im Winter kühler halten. *Piper betle*, der Betelpfeffer (Abbildung), wird in den Tropen zur Herstellung von Sirih verwendet. Auch diese Art eignet sich für die Wohnung. Die schönste Blattzeichnung besitzt *Piper ornatum*, und zwar handelt es sich um zarte, weiße und rosafarbene Ornamente auf dunkelgrünem Untergrund. Wegen des Bedarfs an Luftfeuchtigkeit besser für Gewächshaus oder Blumenfenster geeignet. Vermehrung von *Piper*-Arten durch Stecklinge.

 Verträgt sowohl hellen als auch schattigen Standort, jedoch keine intensive Sonneneinstrahlung

 Warm (nachts 16–20 °C); Überwinterung etwas kühler (bei ca. 14 °C)

 Erde gleichmäßig feucht halten, aber Nässe vermeiden; im Winter weniger gießen

 Schätzt Luftfeuchtigkeit

 Lockeres, etwas saures, humoses Substrat

Pisonia

In der Regel wird die nebenstehend abgebildete Pflanze für eine panaschierte Form von *Ficus* gehalten. Dabei handelt es sich um *Pisonia alba*, auch unter dem Namen *Heimerliodendron brunoniana* verbreitet. Hinsichtlich der Pflege ist sie etwa mit *Ficus* zu vergleichen, d. h. vor allem während des ganzen Jahres in einem temperierten Raum zu halten. Da die weißlich gezeichneten Blätter wenig Chlorophyll enthalten, ist ein heller Standort für die Gesunderhaltung wichtig. Meist sieht man die abgebildete bunte Form 'Variegata', obwohl es natürlich auch grüne Pisonien gibt, die wahrscheinlich robuster sind.
Die Vermehrung erfolgt durch Stecklinge bei guter Bodenwärme (22 °C).

 Verlangt hellen Standort, aber ohne stärkere, direkte Sonneneinstrahlung

 Warm (nachts 16–20 °C); auch im gleichen Temperaturbereich überwintern

 Die Erde laufend feucht halten, aber stauende Nässe vermeiden

 Für hohe Luftfeuchtigkeit sorgen

 3 Teile Rasenerde und 1 Teil alte Lauberde; oder humusreiche Blumenerde

145

Pittosporum

Klebsame

Pittosporum kann sich im Laufe der Zeit zu einem richtigen Strauch entwickeln, der mit seinen starken, lederartigen Blättern den Eindruck erweckt, als würde es sich um eine robuste Zimmerpflanze handeln. Das trifft jedoch nicht ganz zu, da die Pflanze während des Winters kühl und während des Sommers im Freien stehen muß. Aber *Pittosporum* eignet sich gut als Kübelpflanze für einen kühlen Flur oder vergleichbare Standorte. Am verbreitetsten dürfte *Pittosporum tobira* sein. Von dieser Art mit löffelförmigen Blättern gibt es auch eine bunte Form 'Variegata' (Foto). Die duftenden Blüten erscheinen ab Mai. Andere Arten sind *P. undulatum* (welliges Blatt) und *P. eugenioides*.

 Während des ganzen Jahres hell aufstellen, während des Sommers im Freien an der Sonne

 Kühl (nachts 3–10 °C); Überwinterung bei 4–8 °C

 Bei sonnigem Standort reichlich gießen, sonst weniger

 Schätzt reichlich frische Luft

 Humus- und kalkhaltige Blumenerde

Platycerium

Geweihfarn

Es ist noch gar nicht so lange her, daß der Geweihfarn so richtig in Mode war. Derzeit hat man den Eindruck, daß diese Welle deutlich abgeflaut ist. Abgesehen von den modischen Aspekten ist das verringerte Interesse aber gar nicht zu verstehen, denn bei *Platycerium* handelt es sich um eine dekorative Zimmerpflanze, die erstaunlich gut in der trockenen Zimmerluft aushält. Dies ist vor allem auf den wolligen Blattbelag zurückzuführen, der vor übermäßiger Verdunstung schützt. Wird er von einer Hausfrau mit ausgeprägtem Reinlichkeitssinn abgewischt, ist die Blattfläche der trockenen Luft ausgesetzt und zeigt bald Schädigungen.

Am besten gedeiht der Geweihfarn in einer Ampel, in die der Topf so eingestellt werden kann, daß überschüssiges Wasser sich sammeln kann, ohne Staunässe zu verursachen. Noch hübscher ist ein Hängekorb aus Holz oder Plastik. Diese Lösung hat jedoch nur dort einen Sinn, wo durch herabtropfendes Wasser kein Schaden entstehen kann, z. B. im Blumenfenster.

Es empfiehlt sich, die Pflanze einmal wöchentlich zu tauchen, vor allem wenn sie in einem Körbchen steht. Der Wurzelballen kann sich dann richtig mit Wasser vollsaugen. Dabei kann man auch schwach düngen.

Platycerium (Fortsetzung)

Bekannt ist *Platycerium bifurcatum*, früher auch *P. alcicorne* genannt. Wie auf dem Foto deutlich u sehen ist, bildet der Geweihfarn zwei Arten von Blättern. Die einen wachsen mehr aufrecht, sind grün und tragen im ausgereiften Zustand auf der Unterseite Sporen. Sie sind geweihartig verzweigt und geben der Pflanze ihren Namen. Außerdem bilden sich waagrecht und nach unten gewölbt wachsende Blätter die bald vergilben und die Wurzeln abdecken. Sie bieten einmal den Wurzeln Schutz vor Verdunstung und Auswaschung und liefern zum anderen beim späteren Verrotten Nahrung. Allerdings sollte man zusätzlich mit schwach konzentrierten Lösungen düngen.

 Heller bis halbschattiger Standort ohne direkte Einstrahlung intensiven Sonnenlichts

 Warm (nachts 16–20 °C); auch ziemlich warm überwintern (Minimum 15 °C)

 Wurzelballen gleichmäßig feucht halten; im Winter etwas weniger Wasser

 Mäßige Luftfeuchtigkeit reicht aus

 Farnsubstrat aus Sphagnum-Moos, Farnwurzeln und Lauberde; es geht auch grobfaseriger Torf

Plectranthus

Harfenstrauch

Es besteht die Meinung, daß *Plectranthus* gegen Motten wirken soll. Dies ist jedoch nicht wissenschaftlich nachgewiesen. Allerdings gibt es eine Reihe von Leuten, die auf diese Wirkung schwören. Gemeint ist in der Regel *Plectranthus fruticosus,* die große Pflanze auf dem Foto. Sie wird bei uns deshalb auch als »Mottenkönig« bezeichnet. Gelegentlich bilden sich bläuliche Blütenstände, die die Verwandtschaft mit *Coleus* deutlich machen. Die kleine Pflanze auf dem Bild, *Plectranthus oertendahlii* braucht mehr Luftfeuchtigkeit. Die Vermehrung erfolgt durch Stecklinge. Es empfiehlt sich alljährliche Stecklingsanzucht zur Erzielung buschiger Pflanzen.

 Heller Standort ohne direkte Einstrahlung intensiven Sonnenlichts

 Mäßig warm (nachts 10–16 °C); Überwinterung bei 12–18 °C, notfalls auch kühler

 Regelmäßig und reichlich gießen, nach der Blüte oder bei niedrigeren Temperaturen weniger

 Verträgt trockene Zimmerluft relativ gut

 Normale Blumenerde, die mit etwas Torf vermengt wird

Plumbago
Bleiwurz

Plumbago kann als Schlingpflanze, aber auch als Stämmchen mit überhängenden Trieben gezogen werden. Die Pflanze steht vielfach in dem Ruf, nicht durchzuhalten, aber das trifft nicht zu. Sie kann während der Sommermonate im Freien stehen. Wenn man sie Ende Mai ins Freie stellt, erweckt sie bei etwas niedrigeren Temperaturen wohl den Eindruck, als würde sie nicht richtig vorankommen. Aber das ändert sich, sobald die Temperaturen steigen. Die Pflanze beginnt zu treiben, setzt Blütenknospen an und bald ist sie übersät mit leuchtend blauen Blüten. *Plumbago capensis* ist der alte, *Plumbago auriculata* der neue Name der abgebildeten Art. Vermehrung durch Stecklinge bei Bodenwärme im Frühjahr oder Herbst.

 Im Sommer sonniger, geschützter Standort im Freien; Überwinterung in einem hellen Raum

 Mäßig warm (nachts 10–16 °C), gegebenenfalls auch wärmer; Überwinterung bei 5–8 °C

 Während des Wachstums reichlich gießen; im Winter nur das Austrocknen des Wurzelballens verhindern

 Mäßige Luftfeuchtigkeit

 Nahrhafte, kalkhaltige, lockere Blumenerde

Polyscias
Fiederaralie

Polyscias ist ein Mitglied der Familie der Araliengewächse. Man kann dies besonders gut an der verdickten Anwachsstelle des Blattstiels am Trieb erkennen. Man vergleiche hierzu die Blattansätze bei *Fatsia, Dizygotheca* oder der Baum-Aralie. Auch bei der *Polyscias* tragen die langen Blattstiele zusammengesetzte Blätter, die recht dekorativ wirken. Auf dem Foto ist *Polyscias balfouriana* zu sehen. Typisch für diese Art sind die dreiteiligen Blätter mit den muschelförmigen Blatteilen. Ihr hübsches Grün ist am Rande weiß verziert. Die Form 'Peacockii' besitzt weiß umrandete Blattnerven.
Polyscias filicifolia entwickelt pro Stiel 9–13 Teilblätter. Gelegentlich sind auch diese Teilblättchen noch untergliedert. Das Auftreten neuer Spielformen ist für diese Art typisch.
Polyscias fruticosa stammt aus Indien und entwickelt sich dort zu einem 2–3 m hohen Strauch, der mit 20–25 cm langen, zwei- bis dreifach gefiederten Blättern belaubt ist. Stiel und Blattnerven zeigen eine gefleckte Färbung. Auch die Teilblättchen sind eingeschnitten oder gesägt. Von *Polyscias fruticosa* gibt es wieder verschiedene Sorten.

Polyscias (Fortsetzung)

Die hübsche Blattpflanze, auf dem nebenstehenden Foto heißt *Polyscias guilfoylei*. An jedem Blattstiel sitzen 5–7 Teilblätter, die ihrerseits wieder eingeschnitten und am Rande weiß verziert sind. Die Abbildung zeigt einen Steckling. Ältere Pflanzen können 1 m hoch werden und sind mit zahlreichen Blättern besetzt.
Alle beschriebenen Arten stellen relativ hohe Ansprüche. Sie eignen sich deshalb insbesondere für Gewächshäuser oder temperierte Blumenfenster. In den Wohnräumen ist die Luft für diese Pflanzen meist zu trocken. Ausnahmen bestätigen jedoch die Regel, so ein Exemplar von *Polyscias balfouriana* in einem Büro. Vermehrung durch Kopfstecklinge im Frühjahr bei Fußwärme und Folienabdeckung.

 Etwas schattiger Standort mit Schutz vor intensiver, direkter Sonneneinstrahlung

 Warm (nachts 16–20 °C); Minimumtemperatur 16 °C

 Durch regelmäßiges Gießen mit enthärtetem, temperiertem Wasser genügend feucht halten

 Durch geeignete Methoden (s.S. 9) für hohe Luftfeuchtigkeit sorgen

 Kräftige, humusreiche Erde mit Sandbeimischung

Polystichum

Schildfarn

Diese Farn-Gattung ist verhältnismäßig bekannt und einige Arten kommen bei uns auch wild in den Wäldern vor. Für die Zimmerkultur am bekanntesten dürfte *Polystichum tsus-simense* sein. Es handelt sich hier um eine Farnart mit ziemlich steifen, doppelt gefiederten Blättern von bis zu 20 cm Länge (Abbildung). Gelegentlich wird auch *Cyrtomium* (S. 71) als *Polystichum* angesprochen, aber das ist nicht richtig.
Polystichum ist aufgrund seiner lederartigen Blätter härter als manche andere Farnart. Er verdunstet weniger Wasser und ist widerstandsfähiger gegen Mangel an Luftfeuchtigkeit. Im Sommer häufig schwache Düngergaben verabreichen.

 Halbschattiger bis heller Standort ohne direkte Sonneneinstrahlung

 Warm (nachts 16–20 °C); im Winter ungefähr 10 °C einhalten

 Im Sommer reichlich mit temperiertem, enthärtetem Wasser gießen, im Winter weniger

 Für Luftfeuchtigkeit sorgen

 Humusreiche Blumenerde

Primula

Primel

Primeln zählen mit zu den hübschesten blühenden Zimmerpflanzen und viele Arten bringen gewissermaßen den Frühling in die Wohnung. Viele werden in der Zeit von Februar bis Juni angeboten, einige Arten auch später im Jahr. In einigen Fällen ist es möglich, die Pflanzen auch nach der Blüte weiter zu erhalten, aber in vielen Fällen geht dies nicht.

Wenn man an einer blühenden Primel lange Spaß haben will, darf man sie nicht zu warm stellen. Läßt sich das Aufstellen in einem warmen Raum nicht umgehen, dann möglichst in die Nähe des Fensters, wo es kühler ist. Primeln brauchen während der Blüte viel Wasser und man gießt entsprechend. Es empfiehlt sich, Plastiktöpfe zu verwenden.

Der Neubildung von Blütenknospen ist regelmäßiges flüssiges Düngen bei vielen Arten förderlich. Man hüte sich jedoch vor zu hohen Konzentrationen. Sie führen, ähnlich wie zu wenig Gießen zu Vergilbung von Blättern. Gegen Versalzung der Erde hilft Durchspülen des Topfballens durch kräftiges Gießen oder Umtopfen.

Das obere Foto zeigt *Primula malacoides*, die Flieder- oder Brautprimel, auch Etagenprimel genannt, weil ihr Blütenstand etagenförmig ausgebildet ist. Es handelt sich um eine der hübschesten Zimmerprimeln, deren Blüte weiß, rosa oder rot sein kann. Laub und Stengel wirken wie weiß bepudert, weshalb sie auch Mehlprimel genannt wird. Sie ist eine einjährige Pflanze; eine Weiterkultur nach der Blüte bleibt ohne Erfolg.

Primula obconica (unteres Foto) kann zu allergischen Hautausschlägen führen. Sie ist mit die größte Zimmerprimel und bildet über ihren großen, behaarten Blättern doldenförmige Blütenstände. Der vorstehend erwähnte Ausschlag tritt jedoch erfreulicherweise nur bei wenigen Menschen auf und heute gibt es schon priminfreie Sorten, die keine Allergien verursachen. Die Blüten sind weiß, rosa, rot oder blau gefärbt. *Primula obconica* kann etwas wärmer als *Primula malacoides* stehen. Außerdem läßt sie sich nach der Blüte weiter erhalten. Dazu kann man sie im Sommer im Garten an einer schattigen Stelle einsenken. Nach der Blüte wird unter Verwendung ausgereifter, humoser Erde umgetopft.

Aus der Schweiz sind neue Primel-Rassen auf den Markt gekommen, die in den Farben Rot, Blau, Gelb, Orange etc. blühen. Als Topfpflanzen sind diese als *Primula polyantha* 'Niederlenz' bezeichneten Primeln haltbarer als *Primula vulgaris*. Auch sie sollten jedoch nicht zu warm stehen und müssen ausreichend mit Wasser versorgt werden.

Primula (Fortsetzung)

Auf dem nebenstehenden Foto sind zwei Exemplare von *Primula praenitens*, besser bekannt unter *Primula sinensis* (Chinesenprimel), abgebildet. Das Spiel satter Farben ist typisch für diese Art, von der erste Exemplare bereits im Oktober angeboten werden. *Primula praenitens* verträgt temperierte Zimmerluft, hat keinen besonders hohen Wasserbedarf und kann manchmal mit Erfolg weiterkultiviert werden.

Primula vulgaris (alte Bezeichnung *Primula acaulis*) ist eigentlich eine Freiland-Art. Sie wird vorgetrieben ab Februar in vielen Farben angeboten, verträgt Wärme schlecht und braucht viel Wasser. Alle genannten Primel-Arten können durch Aussaat vermehrt werden.

☼   Hell aber nicht direkt an die Sonne stellen; bei direkter Sonneneinstrahlung treten Chlorosen auf

🌡   Ziemlich kühl (nachts 5–10 °C); Überwinterung bei 12 °C, einige Arten auch kühler

💧   Mit temperiertem, enthärtetem Wasser gut feucht halten, insbesondere während der Blüte

   Mäßige Luftfeuchtigkeit

   Humose, ausgereifte Komposterde oder Blumenerde

Pseuderanthemum

Pseuderanthemum ist eine Blattpflanze, die vor allem wegen der typischen, bräunlich-roten Blätter geschätzt wird. Vielfach ist die Pflanze noch unter dem alten Namen *Eranthemum* bekannt. Das Foto zeigt *Pseuderanthemum atropurpureum*. Auf den rötlichen Blättern sind häufig olivfarbene Flecken zu sehen. Es gibt auch Sorten mit grünem Laub, das goldfarben geädert ist.

Pseuderanthemum ist geeignet für die Bepflanzung von Glasflaschen oder Blumenfenstern. Im Zimmer ist die Luft meist zu trocken. Da ältere Pflanzen gern unansehnlich werden, wird regelmäßige Nachzucht aus Stecklingen empfohlen. Sie bewurzeln bei 25 °C Bodenwärme und werden warm weiterkultiviert.

☼   Ein leicht schattiger Standort ist optimal

🌡   Warm (nachts 16–20 °C); Überwinterung bei 16–18 °C

💧   Während des Wachstums ausreichend mit enthärtetem Wasser versorgen; im Winter weniger gießen

   Für hohe Luftfeuchtigkeit sorgen

   Normale, humose Blumenerde

Pseudomammillaria

Teilweise wird die abgebildete Kakteenart in der Gattung *Dolichothele* geführt. Dies ist jedoch nicht richtig, da die hier gezeigte Art andere Blüten entwickelt. Ihr richtiger Name ist *Pseudomammillaria camptotricha*. Im niederländischen Sprachraum wird sie auch als Vogelnestkaktus bezeichnet. Sie ist relativ anspruchslos und gedeiht in nahezu jeder Erde. Die relativ langen Dornen wachsen ineinander, wodurch ein nestartiges Gewirr entsteht. Die vorherrschenden Farben Braun und Grün sind gut aufeinander abgestimmt.

Im Sommer stellt man die *Pseudomammillaria* möglichst sonnig, im Winter hell und kühl auf. Bei einem Zuviel an Wasser geht die Pflanze ein.

  Soviel Licht wie möglich

  Warm (nachts 16–20 °C); Überwinterung bei 6–12 °C

  Während der Vegetationsperiode nicht zu trocken halten, von unten gießen; im Winter sehr wenig gießen

  Verträgt trockene Luft

  Normale durchlässige Blumenerde oder Kakteenerde

Pteris
Saumfarn

Die Gattung *Pteris* umfaßt eine Reihe beliebter Farnarten, die u. a. durch einen schuppenförmig aufgebauten Wurzelstock gekennzeichnet sind. Außerdem entwickeln sie ein- bis mehrfach gefiederte Blätter. Das apart geformte Laub ist meist einfach grün gefärbt. Es gibt jedoch auch Arten oder Sorten mit heller Blattzeichnung. Die Sporen entwickeln sich am Blattrand, ausgenommen die Blattspitze. Daher auch der Name Saumfarn.

Die Vermehrung erfolgt durch Aussaat von reifen Sporen in feuchten Torf, die bei 25 °C keimen; anschließend wird feuchtwarm weiterkultiviert. Man kann auch durch Teilen älterer Pflanzen weitervermehren.

Am bekanntesten dürfte als Zimmerpflanze *Pteris cretica* sein. Das Laub ist meist hellgrün und etwas lederartig. Nebenstehend (links) ist die Form 'Albolineata' mit cremefarbenem Mittelstreifen abgebildet. Eine andere, häufiger auftretende Form ist 'Major' oder 'Wimsettii' und die Sorte 'Wilsonii' (Foto S. 153). Von *Pteris ensiformis* sind zwei weißbunte Sorten in Kultur, und zwar 'Evergemiensis' und 'Victoriae' (nebenstehende Abbildung, rechts).

Pteris (Fortsetzung)

Pteris multifida gleicht Pteris cretica, besitzt aber viel schmälere Blätter. Pteris quadriaurita hat zwei- bis dreifach gefiederte Blätter, wobei die Fiederblättchen bisweilen silbrig gestreift sind.

Pteris tremula ist ebenfalls eine bekannte Zimmerpflanze. In den Niederlanden wird diese Art auch »Möhrenlaubfarn« genannt, weil die Blätter eine Ähnlichkeit mit dem Möhrenkraut besitzen.

Alle Pteris-Arten schätzen wöchentliche Gaben von Flüssigdünger. Allerdings sollte man nur schwache Konzentrationen wählen und möglichst physiologisch sauer wirkende Dünger verwenden.

 Stets halbschattigen Standort geben

 Mäßig warm (nachts 10–16 °C); Überwinterung buntlaubiger Formen bei 16–18 °C, grüner bei 10–12 °C

 Ausreichend mit enthärtetem, temperiertem Wasser gießen; im Winter weniger

 Möglichst hohe Luftfeuchtigkeit halten

 Mischung von Blumenerde mit Torf und Lauberde

Punica

Granatapfelbaum

Der Granatapfelbaum ist in der Regel ein laubabwerfender, mit Dornen bewehrter Strauch, der seit altersher vom Menschen kultiviert wird. Seine ursprüngliche Heimat ist Nordafrika, von wo er sich bis nach Persien und Indien ausgebreitet hat.

Die Blüten sitzen am Ende der Triebe; die Blütenkrone ist orangerot, die Kelchpartie etwas fleischig. Die Pflanze blüht von Juni bis September.

Die nebenstehend abgebildete Punica granatum entwickelt bei uns keine reifen Früchte. Sie fallen vielmehr mit dem Laub nach dem ersten Nachtfrost ab.

Vermehrung durch Aussaat im März oder durch Stecklinge.

 Während des Sommers möglichst sonniger Platz im Freien; bei ausreichendem Licht auch im Zimmer

 Mäßig warm (nachts 10–16 °C); Überwinterung bei 4–6 °C bis zum Austrieb

 Während des Wachstums mäßig feucht halten, ab August allmählich noch weniger gießen

 Frische und mäßig feuchte Luft

 Humusreiche Blumenerde auf Kompostbasis

Rebutia

Die Rebutien verkörpern mit einer erstaunlichen Vielzahl von Arten eine relativ kleine Kakteen-Gattung. Die Blüten erscheinen bisweilen schon recht bald an der Basis der kugelförmigen Kakteen. Die Vermehrung erfolgt durch Abtrennen junger Seitensprosse oder durch Aussaat. Dabei muß das Saatgut mit etwas Sand abgedeckt werden. Von April bis Juni wird mit Kakteendünger flüssig gedüngt. Im Sommer sorge man für ausreichend frische Luft.

Nebenstehend ist *Rebutia miniscula* abgebildet. Andere bekannte Arten sind: *Rebutia chrysacantha* mit roten Blüten und gelben Dornen, *Rebutia marsoneri*, *Rebutia senilis* und *Rebutia xanthocarpa*.

 Im Sommer möglichst sonniger Platz, während der winterlichen Ruheperiode hell

 Mäßig warm bis warm (nachts 13–18 °C); Überwinterung bei 6–8 °C

 Während des Sommers relativ reichlich gießen, anschließend weniger und im Winter überhaupt nicht

 Verträgt trockene Zimmerluft gut

Gut durchlässige Blumenerde oder noch besser spezielle Kakteenmischung

Rechsteineria

Die flaumig behaarte *Rechsteineria cardinalis* (Foto) stammt aus Brasilien. Sie gehört in die Familie der Gesneriaceen und ist somit u. a. zur *Sinningia* (Gloxinie, S. 167) verwandt.

Die Vermehrung der Rechsteineria erfolgt durch Aussaat oder Kopfstecklinge. Ideal sind Stecklinge mit einem kleinen Ansatz der Knolle. Voll entwickelte Pflanzen werden im Abstand von 2 Wochen flüssig gedüngt, und zwar von Mai bis September. Dann allmählich einziehen lassen.

Ab Februar werden die Knollen in feuchtem Torf oder frischer Erde bei 21 °C erneut zum Austrieb gebracht. Beim Einlegen der Knollen darauf achten, daß die Augen nach oben kommen.

 Halbschattiger Standort

 Warm (nachts 16–20 °C); Überwinterung der Knollen bei mindestens 12 °C; Anzucht bei 21 °C

 Während der Vegetation und Blüte normal gießen, anschließend so wenig, daß die Pflanze einzieht

 Schätzt hohe Luftfeuchtigkeit

 Gut durchlässige, humusreiche Blumenerde; Knollen trocken in Blumenerde oder Torf lagern

Rhaphidophora

Efeutute

Die Arten der Gattung *Rhaphidophora* gehörten früher zu *Scindapsus* und werden heute noch oft unter diesem Namen gehandelt. Es empfiehlt sich deshalb, beide Namen einzuprägen.

Die Blätter von *Rhaphidophora aurea* (Abbildung) sind länglich herzförmig mit schief gestellter Spitze und gelblich oder gelblich-weiß gefleckt. *Rhaphidophora* ist ein guter Klimmer, der sich mit Haftwurzeln festhält. Die Form 'Marble Queen' besitzt sehr wenig Blattgrün und wächst deshalb nur langsam. Vermehrung durch Abschneiden von Triebenden (Kopfstecklinge) mit 2–3 Blättern und einigen Luftwurzeln. Die Stecklinge bewurzeln leicht in einer humosen Mischung. *Rhaphidophora* zählt zu den widerstandsfähigen Grünpflanzen.

 Heller Standort ohne intensive Sonneneinstrahlung; bunte Formen sind lichthungriger als grüne

 Warm (nachts 16–20 °C); Überwinterung bei mindestens 16 °C

 Mäßig gießen

 Verträgt trockenere Zimmerluft erstaunlich gut

 Humusreiche, etwas saure Blumenerde

Rhipsalidopsis

Rhipsalidopsis gaertneri, der Osterkaktus, (Abbildung) ist ein stark verzweigter Gliederkaktus mit überhängenden Jungtrieben. Die alten Glieder sind 3- bis 6-eckig, die jüngsten dagegen platt. Die hübschen Blüten sind scharlachrot gefärbt und die spitz auslaufenden Blütenblätter etwas nach hinten gebogen.

Der weniger häufige *Rhipsalidopsis rosea* hat wohlriechende, rosafarbene Blüten.

Vermehrung von *Rhipsalidopsis* durch Aussaat oder Triebenden, die vor dem Stecken abtrocknen müssen. Sobald die Knospen erscheinen, wird mehr gegossen und die Pflanze nicht mehr gedreht oder versetzt, um Knospenfall zu vermeiden.

 Ab Juni einen schattigen Platz im Freien geben; im Zimmer leichter Schatten

 Warm (nachts 16–20 °C); ab September kühl stellen; Januar/Februar kühl (5–10 °C) zur Blühinduktion

 Während der Vegetationsperiode Wurzelballen feucht halten, zur Blühinduktion relativ trocken halten

 Mäßige Luftfeuchtigkeit

 Gut durchlässige Blumenerde

Rhoeo

Diese Pflanze hat trichterförmig angeordnete, längliche, spitz auslaufende Blätter. Ihre Oberseite ist grün oder hat hellgelbe Längsstreifen, so z. B. bei *Rhoeo spathacea* 'Vittata' (Abbildung). Bei allen Formen ist die Unterseite der Blätter rötlich-violett. Die kleinen, weißen Einzelblüten werden von einem muschelförmigen Schutzblatt umgeben, das aus der Blattachsel eines der unteren Blätter sprießt. Vermehrung durch Aussaat oder Kopfstecklinge. Diese Kopfstecklinge schlagen bei etwas Wärme in sandigem Substrat leicht Wurzeln und können anschließend unter Verwendung kräftigerer Erde ein- bzw. umgetopft werden.

Düngung von März bis August wöchentlich.

 Halbschattiger Standort, dabei für die panaschierten Formen etwas mehr Licht als für die grünen

 Mäßig warm (nachts 10–16 °C); Überwinterung bei minimal 10 °C

 Während der Vegetationszeit relativ häufig mit temperiertem Wasser gießen, im Winter trockener halten

 Luftfeuchtigkeit wird geschätzt

 Normale, humose Blumenerde

Rhoicissus

Kapland-Klimme

Rhoicissus capensis ist eine bekannte Grün- und Kletterpflanze (Abbildung). Ihre Blätter sind im Jugendstadium bräunlich behaart.

Rhoicissus capensis ist eine kräftig wachsende, robuste Pflanze, die einen relativ kühlen Standort beansprucht, z. B. eine Empfangshalle, ein Treppenhaus oder ein Flur. Man topft die Kapland-Klimme alljährlich im April unter Verwendung durchlässiger, kalkhaltiger Erde um. Von Mai bis September wird in 14tägigem Abstand flüssig gedüngt. Das Laub ab und zu absprühen.

Vermehrung durch Kopfstecklinge bei 16–18 °C in einem Torf-Sand-Gemisch. Stecklingsgröße: 2 Blattansätze.

 Halbschattiger bis schattiger Standort

 Kühl bis mäßig warm (nachts 8–14 °C); Überwinterung bei 6–10 °C

 Mäßig gießen und im Winter nur vorsichtig Wasser geben

 Verträgt trockene Zimmerluft nicht besonders gut, deshalb ab und zu besprühen

 Kalkhaltige, humose Blumenerde

Rochea

Von den 4 aus Südafrika abstammenden *Rochea*-Arten ist *Rochea coccinea* (Foto) am geeignetsten als Zimmerpflanze. Es handelt sich hierbei um eine altbewährte Zimmerpflanze, die im Juni scharlachfarbene Blüten hervorbringt. Die aufrecht wachsenden Stengel sind dicht besetzt mit kreuzgegenständigen, spitz auslaufenden Blättchen.

Die Vermehrung erfolgt durch Stecklinge im März. Vor dem Stecken läßt man die Schnittfläche erst abtrocknen. Auch durch Aussaat kann vermehrt werden, wobei das Saatgut nach ca. 14 Tagen keimt. Das Saatgut bleibt 2 Jahre keimfähig. Anschließend wird mit kräftiger Erde eingetopft, wobei man relativ kleine Töpfe verwendet.

 Im Sommer sowohl im Freien als auch im Zimmer; vor zuviel direkter Sonne schützen; hell überwintern

 Kühl bis mäßig warm (nachts 5–12 °C); Winterruhe bei 4–8 °C

 Während des Sommers reichlich gießen, sonst trockener halten, insbesondere während der Ruheperiode

 Schätzt frische, etwas feuchte Luft

 Etwas kalkhaltige, kräftige aber durchlässige Blumenerde

Rosa

Rose

Die nebenstehend abgebildete Rosen-Sorte 'Happy' zählt zu den aus den Niederlanden stammenden Miniatur-Rosen, die von März bis Oktober reichlich blühen und dabei nur eine Höhe von 20–30 cm erreichen. Um die Blüte in andere als die natürlichen Zeiträume zu verlegen, werden die Pflanzen angetrieben. Verblühte Einzelblüten müssen entfernt werden, weil die Fruchtbildung zuviel Kraft kosten und sich nachteilig auf die nachfolgende Blüte auswirken würde. Die nebenstehend abgebildete 'Happy' ist ebenso wie 'Doc' eine halbgefüllte Sorte. Letztere entwickelt größere Einzelblüten. 'Sleepy' ist eine ganz gefüllte rosafarbene Sorte. Eigenvermehrung ist äußerst schwierig und eigentlich Sache des Fachmanns.

 Heller, sonniger Standort

 Mäßig warm (nachts 10–16 °C); Ruheperiode bei 6–8 °C; ab Februar etwas wärmer halten

 Während der Vegetationszeit reichlich gießen; im Winter nur leicht feucht halten

 Vor allem im Frühjahr ist feuchte Luft erforderlich

 Humusreiche, kräftige Blumenerde

Saintpaulia

Usambaraveilchen

Das Usambaraveilchen zählt mit zu den bekanntesten blühenden Topfpflanzen und stammt aus dem ostafrikanischen Usambaragebiet. So erklärt sich auch der deutsche Name.

Das Usambaraveilchen ist botanisch gesehen eine mehrjährige, stengellose, rosettenbildende Pflanze, die nicht verholzt. Die Blätter sind eiförmig rund, in der Regel dunkelgrün und mit feinen Haaren besetzt. Ausgewachsen sind die Blätter etwa gleich groß. Die Blütenstände sind achselständig und tragen mehrere Blüten. Typisch für das Usambaraveilchen ist u. a., daß es bei ausreichender Lichtintensität nahezu während des ganzen Jahres blühen kann.

Die ursprüngliche Form ist einfach blau blühend. Als Folge von Kreuzungen und Auslesen gibt es heute Formen, die sich in Blattform und -farbe, sowie in der Blütenfarbe unterscheiden. Außerdem gibt es gefüllt blühende Sorten. Neben den Formen von *Saintpaulia ionantha* (Foto) ist auch *Saintpaulia confusa* bekannt. Diese Art besitzt längliche Blätter, die mit liegenden, relativ kurzen Haaren bekleidet sind. Auch die Früchte dieser Art sind langgestreckt, während die von *Saintpaulia ionantha* kugelrund geformt sind.

Die Vermehrung kann durch Aussaat im Januar bei 20 °C Bodenwärme erfolgen. Für den Liebhaber wesentlich leichter ist die Vermehrung durch Stecklinge. Zu diesem Zweck nimmt man von den Mutterpflanzen ausgereifte Blätter mit einem Stück Stiel ab und bringt sie in einem Torf-Sand-Gemisch bei 20 °C und Luftfeuchtigkeit zum Bewurzeln. Dies gelingt auch dem Liebhaber. Anschließend wird in kleinere Töpfe eingetopft.

Während der Blüte regelmäßig in schwächerer Dosierung düngen. Beim Gießen die Blätter nicht benetzen, weil dies zu Fäulnis und Fleckenbildung führt. Nach der Blüte eine Ruhezeit mit geringeren Wassergaben einschalten. Es bilden sich dann wieder neue Blütenknospen.

Bei Bedarf in flachere Gefäße umtopfen. Dabei sollten die Blätter möglichst erdnah stehen, damit sie viel Luftfeuchtigkeit erhalten.

 Im Sommer leicht schattig, während des Winters hell, aber ohne intensivere Sonneneinstrahlung

 Mäßig warm (nachts 13–18 °C), während der Ruheperiode einige Grad niedriger

 Während der Wachstums- und Blühphase mit temperiertem, enthärtetem Wasser gleichmäßig feucht halten

 Lufttrockenheit wird schlecht vertragen

 Humose, etwas saure Blumenerde

Sansevieria

Bogenhanf

Die *Sansevieria* hat sich etwa in den 30er Jahren als Zimmerpflanze eingeführt und erfreut sich seither besonders wegen der geringen Ansprüche hinsichtlich der Wasserversorgung und der Luftfeuchtigkeit einer beachtlichen Beliebtheit. Aufgrund ihrer speziellen Eigenschaften ist sie besonders für lufttrockene Büro- oder Wohnräume geeignet.

Die einzige Möglichkeit einer »systematischen Vernichtung durch Pflegemaßnahmen« besteht in einem zu häufigen Gießen oder einem zu kalten Standort.

Die meisten Sansevierien stammen aus Südafrika, wo *Sansevieria cylindrica* noch als Grundstoff für die Fasergewinnung verwendet wird. Auf der Abbildung ist rechts im Hintergrund *Sansevieria trifasciata* mit dunkelgrünen, quergezeichneten, aufrecht stehenden, lanzettlichen Blättern zu sehen. Links daneben steht die sehr bekannte Form 'Laurentii', deren Blätter einen gelblichen Rand besitzen. *Sansevieria trifasciata* 'Hahnii' (links vorne) bleibt niedrig und entwickelt trichterförmig angeordnete Blätter. Diese Form ist, wie andere kleine *Sansevieria*-Arten, empfindlicher als größere Formen. Sie dürfen nicht zu feucht stehen und sollen während des Winters eine Ruheperiode durchmachen. Hierbei sollen sie ausreichend hell stehen, ohne direkter intensiver Sonneneinstrahlung ausgesetzt zu sein. *Sansevieria longiflora* ist nur wenig bekannt. Das ist bedauerlich, denn sie besitzt auffallende Blütenstände und hübsche, marmorierte, dunkelgrüne Blätter. Linkerhand in der Mitte ist *Sansevieria senegambica* abgebildet. Diese Art besitzt graugrüne Blätter, die bisweilen am Rand gestreift sind.

Am einfachsten vermehrt man die Sansevierien durch Teilung. Eine andere Möglichkeit ist die durch Blattstecklinge, wobei man auch Blatteilstecklinge verwenden kann. Für die letztgenannte Vermehrungsform braucht man jedoch höhere Luftfeuchtigkeit und vor allem Bodenwärme. Außerdem muß man berücksichtigen, daß bei dieser Vermehrungsart bunte Formen meist in die grüne Ursprungsform zurückschlagen.

Zum Umtopfen verwendet man möglichst kräftige, aber gleichzeitig durchlässige Erde, die etwas kohlensauren Kalk enthält.

 Keine besonderen Ansprüche, aber durch zuviel Sonneneinstrahlung wird die Blattzeichnung abgebaut

 Warm (nachts 16–20 °C); Überwinterung bei mindestens 13 °C

 Mäßig gießen und während des Winters bei niedrigen Temperaturen nahezu trocken halten

 Verträgt Lufttrockenheit gut

 Lockere, leicht kalkhaltige, durchlässige Blumenerde

Saxifraga

Steinbrech

Saxifraga stolonifera, der Judenbart, ist eine rosettenbildende Pflanze, die reichlich Ausläufer entwickelt.
Dadurch läßt sie sich gut als Hängepflanze verwenden.
Sie besitzt dunkelgrüne Blätter mit teilweise weißum-
randeten Blattnerven. Bei der Sorte 'Tricolor' (Foto)
sind die Blätter tiefer eingeschnitten und unregelmäßig
weiß und rötlich gefleckt. Im Frühjahr und Sommer erscheinen die 20–40 cm langen Blütenstände mit weißen oder rosa Blüten. Die Sorte 'Tricolor' wächst langsamer, blüht sparsamer und verlangt mehr Wärme als
die ursprüngliche Art *Saxifraga stolonifera*. Während
der Blüte sollte man alle 2 Wochen düngen. Vermehrung durch Einpflanzen der Ausläufer.

 Heller Standort, aber ohne intensive Sonneneinstrahlung

 Mäßig warm (nachts 10–16 °C); während der Ruheperiode 10–12 °C einhalten

 Während der Vegetationsphase Topfballen feucht
halten; im Winter vorsichtig gießen

 Mäßige Luftfeuchtigkeit

 Humushaltige, durchlässige Blumenerde

Schefflera

In ihrem Heimatland Australien entwickelt sich die
Schefflera zu bis zu 40 m hohen, immergrünen Bäu-
men, mit langgestielten, drei- oder mehrzahligen,
handförmigen, langgestreckten, lederartigen Blättern.
Während des Sommers blüht sie dort prächtig rot. Das
ist bei der Zimmerkultur bedauerlicherweise nicht der
Fall. Auf dem Foto ist *Schefflera digitata* abgebildet.
Sie braucht etwas höhere Temperaturen als *Schefflera
actinophylla*, die etwas dickere Blätter entwickelt. Im
Sommer wird die *Schefflera* hell und luftig aber nicht
sonnig aufgestellt. Zugluft ist schädlich. Aufenthalt im
Freien ist möglich. Vermehrung aus frisch importier-
tem Saatgut.

 Heller Standort ohne intensive Sonneneinstrahlung;
etwas Schatten wird vertragen

 Mäßig warm (nachts 10–16 °C); Überwinterung bei
10–12 °C; während des Sommers im Freien

 Mäßig gießen; während der Ruheperiode ziemlich
trocken halten

 Mäßige Luftfeuchtigkeit

 Humose Blumenerde auf der Basis von Komposterde;
wichtig ist gute Durchlässigkeit

Scindapsus

Efeutute

Während *Scindapsus aureus* jetzt richtiger *Rhaphidophora aurea* benannt wird, zählt *Scindapsus pictus* (Foto) nach wie vor zur Gattung *Scindapsus*. Es handelt sich hier um eine Kletterpflanze mit dicken Blättern, deren Oberseite dunkelgrün mit blaugrünen und weißlichen Flecken gefärbt ist. Die Sorte 'Argyraeus' besitzt kleinere Blätter mit auffälligerer Zeichnung und silbrig-weißem Rand. Sie ist etwas empfindlicher als die einfache Form und steht gerne in einem klimatisierten Blumenfenster. Die Vermehrung durch Stecklinge ist nicht schwierig. Nach der Bewurzelung wird unter Verwendung gut durchlässiger Erde eingetopft. *Scindapsus aureus* ist auch als Ampelpflanze geeignet.

 Heller Standort ohne direkte Sonneneinstrahlung; verträgt auch etwas Schatten

 Warm (nachts 16–20 °C); schätzt auch während des Winters relativ hohe Temperaturen

 Regelmäßig mit temperiertem, enthärtetem Wasser gießen

 Braucht relativ hohe Luftfeuchtigkeit

 Lockere Blumenerde mit Beimengung von Sand, Torf und Sphagnum-Moos

Scirpus

Simse

Die zierliche, grasartige Simse wird 25–30 cm hoch. Die hellgrünen, dünnen Blätter wachsen zunächst aufrecht und kippen nach Erreichung einer bestimmten Länge um, so daß sie überhängen. Man kann *Scirpus* deshalb gut als Hängepflanze verwenden. Während des Sommers erscheinen an den Blattenden kleine, federartige Blütenstände.

Für ein gutes Gedeihen von *Scirpus cernuus* (Foto) ist es wichtig, daß die Erde konstant feucht gehalten wird. Das erreicht man am besten dadurch, daß man den Topf in einen stets etwas mit Wasser gefüllten Untersatz stellt. In dieser Art der Wasserversorgung zeigt sich auch die Verwandschaft mit *Cyperus*. Vermehrung durch Teilen.

 Halbschattiger Standort

 Mäßig warm bis warm (nachts 13–18 °C) während des ganzen Jahres

 Sehr viel gießen; siehe obige Empfehlung

 Hohe Luftfeuchtigkeit ist erwünscht

 Nahrhafte, kräftige, wasserhaltende Blumenerde

Sedum

Fetthenne

Die Gattung *Sedum* ist sehr artenreich. Sie umfaßt auch Arten, die winterhart sind. Hier sollen nur einige Arten besprochen werden, die sich für die Zimmerkultur eignen.

Sedum dendroideum (auf dem Foto rechts hinten) bildet unregelmäßig verzweigte Pflänzchen, deren Triebe mit im Querschnitt rundlichen, sonst etwa spatelförmigen Blättern bekleidet sind. Die dicken Blättchen weisen einen wachsartigen Belag auf und die Blütenstände sind mit kleinen, sternförmigen Blüten geschmückt. Ebenso wie diese Art stammt auch *Sedum humifusum* aus Mexiko; es ist links vorne abgebildet. Die Pflanze bleibt sehr klein und niedrig und blüht gelb. *Sedum rubrotinctum* (vorne rechts abgebildet) ist eine recht bekannte Art mit rotgetöntem Blattwerk. Sie wird nur ca. 20 cm hoch. Die rundlichen, langgestreckten Blättchen sitzen an dünnen Stengeln und brechen leicht ab. In Erde gesteckt, bilden sie Wurzeln. Die Triebe liegen meist etwas auf der Erde auf, um sich im späteren Stadium aufrecht weiterzuentwickeln. Die Blüte ist gelb. Links hinten ist *Sedum sieboldii* zu sehen, das aus Japan stammt. Diese Art blüht im Herbst rosa. Die rundlichen Blätter sind graugrün und rot gerändert. Sie stehen immer zu dreien in einem Abstand von ca. 1 cm. Die Art ist winterhart und zieht im Herbst ein. Es gibt auch eine buntlaubige Form 'Mediovariegatum'. Man verwende möglichst lockere, sandige Erde.

Sedum bellum blüht während des Winters cremeweiß und kann als Hängepflanze benützt werden. *Sedum pachyphyllum* wächst aufrecht und weist am Ende der rundlichen Blätter einen roten Punkt auf. Ebenfalls nicht abgebildet ist *Sedum morganianum,* eine typische Hängepflanze, deren Triebe mit länglichen, spitz auslaufenden Blättchen mit rundem Querschnitt besetzt sind. *Sedum stahlii* besitzt bohnenförmige Blättchen; die Triebe wachsen aufrecht.

Vermehrung durch Trieb- oder Blattstecklinge, deren Schnittfläche vor dem Stecken in Torf-Sand-Gemisch abgetrocknet ist. Auch Aussaat ist möglich. Nur sehr wenig düngen.

 Heller, sonniger Standort, während des Sommers auch auf einem geschützten Platz im Freien

 Mäßig warm (nachts 10–16 °C); kühl (7–10 °C) überwintern und hierbei möglichst hell stellen

 Während des Sommers mäßig gießen, im Winter ziemlich trocken halten

 Verträgt gut trockene Zimmerluft

Nahrhafte, sandig-humose Blumenerde

Selaginella

Mooskraut

Auch die Gattung *Selaginella* zeichnet sich durch eine
Vielzahl von Arten aus. Die meisten Arten stammen
aus dem tropischen Regenwald, aber es gibt auch einige – niedrigbleibende – Arten, die aus gemäßigten
Breiten kommen und bei niedrigeren Temperaturen
(5–20 °C) kultiviert werden, so z. B. *Selaginella apoda*.
Die Minimumtemperatur für etwas höher werdende
Arten, worunter auch die abgebildete *Selaginella mar-
tensii* fällt, beträgt 12 °C. Vermehrung durch Teilen
oder Kopfstecklinge. Man bringt sie bei guter Bodenwärme und Luftfeuchtigkeit zum Bewurzeln. Ab und
zu besprühen, um ein Welken zu verhindern.
Düngung nur in Form stark verdünnter Lösungen.

 Verträgt viel Schatten

 Mäßig warm bis warm (nachts 10–20 °C), je nach Herkunft und Ansprüchen der einzelnen Art

 Mäßig mit temperiertem, enthärtetem Wasser gießen
und Wurzelballen nicht austrocknen lassen

 Geschätzt wird frische, feuchte Luft

 Lockere, humushaltige Blumenerde und relativ flache
Töpfe oder Pflanzgefäße

Selenicereus

Schlangencereus

Wie schon aus dem deutschen Namen abzuleiten ist,
besitzen diese Kakteen lange, schlaffe, sich oft winden-
de, 2–3 cm dicke Triebe. Die Triebe können 1,0 bis
1,5 m lang werden und man leitet sie deshalb am besten an einem geeigneten Gerüst hoch. *Selenicereus
grandiflorus*, die Königin der Nacht, blüht im Sommer
während der Nachtstunden. Dabei beginnen die Knospen gegen 15 Uhr zu schwellen und können um 22
Uhr geöffnet sein. Etwa um Mitternacht schließen sich
die Blüten wieder und am nächsten Morgen ist von der
ganzen Pracht nur noch ein schlaff herabhängender,
unansehnlicher Rest übrig.
Vermehrung durch Stecklinge oder Aussaat.

 Im Sommer heller Standort ohne intensive Sonneneinstrahlung, im Winter möglichst hell

 Mäßig warm bis warm (14–18 °C); Überwinterung bei
10–15 °C)

 Im Sommer relativ feucht halten und bis zur Blüte gelegentlich besprühen, im Winter sparsam gießen

 Schätzt frische Luft

 Lockere, humus- und sandhaltige Blumenerde

Sempervivum

Hauswurz

Diese Gattung umfaßt eine Reihe von Arten, unter denen viele anspruchslose Pflanzen sind, die sich durch Aussaat oder über kleine Rosetten leicht vermehren lassen.

Auf dem Foto ist links hinten *Sempervivum tectorum* ssp. *calcareum* 'Nigricans' zu sehen, das braune Blattspitzen besitzt. *Sempervivum arachnoideum* (links vorne) wird als Spinnweben-Hauswurz bezeichnet, weil es den Anschein erweckt, als wären die einzelnen Rosetten miteinander verwoben. Es handelt sich um eine bekannte Art. In der Mitte hinten steht *Sempervivum thompsonii*, hinten rechts *Sempervivum tectorum* und davor eine Sorte dieser Art, und zwar 'Smaragd'.

 Sonniger, heller Standort im Hause oder im Freien

 Kühl (nachts 3–10 °C); alle beschriebenen *Sempervivum*-Arten sind winterhart

 Während des ganzen Jahres wenig gießen, da Trockenheit gut vertragen wird

 Geringe Luftfeuchtigkeit ist ausreichend

 Humusarme, sandige Blumenerde mit guter Durchlässigkeit

Senecio

Kreuzkraut

Die nebenstehende Pflanze, *Senecio cruentus*, wurde früher unter dem Namen *Cineraria* in den Handel gebracht. Sie wird heute meist noch so benannt. Das Foto zeigt eine von den vielen im Frühjahr blühenden Hybriden. Die Urform der Art stammt von den Kanarischen Inseln.

Senecio cruentus ist eine einjährige Pflanze. Die hübsche Blüte kann man zeitlich etwas verlängern, indem man die Pflanze möglichst kühl stellt. Außerdem sollte man mit temperiertem Wasser gießen.

Blattlausbefall tritt bei zu warmem Standort und Zugluft auf. Während der Anzucht und der Blüte düngt man in zweiwöchigem Abstand. Vermehrung durch Aussaat erfolgt in der Gärtnerei.

 Heller Standort ohne intensive Sonneneinstrahlung

 Kühl (nachts 3–10 °C); auch tagsüber möglichst niedrige Temperaturen, um die Haltbarkeit zu fördern

 Während der Anzucht mäßig, in der Blütezeit reichlich gießen

 Schätzt frische, etwas feuchte Luft, aber keine Zugluft

 Kalk- und humushaltige, nährstoffreiche Blumenerde

Senecio (Fortsetzung)

In der Gattung Senecio kommen verschiedene Arten mit sukkulenten Eigenschaften vor. Sie besitzen demnach andere Eigenschaften als die auf S. 164 beschriebene Cinerarie. Bei den sukkulenten Arten sind die Blätter fleischig und speichern Wasser, das sie in Bedarfszeiten wieder teilweise abgeben können, um die Pflanze am Leben zu erhalten. Hinsichtlich der Pflege sind es erstaunlich bedürfnislose Pflanzen, die man eigentlich nur durch zu häufiges Gießen schädigen kann. Deshalb wird man beim Ein- oder Umtopfen den Topfboden mit einigen Topfscherben auslegen, um Staunässe zu vermeiden.

Alle sukkulenten Arten schätzen einen hellen, sonnigen Standort und kühle Überwinterung. Bei einigen Arten erscheinen auch Blüten, aber diese bilden nicht den hauptsächlichen Zierwert. Vielmehr formen Wuchshabitus und Blattform das dekorative Element. Ein typisches Beispiel ist die oben abgebildete Art *Senecio herreianus* mit runden, erbsenförmigen Blättern. Sehr ähnlich sieht *Senecio citriformis*, mit zitronenförmig geformten Blättern aus. *Senecio haworthii* besitzt etwas spitzere Blätter. Diese drei vorstehend erwähnten Arten liefen früher auch unter dem Gattungsnamen *Kleinia*.

Es gibt auch Arten mit ausgeprägten runden Trieben, so z. B. *Senecio articulatus*, eine kräftig wachsende Pflanze, die mit ihren eingeschnittenen Blättern recht eigenartig aussieht. Einige andere Arten erinnern an *Echeveria* oder *Crassula*. *Senecio stapeliiformis* besitzt Blätter, die denen der Stapelia (S. 171) gleichen.

Etwas aus der Art geschlagen ist *Senecio mikanioides*, in Großbritannien auch »Deutscher Efeu« genannt. Das relativ dünne, dennoch etwas fleischige Blatt erinnert an das des Efeus. Die Pflanze wächst kräftig und eignet sich als Hängepflanze. Noch hübscher ist die unten abgebildete Art *Senecio macroglossus* 'Variegatus', die nicht zu dunkel stehen darf.

Alle Arten werden durch Stecklinge vermehrt, was in der Regel problemlos gelingt. Fleischige Stecklinge läßt man vor dem Stecken an den Schnittflächen abtrocknen.

 Möglichst heller, sonniger Standort

 Während des Winters maximal 12 °C, während des Sommers mäßig warm (nachts 10–16 °C)

 Während der sommerlichen Ruheperiode möglichst wenig gießen, in der Wachstumsphase etwas mehr

 Es genügt relativ geringe Luftfeuchtigkeit

 Sandig-lehmige Blumenerde in Verbindung mit gut dränierten, relativ flachen Pflanzgefäßen

Setcreasea

Das Foto zeigt *Setcreasea purpurea*, die ca. 40 cm hoch wird. Sobald die Triebe diese Länge überschreiten, beginnen sie sich nach der Seite zu neigen und hängen mit zunehmendem Wachstum über. Man kann ältere Exemplare deshalb als Hängepflanzen verwenden. Die Blütenstände vermitteln einen bläulich-violetten Eindruck, die Blütenblätter selbst sind rosa gefärbt. Die Blätter sitzen ohne Stiele am Stengel, sind etwas behaart und auf der Oberseite bläulich bereift.

Vermehrung durch Kopfstecklinge bei etwas Bodenwärme und Luftfeuchtigkeit im Frühjahr. Während der Wuchsperiode ab und zu relativ stickstoffarm düngen.

 Heller Standort mit Schutz vor intensiver Sonneneinstrahlung

 Mäßig warm bis warm (nachts 13–18 °C); im Winter kann die Temperatur um einiges niedriger liegen

 Mäßig gießen, Topfballen aber nicht austrocknen lassen; bei niedrigen Wintertemperaturen wenig gießen

 Mäßige Luftfeuchtigkeit

 Etwas kalk- und humushaltige Blumenerde

Siderasis

Wie *Setcreasea* und *Tradescantia* gehört auch die *Siderasis* in die Familie der Commelinaceen. *Siderasis fuscata* (Foto) ist die einzige bekannte Art dieser Gattung. Die Blätter sind auf der Oberseite grün mit gelblichem Mittelstreifen und zeigen etwas rötlich-braune Behaarung. Die Blattunterseite ist rot. Ausgewachsene Pflanzen sind in der Regel 20 cm hoch und 8–10 cm breit. Die Blütenfarbe der aus Brasilien stammenden Pflanze variiert von Blau bis Rot.

Von April bis August wird in 2- bis 3-wöchigem Abstand in schwacher Konzentration flüssig gedüngt. Vermehrung durch Teilen älterer Exemplare.

 Schattiger Standort, im Winter nicht zu lichtarm

 Warm (nachts 16–20 °C); während des Winters etwas kühler

 Regelmäßig gießen, so daß die Erde feucht bleibt; im Winter weniger gießen

 Ziemlich hohe Luftfeuchtigkeit erwünscht

 Etwas lehm- und humushaltige Blumenerde

Sinningia

Gloxinie

Diese stengellos und buschig wachsende Pflanze entwickelt in der Erde eine Knolle von bis zu 3 cm Durchmesser. Ausgewachsene Pflanzen erreichen ohne Schwierigkeiten einen Durchmesser von 25 cm. Die flaumig behaarten Blätter sind auf der Unterseite häufig rötlich getönt. Die Blüten sitzen auf Stielen und sind glockenförmig. Die Wildform kam aus Brasilien; heute werden Hybriden in den Grundfarben Rot und Blau und entsprechenden Abwandlungen angeboten (das Foto zeigt *Sinningia speciosa*). Häufig sieht man auch Sorten mit weißem Blütenrand. Die Vermehrung erfolgt beim Liebhaber durch Antreiben von Knollen, durch Blatt- oder Ausläuferstecklinge, in der Gärtnerei normalerweise durch Aussaat.

 Heller Standort ohne direkte, intensive Sonneneinstrahlung und mit Schutz vor Zugluft

 Warm (nachts 16–20 °C); Knollen bei 6 °C trocken überwintern und bei 18 °C antreiben

 Für gleichmäßige und reichliche Feuchtigkeit sorgen und während der Anzucht einmal wöchentlich düngen

 Mäßige Luftfeuchtigkeit, nicht besprühen

 Humushaltige Blumenerde mit Torfzusatz

Skimmia

Bei der *Skimmia* handelt es sich um einen langsamwachsenden, immergrünen Strauch, der niedrigere Temperaturen vertragen kann, jedoch nicht frosthart ist. Die abgebildete *Skimmia japonica* stammt aus Japan. Die Pflanze entwickelt im Mai cremefarbene Blüten, denen später hellrote Früchte folgen, die sich durch gute Haltbarkeit auszeichnen.

Die *Skimmia* ist zweihäusig, d. h. man braucht zur Erzielung eines Fruchtansatzes neben einer weiblichen Pflanze auch eine männliche. Im Freien besorgen die Insekten die Bestäubung, im Haus muß der Mensch von Hand, z. B. durch Übertragen des Pollens mit einem Pinselchen, nachhelfen.

 Halbschattiger Standort, während des Sommers im Freien

 Kühl bis mäßig warm (nachts 5–12 °C); kühl überwintern

 Mäßig mit temperiertem Wasser gießen; Topfballen nicht austrocknen lassen

 Schätzt frische Luft und etwas Luftfeuchtigkeit

 Etwas humose, saure Blumenerde mit guter Durchlässigkeit

Smithiantha

Die Gattung *Smithiantha* umfaßt mehrere Arten, die sowohl der Blüten als auch der hübschen, behaarten Blätter wegen die Mühe besonderer Pflege wert sind. Wie die Abbildung zeigt, steht der Blütenstand mit den langgestielten, hängenden Blüten über den Blättern. Die Blüten sind gelblich, rosa oder rot.

Reine Arten trifft man meist nur noch in botanischen Gärten, im Handel werden nur Hybriden (Foto) angeboten.

Nach dem Überwintern bringt man den Wurzelstock bei 22 °C zum Austrieb. Mit dem Düngen setzt man vorsichtig ein, wenn die Triebe ca. 10 cm lang sind.

 Heller Standort mit diffusem Licht und ohne intensive Sonneneinstrahlung

 Warm (nachts 16–20 °C); Wurzelstock bei 10–12 °C überwintern; während der Blüte ebenfalls kühler

 Mäßig mit temperiertem Wasser gießen; in der Ruhezeit sehr wenig gießen

 Schätzt hohe Luftfeuchtigkeit, darf aber nicht besprüht werden

 Normale, humusreiche Blumenerde

Solanum

Korallenstrauch

Das Foto zeigt *Solanum pseudocapsicum*. Dieses Nachtschattengewächs wird während des Herbstes vielfach in Blumengeschäften angeboten; die Blütezeit ist Mai/Juni. Die weißen Einzelblüten lassen deutlich die Ähnlichkeit mit Kartoffel oder Tomate erkennen. Je Blütenstand entwickelt sich nur eine fruchtbare Blüte. Das Bestäuben von Hand fördert den Fruchtansatz. Die korallenfarbenen Früchtchen halten um so länger je kühler man die Pflanze aufstellt. Nach dem Blattfall während des Winters schneidet man die Pflanzen zurück und bringt sie im Frühjahr erneut zum Austrieb. Während des Sommers regelmäßig gießen und düngen und möglichst im Freien halten.

 Sonniger Standort, während der warmen Monate im Freien, sonst heller Standort im Haus

 Kühl bis mäßig warm (nachts 7–11 °C); im Herbst und Winter 8–10 °C; *Solanum* ist frostempfindlich

 Während der Anzucht reichlich gießen, dann weniger, aber nicht austrocknen lassen

 Frische, etwas feuchte Luft

 Nahrhafte, lehm- und humushaltige Blumenerde

Soleirolia

Bubiköpfchen

Soleirolia soleirolii ist ein kriechend wachsendes klein-
blättriges Gewächs, dessen ursprüngliche Heimat Kor-
sika und Sardinien sind. Es eignet sich gut als Bodendecker und bildet große, grüne Kissen. Das einzelne
Blättchen wird nur 5–10 mm groß und ist herz- oder
nierenförmig. Auch die kleinen und unscheinbaren
Blüten sind achselständig und von grünlicher Farbe.
Die Vermehrung ist unkompliziert und geschieht durch
Teilen größerer Exemplare. Die einzelnen Teilstücke
werden sofort ausgepflanzt oder eingetopft und be-
stocken sich sehr schnell. Deshalb hat man von Zeit zu
Zeit ein übriges Exemplar zum Verschenken.

 Diffuses Sonnenlicht oder Halbschatten; im Sommer
genügt ein Standort im Freien

 Mäßig warm (nachts 10–16 °C); während des Winters
eventuell etwas kühler

 Während der Vegetationsperiode reichlich gießen, im
Winter weniger, aber nicht austrocknen lassen

 Mäßige bis höhere Luftfeuchtigkeit erwünscht

 Humushaltige Blumenerde

Sonerila

Von den verschiedenen *Sonerila*-Arten ist lediglich *Sonerila margeritacea* (Foto) in Kultur. Wie die übrigen
Arten ist sie zu den tropischen Pflanzen zu zählen. *Sonerila margeritacea* stammt aus Java und wirkt sowohl
vom Laub als auch von den Blüten her dekorativ. Sie
eignet sich gut zur Bepflanzung von Glasgefäßen.
Die strauchartig wachsende Pflanze besitzt liegende,
rote Stengel, deren Blätter auf der Oberseite glänzen.
Außerdem sind die Blätter auf der Oberseite zwischen
den Blattnerven weiß gefleckt. Die Blattunterseite ist
heller und besitzt violette Nerven. Vermehrung im
Frühjahr durch Kopfstecklinge bei 30 °C Bodenwärme,
dann flach eintopfen.

 Halbschattiger Standort

 Warm (nachts 16–20 °C); Überwinterung bei 18 °C

 Während der Vegetationsperiode reichlich gießen, im
Winter weniger, aber nicht austrocknen lassen

 Möglichst hohe Luftfeuchtigkeit einhalten

 Lockere, humose Blumenerde mit Beimengung von
Lauberde oder Torf

169

Sparmannia
Zimmerlinde

Sparmannia africana ist ein Mitglied der Familie der Lindengewächse und kann, im Gegensatz zu unseren heimischen Arten, im Zimmer gehalten werden. Die Zimmerlinde zeichnet sich u. a. durch einen starken Wuchs aus, den man jedoch durch einen kräftigen Rückschnitt nach der Blüte (Foto) ausgleichen kann. Vorher wird jedoch eine Ruheperiode eingelegt, die etwa auf den Monat Mai fällt. Nach dem Rückschnitt wird umgetopft und mit zunehmendem Gießen treiben die großen, herzförmigen, filzartig behaarten Blätter aus. Die Blüten sitzen in kleinen Büscheln. Die Vermehrung erfolgt durch Kopfstecklinge mit kleinen Blättern.

 Heller Standort mit Schutz vor intensiver Sonneneinstrahlung; möglichst freier Stand

 Mäßig warm (nachts 10–16 °C); während der Ruheperiode von Oktober bis Dezember 6–10 °C

 Während der Vegetationsperiode viel gießen, während der winterlichen Ruheperiode wenig

 Verträgt trockene Zimmerluft

 Normale Blumenerde

Spathiphyllum
Einblatt

Diese Pflanze steht am liebsten in einem feucht-warmen Gewächshaus. Während der Blüte kann man sie aber in die Wohnung bringen, wenn man durch geeignete Vorrichtungen (s. S. 9) für entsprechende Luftfeuchtigkeit sorgt.
Die Blüte der abgebildeten Pflanze, *Spathiphyllum wallisii*, zeigt deutlich, daß es sich um ein Mitglied der Familie der Aronstabgewächse oder Araceen handelt. Wie bei vielen Aronstabgewächsen kann die Vermehrung sowohl durch Teilen als auch durch Aussaat erfolgen. Beide Formen machen keine wesentlichen Schwierigkeiten, wenn genügend Wärme vorhanden ist. Während der Vegetationsperiode alle 2 Wochen düngen; Umtopfen im Februar/März.

 Verträgt relativ viel Schatten

 Warm (nachts 16–20 °C); Minimumtemperatur während des Winters 14–16 °C

 Während der Vegetationsperiode ziemlich häufig gießen, während des Winters weniger

 Hohe Luftfeuchtigkeit ist erforderlich

 Lockeres Substrat mit Beimengung von Torf und Sphagnum-Moos etwa wie bei Anthurienerde

Stapelia

Aasblume

Das Foto zeigt *Stapelia variegata*, die von August bis Oktober blüht. Die Blüten verbreiten einen unangenehmen Geruch, worauf auch der deutsche Name zurückzuführen ist.

Die *Stapelia*-Arten gehören in die große Gruppe der Sukkulenten und sind eigentlich leicht anzuziehen und zu pflegen. Es ist wichtig, sie kühl zu überwintern und in dieser Zeit nur so viel zu gießen, daß sie nicht einschrumpeln. Zu häufiges Gießen verursacht faulende Stengel.

Vermehrung durch Triebteile, die vor dem Stecken in Sand an der Schnittstelle abgetrocknet sind. Beim Eintopfen für gut dränierte Töpfe sorgen.

 Während des Sommers sonniger Standort und während des Winters so hell wie möglich

 Mäßig warm bis warm (nachts 13–18 °C); kühl überwintern

 Ziemlich trocken halten, vor allem während der winterlichen Ruheperiode

 Verträgt gut trockene Zimmerluft

 Mischung: 2 Teile Lauberde, 1 Teil scharfer Sand, etwas kalkhaltiger Lehm; es geht auch Kakteenerde

Stenandrium

Die Gattung *Stenandrium* umfaßt zwar verschiedene Arten, es ist aber lediglich die Art *Stenandrium lindenii* (Abbildung) in Kultur. Diese niedrig bleibende, strauchartige Pflanze stammt aus Peru. Die Stengel sind verhältnismäßig kurz, das Laub ist gewellt und die eiförmigen Blätter besitzen zur grünen Grundfarbe eine ausgeprägte Gelbzeichnung in der Umgebung der Blattnerven. Die Blattunterseite ist rötlich. Die Blütenstände entwickeln kleine, gelbe Blüten. Man kann *Stenandrium* aufgrund seiner Wuchseigenschaften als Bodendecker verwenden, z. B. in Blumenfenstern.

Vermehrung durch Kopfstecklinge bei guter Bodenwärme.

 Leicht schattiger Standort

 Warm (nachts 16–20 °C); auch während des Winters tagsüber mindestens 20 °C halten

 Während des ganzen Jahres reichlich und gleichmäßig feucht halten

 Hohe Luftfeuchtigkeit erwünscht, deshalb häufig sprühen o. ä.

Humushaltige Blumenerde mit Beimengung von etwas Lauberde oder Torf; Verwendung flacher Gefäße

Stenotaphrum

Stenotaphrum wird in tropischen und subtropischen Gebieten teilweise als Rasengras verwendet. Die Wildformen wachsen häufig entlang der Küste. Für die Zimmerkultur eignet sich *Stenotaphrum secundatum*, das St. Augustine-Gras, vor allem in Form der Sorte 'Variegatum' (Abbildung), die auf den bandförmigen Blättern helle Mittelstreifen besitzt. Sowohl bei der einfachen als auch bei der panaschierten Form bilden sich an den Knospen Wurzeln, die sich zu jungen Pflänzchen weiterentwickeln. Hiermit kann man *Stenotaphrum* weitervermehren. Außerdem kann man auch durch Triebstecklinge vermehren. Man steckt hiervon gleich mehrere in einen Topf, um eine möglichst buschige Pflanze zu erhalten.

 Sonniger Standort erforderlich

 Mäßig warm bis warm (nachts 13–18 °C); während des Winters etwas kühler

 Mäßig gießen, während des Winters noch weniger

 Mäßige Luftfeuchtigkeit reicht aus, aber frische Luft ist erwünscht

 Normale Blumenerde, mit etwas zerkleinertem Lehm untermischt

Stephanotis floribunda

Kranzschlinge

Von den verschiedenen Stephanotis-Arten ist lediglich Stephanotis floribunda in gärtnerischer Kultur. Diese Art wirkt sowohl als Blattpflanze als auch als Blütenpflanze. Zusätzliche Bedeutung gewinnt sie dadurch, daß die sehr haltbaren Blüten in manchen Gegenden Verwendung als Brautblumen finden. Aufgrund dieser vielseitigen Verwendbarkeit wurde *Stephanotis* sowohl als ganze Pflanze (Foto links) als auch im Detail (Abbildung der Blüten auf S. 173) vorgestellt. Aufgrund der langen Triebe und des rankenden Wuchses leitet man die *Stephanotis* in der Wohnung am besten an einem geeigneten Gerüst hoch. Zur Erhaltung der Luftfeuchtigkeit wird von Zeit zu Zeit besprüht. Von Mai bis September wird in zweiwöchigem Abstand gedüngt. Umgetopft wird am besten im April, und zwar bei jüngeren Pflanzen jährlich, bei älteren in dreijährigem Abstand. Der Befall durch Schild- oder Wolläuse ist auf zu hohe Wintertemperaturen und zu niedrige Luftfeuchtigkeit zurückzuführen.

In einem temperiertem Gewächshaus kann man die Triebe der Kranzschlinge über weite Strecken leiten. Während der Blütezeit bietet eine derartige Pflanze einen einzigartigen Anblick.

Stephanotis (Fortsetzung)

Die Vermehrung kann während des ganzen Jahres durch Stecklinge erfolgen. Zur optimalen Bewurzelung müssen Boden- und Lufttemperatur in einem Bereich von 25–30 °C liegen. Man nimmt die Stecklinge von vorjährigen Trieben. Sie bilden nach 1 bis 1½ Monaten Wurzeln. Stephanotis bringt verhältnismäßig leicht Samen, der relativ warm ausgesät werden muß. Allerdings wird die Aussaat in der Praxis nur wenig angewandt, weil die daraus entstehenden Pflanzen später und weniger reichlich blühen. Außerdem ermöglicht die Stecklingsvermehrung eine bessere Auslese blühwilliger Typen. Die natürliche Blüte fällt in die Monate Mai bis September. Die Ruhezeit wird von Oktober bis Januar angesetzt.

 Heller, luftiger Standort ohne intensive Sonneneinstrahlung

 Warm (nachts 16–20 °C), Minimumtemperatur während des Winters 12 °C

 Im Sommer häufig gießen, während des Winters weniger Wasser geben

 Mäßige Luftfeuchtigkeit reicht aus

 Normale Blumenerde mit Beimengung von etwas Torf oder Lauberde sowie Lehm

Strelitzia

Die *Strelitzia* kommt als Schnittblume zunehmend in Mode und wird dementsprechend häufig in Blumengeschäften angeboten. Als Zimmerpflanze findet man jedoch die dekorative *Strelitzia reginae* (Abbildung) noch nicht. Dennoch ist dies ohne weiteres möglich, wenn man für einen genügend geräumigen, hellen und nicht zu warmen Standort sorgen kann. So kann man die Art ohne Schwierigkeiten in gleichmäßig temperierten Dielen, Treppenhäusern oder Ausstellungsräumen lange Zeit halten. Wichtig sind natürlich ausreichend große Pflanzgefäße. Umtopfen im Frühjahr oder Sommer unter Schonung der fleischigen Wurzeln. Vermehrung durch Aussaat; Blüte nach 4 Jahren.

 Heller, sonniger Standort; während des Sommers vor praller Sonne schützen

 Mäßig warm (nachts 12–18 °C); tagsüber lüften, wenn es wärmer als 21 °C wird; Überwinterung bei 10 °C

 Während der Vegetationsperiode reichlich gießen, im Winter relativ trocken halten

 Mäßige Luftfeuchtigkeit

 Lehmige, humose Blumenerde

173

Streptocarpus

Drehfrucht

Streptocarpus gehört in die Familie der Gesneriaceen und ist damit u. a. zur *Saintpaulia* verwandt. Die deutsche Bezeichnung Drehfrucht ist wenig bekannt und ist darauf zurückzuführen, daß die Früchte spiralenartig gedreht sind. Aber man hält die Pflanze in der Wohnung weniger der Früchte als vielmehr der hübschen Blüten wegen, die bei richtiger Pflege über längere Zeit nacheinander erscheinen können.

Entscheidend für den Erfolg ist also die Pflege bei den *Streptocarpus*-Hybriden, die nebenstehend abgebildet sind. Es scheint nicht wie bei der *Saintpaulia* zu sein, die viele Pflanzenfreunde über Monate mit Erfolg pflegen, sondern es ist mehr Sorgfalt erforderlich.

Wenn man den Aufbau der Pflanze betrachtet, die durch relativ große, fein behaarte Blätter und zarte Blüten gekennzeichnet ist und dabei noch die Herkunft aus warmen Breiten berücksichtigt, wird einem schnell klar, daß *Streptocarpus* Luftfeuchtigkeit braucht. Man stellt die Pflanze deshalb nicht auf ein sonniges Fensterbrett über einem eingeschalteten Heizkörper, sondern pflanzt sie in eine flache Schale, deren feuchtes Erdreich die Blätter mit feuchter Luft versorgt. Außerdem vermeide man einen allgemein lufttrockenen Standort. Zusätzlich wird so häufig wie möglich besprüht, ohne daß sich dabei auf den Blättern Tröpfchen bilden. Als idealer Standort gilt unter Berücksichtigung des Vorstehenden z. B. ein Ostfenster, da es vor intensiver Sonneneinstrahlung während der Mittagsstunden geschützt ist.

Im zweiten Jahr entwickelt sich *Streptocarpus* in der Regel am besten. Bei optimaler Pflege können dann viele Blüten erscheinen. Die Blütenfarbe kann Weiß, Rosa, Rot, Violett, Purpur oder Blau sein.

Während der Blüte erhält *Streptocarpus* regelmäßig flüssige Düngung. Man vermeide jedoch höhere Konzentrationen.

Zur Vermehrung schneidet man die Blätter im Mittelnerv der Länge nach durch und setzt sie mit dem Mittelnerv in Vermehrungserde. Dort bewurzeln sie bei Bodenwärme und hoher Luftfeuchtigkeit. Ideal hierfür ist ein Minigewächshaus. Nach einiger Zeit erscheinen kleine Pflänzchen, die man abtrennt, eintopft und anschließend unter Glas oder Folie weiterkultiviert.

☼ Heller Standort ohne direkte Einstrahlung intensiven Sonnenlichts

🌡 Kühl bis mäßig warm (nachts 6–13 °C); minimale Tagestemperatur während des Winters 10 °C

💧 Während des Wachstums reichlich gießen, im Winter allgemein weniger je nach Lufttemperatur

🧹 Luftfeuchtigkeit erwünscht

🪴 Blumenerde, mit Lauberde und Torf angereichert

Stromanthe

Wie das Bild deutlich macht, gehört die *Stromanthe* in die Familie der Marantaceen. Es gibt verschiedene Arten und Sorten, die alle aus dem tropischen Südamerika stammen. *Stromanthe amabilis* (Foto) besitzt leicht graugrüne Blätter, die mit dunkelgrüner Zeichnung verziert sind. *Stromanthe sanguinea* besitzt Blätter, die auf der Oberseite dunkelgrün sind und einen helleren Mittelstreifen besitzen, während die Blattunterseite violett-braun ist. Bei allen *Stromanthe*-Arten ragen die Blütenstände über das Laub hinaus.
Vermehrung durch Teilen oder Ableger. Versorgung wie bei anderen Marantaceen, z.B. *Maranta* oder *Calathea*.

 Standort mit diffusem Sonnenlicht; intensivere Sonneneinstrahlung wird nicht vertragen

 Warm (nachts 16–20 °C); Minimumtemperatur während des Winters 15 °C

 Während der Wachstumsperiode reichlich, sonst etwas weniger gießen; temperiertes, enthärtetes Wasser

 Ziemlich hohe Luftfeuchtigkeit erwünscht

Humusreiche, durchlässige Blumenerde

Syngonium

Purpurtute

Syngonium ist ein Mitglied der Familie der Araceen. Es unterscheidet sich jedoch von den anderen Gattungen, z.B. *Philodendron* oder *Monstera*, durch verschiedene Kennzeichen. So besitzt *Syngonium* Milchsaft in den Leitungsbahnen und hat eigenartige Blätter.
Bei *Syngonium vellozianum* (Abbildung) sind die Blätter zunächst pfeilförmig, später teilen sie sich 3- und 5-lappig auf. Die Blattstiele sind ziemlich lang und die Hochblätter sind hellgelb gefärbt. Häufig sitzen unter den beiden untersten Blatteilen noch zusätzliche Blattanhängsel. *Syngonium podophyllum* kann bis zu 11-lappige Blätter ausbilden.
Bekannt ist die Sorte 'Albolineatum' mit graugrün gezeichneten Blättern.

 Heller Standort, der vor intensiver Sonneneinstrahlung geschützt ist; etwas Schatten wird vertragen

 Warm (nachts 16–20 °C); Minimumtemperatur während des Winters 16 °C

 Regelmäßig mit temperiertem Wasser gießen; im Winter je nach Temperatur weniger gießen

 Hohe Luftfeuchtigkeit fördert die Entwicklung

 Humus- und kalkhaltige Blumenerde

Syngonium (Fortsetzung)

Nebenstehend ist eine gelblichgrüne, marmorierte Form von *Syngonium podophyllum* abgebildet. Wie bei anderen buntblättrigen Formen führt zu dunkler Standort zum Vergrünen der Blätter. Etwas ältere Exemplare von *Syngonium* können von April bis August grünliche, einhäusige Blütenstände entwickeln. Da sich in Knospennähe Wurzeln bilden können, kann man Syngonium sowohl durch Kopf- als auch durch Knospenstecklinge vermehren. Bei der letztgenannten Vermehrungsart schneidet man das Auge (Knospe) mit einem Triebstückchen heraus. Sowohl bei den Kopf- als auch bei den Augenstecklingen läßt man die Schnittfläche vor dem Stecken abtrocknen. Vermehrung bei Bodenwärme und Luftfeuchtigkeit. Auch Abmoosen (S. 11) ist möglich.

 Leicht schattiger, aber nicht zu dunkler Standort

 Warm (nachts 16–20 °C); Minimumtemperatur im Winter 16 °C

 Regelmäßig mit temperiertem Wasser gießen, im Sommerhalbjahr mehr als in den Wintermonaten

 Hohe Luftfeuchtigkeit wird sehr geschätzt

 Humus- und kalkhaltige Blumenerde

Tetrastigma

Kastanienwein

Tetrastigma ist ein Mitglied der Weinrebgewächse. Die Pflanze ist immergrün, klettert und die Oberseite ihrer zusammengesetzten Blätter ist glänzend grün. Die Blattunterseite ist bräunlich behaart.

Die ursprüngliche Heimat von *Tetrastigma* ist Vietnam. Auf dem Foto ist *Tetrastigma voinierianum* abgebildet. Diese Art wird bei uns kultiviert. Sie kann verhältnismäßig groß werden und sollte immer am gleichen Platz stehen.

Vermehrung während des ganzen Jahres durch Stammstecklinge mit einem Blatt und einem Auge in der Blattachsel. Das Auge darf beim Stecken nicht in die Erde kommen. Bewurzelung unter Glas oder Folie bei 25 °C.

 Heller, sonnengeschützter Standort; verträgt jedoch auch Schatten

 Mäßig warm (nachts 10–16 °C); während der winterlichen Ruheperiode 10 °C

 Im Sommer reichlich mit enthärtetem Wasser gießen, in der Ruheperiode weniger

 Mäßige Luftfeuchtigkeit fördert die Entwicklung

 Blumenerde oder humusreiche Komposterde

176

Thunbergia

Die *Thunbergia* zählt zu den Zimmerpflanzen, die man leicht selbst großziehen kann. Man sät hierfür im März aus und hält eine Keimtemperatur von 16–18 °C. Wenn man *Thunbergia alata*, die Schwarzäugige Susanne (Foto) im Freien halten will, muß man sie nach dem Pikieren und Eintopfen abhärten. Ende Mai pflanzt man sie dann zu Füßen einer warmen Südmauer so aus, daß sie mit Hilfe eines Klettergerüstes aus Holzlatten oder Draht hochklettern kann.

Gedüngt wird in ein- bis zweiwöchigem Abstand.

Eigentlich ist die aus Südafrika stammende Pflanze einjährig. Aber mit etwas Fingerspitzengefühl kann man sie in einem kühlen Gewächshaus über den Winter bringen.

 Sonniger Standort erforderlich, der im Sommer sowohl im Freien als auch im Haus sein kann

 Mäßig warm bis warm (nachts 13–18 °C); Überwinterung bei 8–10 °C

 Während der Wuchsperiode immer reichlich Wasser geben, im Winter wesentlich weniger

 Mäßige Luftfeuchtigkeit erwünscht

 Humusreiche Blumenerde

Tillandsia

Die Gattung *Tillandsia* ist Mitglied der großen Familie der Bromeliaceen und untergliedert sich ihrerseits wieder in viele Arten. Sie stammen größtenteils aus Mittel- und Südamerika, wo sie je nach Art unter sehr verschiedenen klimatischen Bedingungen wachsen.

Das Foto zeigt *Tillandsia cyanea*. Ihr Blütenstand baut sich aus rötlichen Hochblättern auf, zwischen denen violette Einzelblüten hervortreten. Eine vom Habitus her ähnliche Art ist *Tillandsia lindenii*. Sie entwickelt grün-rosa-lila Blütenstände mit violetten Einzelblüten. Eine besondere Art stellt *Tillandsia usneoides*, das Louisiana-Moos dar, das bereits als Jungpflanze seine Wurzeln zurückbildet und ausschließlich über seine Saugschuppen Nahrung aufnimmt.

 Heller Standort mit Schutz vor intensiver Sonneneinstrahlung

 Warm (nachts 16–20 °C); Minimumtemperatur während des Winters 13 °C

 Während des ganzen Jahres nur mäßig gießen; dies gilt insbesondere für die Wintermonate

 Hohe Luftfeuchtigkeit ist für optimales Gedeihen erforderlich

Orchideen-Substrat mit Farnwurzeln vermischt, bzw. Mischung aus Blumenerde, Torf und Farnwurzeln

Tolmiea

Tolmiea menziesii (Abbildung) besitzt langgestielte, behaarte, herzförmige Blätter, die in Rosettenform angeordnet sind. Auf der Oberseite der älteren Blätter entwickeln sich Brutknospen, die sich zu kleineren Pflänzchen weiterentwickeln, wenn das Mutterblatt auf die Erde kommt. Die Blüten sitzen in Blütenständen von bis zu 25 cm Länge und sind grün bis bräunlich gefärbt.

Die Vermehrung erfolgt durch Teilung oder durch Eintopfen der Brutknospen. Zur optimalen Entwicklung trägt eine gute Dränage des Substrats und das Einlegen von Topfscherben bei. Zur Unterstützung des Wachstums wird von Mai bis September einmal im Monat flüssig gedüngt.

 Bevorzugt wird ein heller, möglichst sonniger Standort

 Mäßig warm (nachts 16–20 °C); Minimumtemperatur während des Winters 5 °C

 Während der Vegetationsperiode reichlich und regelmäßig gießen, im Winter nur sparsam

 Mäßige Luftfeuchtigkeit ist ausreichend

 Lockere Blumenerde mit Beimischung von alter Lauberde oder Torf

Torenia

Die Gattung *Torenia* ist Mitglied der Familie der Scrophulariaceen und besitzt eine Reihe von Arten und Sorten. Die abgebildete *Torenia fournieri* ist wohl die bekannteste Art. Die Blüten erscheinen von Juli bis September reichlich und sitzen am Ende der Triebe. Die Blütenkrone ist hell-violett, das Blüteninnere gelblich marmoriert und die untere Partie der Blüte ist mit zwei dunkelvioletten Flecken geziert. Die Sorte 'Alba' ist durch eine weiße Blütenkrone gekennzeichnet und die Sorte 'Grandiflora' entwickelt besonders große Blüten.

Vermehrung durch Aussaat im März. Das Saatgut wird mit einer dünnen Erdschicht abgedeckt und unter Glas bei 18 °C zum Keimen gebracht.

 Sonne oder Halbschatten; während des Sommers am besten auf einem geschützten Platz im Freien

 Mäßig warm (nachts 10–16 °C)

 Mäßig gießen, aber darauf achten, daß der Topfballen nicht austrocknet

 Mäßige Luftfeuchtigkeit

 Lehm- und humushaltige Blumenerde

Tradescantia

Dreimasterblume

Diese Gattung umfaßt verschiedene Arten, die hauptsächlich in Südamerika zuhause sind. Auf dem Foto ist im Hintergrund *Tradescantia albiflora* abgebildet. Mit ihren überhängenden, kriechenden Trieben eignet sich diese Art gut als Hängepflanze oder Bodendecker. Es gibt auch eine einfache grüne Form, und die Sorte 'Albovittata' weist cremefarbene Längsstreifen auf den Blättern auf. Die vorstehend erwähnten Sorten entwickeln weiße Blüten.

Tradescantia blossfeldiana (auf dem Foto im Vordergrund) entwickelt kriechende Triebe, die während des Winters weiterwachsen. Die Blattoberseite ist glatt und grün gefärbt, die Blattunterseite ist behaart und violett. Die rosafarbenen Blüten dieser aus Argentinien stammenden Pflanze besitzen ein weißes Herz. Sie erscheinen von März bis Juli. Die Sorte 'Variegata' zeigt auf den Blättern cremefarbene Längsstreifen.

Tradescantia crassula hat aufrecht wachsende Stengel mit glänzend grünen Blättern, die größtenteils der Basis der Pflanze entspringen. Die weißen Blüten sitzen endständig.

Die Art *Tradescantia fluminensis* ähnelt *Tradescantia albiflora*. Sie ist an den kürzeren Trieben erkennbar. Außerdem ist die Blattoberseite blaugrün und die Unterseite violett. Auch hier gibt es eine gestreifte Form 'Variegata'. Wenn die Pflanzen unansehnlich werden, kann man sich durch Stecklingsvermehrung rasch neue Exemplare anziehen. Die beste Zeit ist zwischen April und September. Die Kopfstecklinge bewurzeln sowohl in Wasser als auch in Vermehrungserde. Eine Temperatur von 16 °C ist ausreichend.

Das Umtopfen der Tradescantien erfolgt am besten im April. Von Mai bis September wird im Abstand von 2 Wochen in schwacher Konzentration flüssig gedüngt. Die buntblättrigen Arten bzw. Sorten sollen etwas heller als die grünen stehen.

Wie schon eingangs erwähnt, eignen sich die Tradescantien aufgrund ihrer langen Triebe gut als Bodendecker. Man kann sie deshalb gut zur Bodenbegrünung in Pflanzbecken, Blumenfenstern oder unter den Stellagen von Gewächshäusern einsetzen. Auf diese Weise besitzt man auch ein Mutterpflanzenquartier zur Entnahme von Stecklingen.

 Helligkeit ohne intensive Sonneneinstrahlung, verträgt aber auch ausgesprochen schattige Standorte

Mäßig warm (nachts 10–16 °C); Minimumtemperatur im Winter 5 °C

 Während der Vegetationsperiode reichlich gießen, im Winter je nach Temperatur weniger

Hohe Luftfeuchtigkeit ist erwünscht

 Humusreiche, lockere Blumenerde

Tulipa

Tulpe

Für eine frühe Blüte werden bereits im September, sonst im Oktober, präparierte Tulpenzwiebeln in eine Mischung aus Blumenerde und Sand eingetopft. Anschließend gräbt man die Töpfe im Garten so ein, daß sie gleichmäßig feucht bleiben und frostfrei stehen. Man kann die eingetopften Zwiebeln auch in einen dunklen Keller bei maximal 10–12 °C aufstellen. Auch hier ist für ausreichende Feuchtigkeit zu sorgen.

Sobald die Tulpenzwiebeln so weit ausgetrieben haben, daß man die Blütenknospen durch die Blatthülle fühlen kann, werden die Töpfe ans volle Licht gestellt. Gleichzeitig hält man sie möglichst kühl und unterstützt die Weiterentwicklung durch gelegentliches Besprühen.

 Halbschattiger bis leicht schattiger Standort

 Mäßig warm bis warm (nachts 12–17 °C), Tagestemperatur ca. 20 °C

 Normal gießen

 Mäßige Luftfeuchtigkeit

 Mischung aus Blumenerde mit Sand; Topfgrund mit einer 3–4 cm starken Dränageschicht (Sand) abdecken

Vallota

Die *Vallota* ist ein hübsches Zwiebelgewächs, das sich ebenfalls für die Zimmerkultur eignet. Die nebenstehend abgebildete *Vallota speciosa* bringt im Sommer hübsche, orangerote Blüten hervor, die einen Durchmesser von ca. 8 cm erreichen. Man topft die Zwiebeln im Frühjahr in nahrhafte Blumenerde ein. Dabei muß der Zwiebelhals über der Erde bleiben. Sehr bald werden die ersten Blätter und anschließend die Blütenknospen erscheinen. Nach der Blüte werden die Blütenstengel abgeschnitten und man läßt die Zwiebeln einziehen.

Die Vermehrung erfolgt durch Brutzwiebeln, die sich an der Mutterzwiebel bilden. Sie blühen nach ca. 3 Jahren.

 Heller Standort ohne intensive Sonneneinstrahlung

 Mäßig warm (nachts 10–16 °C); Überwinterung in einem kühlen Raum

 Im Frühjahr weniger gießen, mit zunehmendem Austrieb mehr und während der Blüte reichlich

 Mäßige Luftfeuchtigkeit

 Lockeres, gut dräniertes, etwas saures Substrat

Vriesea

Die Gattung *Vriesea* gehört zur Familie der Bromeliaceen oder Ananasgewächse. Es gibt eine Vielzahl von Arten, von denen die einen terrestrisch, also auf dem Boden wachsen und die anderen epiphytisch, also auf Bäumen. Die Gattung ist insbesondere in Mexiko, auf den Karibischen Inseln und in Südamerika zuhause. Die grün bleibenden Blätter sind meist glänzend. Sie sind trichterförmig angeordnet und am Fuße des Trichters sammelt sich Wasser. Auf diese Weise kann ein Wasserreservoir entstehen. Wie andere Bromelien kann auch die Gattung Vriesea über die Blätter Wasser aufnehmen.

Das obere Foto zeigt *Vriesea* × *peolmannii*. Es handelt sich um eine Kreuzung zwischen *Vriesea* × *gloriosa* und *Vriesea* × *vangeertii*. Darunter ist die sehr bekannte *Vriesea splendens* abgebildet. Sie ist durch überhängende grüne Blätter mit braunen Querstreifen gekennzeichnet und entwickelt einen langen, schwertförmigen, leuchtend roten Blütenstand, der durch gelbe Einzelblüten geschmückt wird. Die etwas hellgrüne Blattrosette von *Vriesea fenestralis* ist mit dunkelgrünen Längsstreifen besetzt. Die Blattspitzen sind bräunlich-rot, ebenso die Hochblätter des Blütenstandes. Die eigentlichen Blüten sind gelb und erscheinen nachts. Dies ist eine Ausnahme, denn normalerweise blühen die gelbblühenden Vrieseen bei Tag und die weißblühenden nachts. *Vriesea hieroglyphica* stammt aus Brasilien und wird von den Pflanzenliebhabern wegen ihrer braun-violetten Blattzeichnung geschätzt, die an Hieroglyphen erinnert. Die Blattrosetten können recht groß werden. Im Frühjahr erscheint der Blütenstand, dessen rote Schutzblätter gelb gerändert sind und gelbe Blüten tragen.

Vrieseen kann man durch Aussaat vermehren, aber insbesondere beim Liebhaber dauert es eine Anzahl von Jahren, bis die Blüte eintritt. Deshalb greift man besser zu bewurzelten Ausläufern und topft diese ein. Man kann diese sogenannten Kindel mit 10–15 cm Länge abnehmen und unter feuchtwarmen Bedingungen rasch zum Weiterwachsen bringen. Nach 2–3 Jahren kann man mit dem Ansatz von Blütenständen rechnen.

 Diffuses Licht mit Schutz vor intensiver Sonneneinstrahlung

 Warm (nachts 16–20 °C); im Winter einige Grad kühler

 Regelmäßig mit temperiertem, enthärtetem Wasser gießen und einen Teil davon in den Blattrichter geben

 Feuchte Luft ist bei der Anzucht erforderlich, deshalb bei Eigenanzucht häufig besprühen

Bromelienerde mit Sphagnummoos oder Torf mit Sphagnum, Kunststofflocken oder anderer Dränage

Washingtonia

Das Bild zeigt *Washingtonia filifera*. Sie kann noch etwas kühler als *Washingtonia robusta* stehen. Beide Arten stammen aus Kalifornien. Die Vermehrung erfolgt mit frischem Saatgut, das bei 30 °C 2 Tage lang vorgekeimt wird. Anschließend wird in ein sandiges Substrat gesät und zur beschleunigten Keimung eine Bodentemperatur von 25–30 °C gehalten. Die Keimung kann innerhalb von 2 Wochen erfolgen und manchmal bis zu 3 Jahre dauern. In jedem Fall sind die jungen Keimlinge vorsichtig zu behandeln. Sie werden zunächst in lockere, saure Erde pikiert. Später werden sie unter Verwendung kräftigerer Erde eingetopft. Beim Abschneiden brauner Blattspitzen einen schmalen braunen Streifen stehen lassen.

 Heller Standort mit Schutz vor intensiver Sonneneinstrahlung

 Mäßig warm (nachts 10–16 °C); Minimumtemperatur im Winter 4 °C

 Gleichmäßig gießen und ab und zu tauchen; im Winter Wassergaben je nach Temperatur verringern

 Palmen schätzen hohe Luftfeuchtigkeit, deshalb so viel wie möglich besprühen

 Kräftige, humushaltige Blumenerde

Yucca

Palmlilie

Obwohl die Palmlilie schon seit langem bekannt ist, hat sie erst jetzt eine weite Verbreitung erfahren. Dabei ist sie in der Pflege durchaus nicht problemlos und kann mit ihren scharfen Blattspitzen sogar eine Gefahrenquelle für kleinere Kinder darstellen. Dennoch besteht eine beachtliche Nachfrage in den Niederlanden und das verstärkte Angebot niederländischer Ware führt auch zu einer stärkeren Verbreitung in Deutschland. Um nicht schon nach einigen Monaten enttäuscht zu sein, muß man die Pflanze während der warmen Jahreszeit an einen sonnenreichen, geschützten Platz stellen. Die Überwinterung muß ebenfalls möglichst hell, aber gleichzeitig kühl erfolgen.

Die bekannteste Art ist *Yucca aloifolia*. Der ideale Standort für diese Pflanze während des Winters wird auf S. 182 unten, und der während der Sommermonate auf S. 183 oben vorgestellt. Ein sehr dekoratives Exemplar ist auch auf S. 2 abgebildet. Etwas lockerer im Aufbau und mit weniger starren Blättern ausgestattet ist *Yucca gloriosa,* die auf S. 14 zu sehen ist. Arten mit stumpfen Blattspitzen werden seit einigen Jahren erprobt, man kann aber noch keine endgültige Aussage über deren Eignung machen.

Yucca (Fortsetzung)

Wenn Palmlilien durch Blattläuse befallen werden, deutet dies auf schlechte Wachstumsbedingungen hin. Man verpflanzt alle 2 Jahre im Frühjahr und verwendet gut dränierte Gefäße. Eine gute Erdmischung setzt sich aus sandigem Lehm, scharfem Sand, alter Mistbeeterde und etwas Torf zusammen. Beim Umtopfen achte man auf einen geraden Stand der Pflanze. Die wertvollsten Exemplare sind die mit mehreren oder verzweigten Stämmen. Vielfach erreicht man diesen Effekt durch das Zusammenpflanzen mehrerer zusammenpassender Exemplare. Aufgrund des relativ hohen Preises können derartige Pflanzen, ähnlich wie andere seltene Solitärs, eine Art Statussymbol darstellen. Aber das ist Ansichtssache.

 Während des Sommers sonniger Standort im Freien, im Winter heller, kühler Standort im Haus

 Mäßig warm (nachts 10–16 °C); überwintern bei 6 °C

 Im Sommer regelmäßig und reichlich gießen, aber für gute Dränage sorgen; im Winter relativ wenig gießen

 Verträgt trockene Luft gut

 Kräftige, humose und durchlässige Erdmischung

Zantedeschia

Zimmerkalla

Die abgebildete *Zantedeschia aethiopica* stammt aus Südafrika und ist die geeignetste Art für die Zimmerkultur. Einige *Zantedeschia*-Arten können in besonders geschützten Lagen auch im Freien stehen. *Zantedeschia aethiopica* blüht von März bis Juni. Nach der Blüte stellt man sie an einen hellen Platz und setzt bis August mit dem Gießen aus. Am Schluß der Trockenperiode kann man durch Teilen vermehren. Dabei werden die kleineren Ausläufer von der Mutterpflanze abgetrennt. Während der Wachstums- und Blütezeit reichlich mit enthärtetem Wasser gießen und wöchentlich düngen, da die Zimmerkalla einen hohen Nährstoffbedarf hat.
Auch das Teilen von Wurzelstöcken ist möglich.

 Heller, sonniger Standort im Sommer auf dem Balkon oder im Garten; Ende September ins Haus holen

 Mäßig warm (nachts 10–16 °C); Überwinterung bei 8–10 °C

 Während der Vegetationsperiode reichlich mit enthärtetem, temperiertem Wasser gießen

 Schätzt Luftfeuchtigkeit

 Humus- und kalkhaltige Blumenerde von guter Durchlässigkeit

Zebrina

Zebrakraut

Die *Zebrina* ist mit der bekannten *Tradescantia* (s. S. 179) verwandt. Ähnlich der *Tradescantia* stellt sie nur geringe Ansprüche und eignet sich gut als Bodendecker für Pflanzgefäße oder Blumenfenster. Als Hängepflanze eignet sich *Zebrina* ebenfalls gut. Man sollte sie jedoch nicht gerade auf ein Fensterbrett stellen, unter dem ein Heizkörper eingeschaltet wird.

Am bekanntesten ist *Zebrina pendula*, deren Blätter zwei breite, silbrig-weiße Streifen besitzen. Bei der Sorte 'Quadricolor' (Abbildung) sind auch rosa und rote Farbtöne vorhanden. Die Intensität der Färbung hängt von der Lichtintensität ab. Vermehrung durch Stecklinge.

 Heller bis leicht schattiger Standort mit Schutz vor intensiver Sonneneinstrahlung

 Warm (nachts 16–20 °C); während des Winters nicht unter 12 °C

 Regelmäßig mit temperiertem, enthärtetem Wasser gießen, im Winter je nach Temperatur weniger

 Geschätzt wird hohe Luftfeuchtigkeit

 Normale humushaltige Blumenerde mit etwas Sandbeimengung

Zygocactus

Gliederkaktus

Bekannt ist unter den *Zygocactus*-Hybriden (Foto) der Weihnachtskaktus mit Blüte von November bis Januar. Man muß ihn gut vom Osterkaktus, *Rhipsalidopsis,* unterscheiden, der im Frühjahr blüht. Beim Weihnachtskaktus entwickeln die Blüten zwei Reihen von Kronenblättern, die rosarot oder rot mit einem Hauch Violett gefärbt sind. Nach der Blüte wird eine Ruheperiode eingeschaltet, in der die Glieder jedoch nicht schrumpeln sollen. Ab Juni kann man die Pflanze leicht schattig im Garten aufstellen, wenn man sie vor Schnecken schützt. Ende September holt man die Pflanze ins Haus und stellt sie kühl und trocken, bis die Blütenknospen erscheinen. Vermehrung durch Stecklinge problemlos.

 Etwas diffuses Sonnenlicht wird vertragen; am besten halbschattiger Standort mit Schutz vor Mittagssonne

 Mäßig warm (nachts 10–16 °C); nach September trocken und kühl stellen, bis die Blütenknospen kommen

 Mit Ausnahme der Ruheperiode vor und nach der Blüte normal, wenn auch etwas zurückhaltend gießen

 Feuchte Luft wird geschätzt, deshalb öfters besprühen

 Alte Lauberde mit lockerer Lehmerde und Sand

Übersichten

Auf den nachfolgenden Seiten stehen einige Übersichten, die für die Gruppierung von Pflanzen wertvolle Hinweise geben können. Die wichtigsten Zimmerpflanzen dieses Buches sind in der Rubrik für besonders geeignete Pflanzen zusammengefaßt. In den meisten Fällen bedeutet dies nicht, daß sie unter anderen Bedingungen eingehen. Soweit diesbezüglich zusätzliche Informationen erwünscht sind, lese man am besten die spezielle Pflanzenbeschreibung durch.

Standort mit voller Sonne

Kühl (Nachttemperatur 5–10 °C)

Acacia	Euonymus	Narcissus	Solanum
Cytisus	Lachenalia	Oxalis	
Dionaea	Lilium	Pittosporum	
Erica	Myrtus	Sempervivum	

Mäßig warm (Nachttemperatur 10–16 °C)

Abutilon	Cuphea	Lithops	Senecio-Sukkulenten
Agapanthus	Echeveria	Pachyphytum	Sparmannia
Ageratum	Echinocereus	× Pachiveria	Strelitzia
Aloe	Felicia	Passiflora	Tolmiea
Aporocactus	Hamatocactus	Plumbago	Thunbergia
Beloperone	Iresine	Punica	Yucca
Chamaerops	Lantana	Rosa	Zantedeschia
Citrus	Laurus	Sedum	

Warm (Nachttemperatur 16–20 °C)

Allamanda	Coleus	Hibiscus	Notocactus
Ananas	Cotyledon	Homaloclacium	Opuntia
Bougainvillea	Echinocactus	Ipomoea	Pachypodium
Canna	Echinopsis	Lampranthus	Parodia
Cephalocereus	Espostoa	Lobivia	Pseudomammillaria
Cereus	Euphorbia milii	Mammillaria	Rebutia
Cleistocactus	Gasteria	Neoporteria	Stapelia
Codiaeum	Haemanthus	Nerium	Stenotaphrum

Schattiger Standort

Pflanzen, die in diese Kategorie einzuordnen sind, können keine volle Sonneneinstrahlung vertragen. Wenn sie an einem Südfenster stehen, müssen sie von 10–16 Uhr
Schatten erhalten. Man kann diese Pflanzen auch an einem Ost- oder Westfenster
ohne Gardinen aufstellen. Soweit auf der Westseite die Sonne deutlich vor 16 Uhr
einfällt, empfiehlt sich auch hier noch eine Schattierung. Die mit einem Stern verse-
nen Pflanzen halten sogar auf ausgesprochen schattigen Standorten durch. Das absolute Minimum an Licht liegt zwischen 1000 und 1500 Lux (siehe auch allgemeine
Beschreibung S. 7).

Kühl (Nachttemperatur 5–10 °C)

Aucuba*	Crocus	Hedera*	Rochea
Azalea	Cyclamen	Lilium	Rhoicissus*
Calceolaria	× Fatshedera*	Myrtus	Senecio cruentus
Camellia	Fatsia*	Phylitis*	Skimmia
Campanula	Hebe	Primula	Streptocarpus

Mäßig warm (Nachttemperatur 10–16 °C)

Ampelopsis	Chrysanthemum	Hydrangea	Pteris*
Araucaria	Cissus*	Impatiens	Rhoeo
Ardisia	Clerodendrum	Jasminum	Saxifraga
Asparagus*	Cleyera	Liriope	Schefflera*
Aspidistra*	Clivia	Lycaste	Selaginella*
Asplenium*	Cyperus	Microlepia*	Soleirolia
Begonia	Duchesnea	Nephrolepis	Tetrastigma*
Billbergia	Epiphyllum	Nertera	Torenia
Browallia	Fuchsia	Odontoglossum	Tradescantia, grün*
Capsicum	Grevillea	Ophiopogon*	Tulipa
Carex	Gymnocalycium	Pellaea*	Vallota
Catharanthus	Habranthus	Phoenix	Washintonia
Ceropegia	Hippeastrum	Pilea	Zygocactus
Chamaedora	Howeia*	Plectranthus	

Warm (Nachttemperatur 16–20 °C)

Achimenes	Ctenanthe	Medinilla	Rhaphidophora*
Adiatum*	Cyrtomium	Microcoelum	Rechsteineria
Aechmea	Didymochlaena*	Mimosa	Rhipsalidopsis
Aeschynanthus	Dieffenbachia	Monstera*	Saintpaulia
Aglaonema	Dipladenia	Neoregelia	Sansevieria*
Alocasia	Dipteracanthus	Nidularium	Scindapsus
Anthurium	Dizygotheca	Oplismenus	Scirpus
Aphelandra	Dracaena	Pachystachys	Siderasis*
Begonia	Episcia	Pandanus	Sinningia
Bertolinia*	Ficus*	Pavonia	Smithiantha
Blechnum*	Fittonia	Pellionia	Sonerila
Caladium	Gardenia	Peperomia	Spathiphyllum
Calathea*	Guzmania	Pereskia	Stenandrium
Chlorophytum*	Gynura	Philodendron	Stephanotis
Codiaeum	Hemigraphis*	Phlebodium	Stromanthe
Coelogyne	Hoya	Pilea	Syngonium*
Columnea	Hypocyrta	Piper	Tillandsia
Cordyline	Hypoestes	Pisonia	Vriesea
Crassula	Ixora	Polyscias	Zebrina
Crossandra	Jacaranda	Polystichum	
Cryptanthus	Maranta	Pseuderanthemum	

Luftfeuchtigkeit

In Räumen mit Zentralheizung lassen sich längerfristig nur dann mit Erfolg Zimmerpflanzen pflegen, wenn für ausreichende Luftfeuchtigkeit gesorgt wird. Vorteilhaft sind deshalb die auf S. 9 beschriebenen Verfahren. Regelmäßiges Besprühen ist nicht in allen Fällen möglich und auch nicht so wirksam.

Hohe Luftfeuchtigkeit

Acalypha	Haemanthus	Odontoglossum	Selaginella
Adiantum	Hoya	Pellionia	Siderasis
Allamanda	Hypocyrta	Peperomia	Smithiantha
Bertolinia	Hypoestes	Phlebodium	Soleirolia
Calathea	Ixora	Phyllitis	Spathiphyllum
Coelogyne	Jacaranda	Piper	Stenandrium
Columnea	Lycaste	Polyscias	Stromanthe
Cordyline	Maranta	Polystichum	Tillandsia
Cryptanthus	Medinilla	Pseuderanthemum	Tradescantia
Cyrtomium	Microlepia	Pteris	Vriesea
Dionaea	Neoregelia	Rechsteineria	Washingtonia
Dipladenia	Nephrolepis	Saintpaulia	Zantedeschia
Fittonia	Nertera	Scindapsus	Zebrina
Fuchsia	Nidularium	Scirpus	

Mäßige Luftfeuchtigkeit

Abutilon	Cytisus	Lantana	Plumbago
Aechmea	Dipteracanthus	Laurus	Primula
Ageratum	Dizygotheca	Lilium	Punica
Aglaonema	Dracaena	Liriope	Rhipsalidopsis
Anthurium	Duchesnea	Microcoelum	Rhoeo
Araucaria	Epiphyllum	Mimosa	Rhoicissus
Asparagus	Euphorbia	Monstera	Rochea
Asplenium	pulcherrima	Myrtus	Saxifraga
Azalea	Exacum	Narcissus	Schefflera
Beloperone	× Fatshedera	Neoporteria	Senecio
Bougainvillea	Fatsia	Ophiopogon	Setcreasea
Browallia	Gardenia	Oplismenus	Sinningia
Brunfelsia	Grevillea	Oxalis	Skimmia
Caladium	Gynura	Pachystachys	Solanum
Calceolaria	Haemanthus	Pandanus	Stenotaphrum
Camellia	Hibiscus	Paphiopedilum	Stephanotis
Canna	Hippeastrum	Passiflora	Strelitzia
Carex	Homocladium	Pavonia	Streptocarpus
Cathranthus	Howeia	Pellaea	Syngonium
Chamaedorea	Hyacinthus	Pereskia	Tetrastigma
Cissus	Hydrangea	Persea	Thunbergia
Citrus	Impatiens	Philodendron	Tolmiea
Cleyera	Ipomoea	Phoenix	Torenia
Codiaeum	Iresine	Pilea	Tulipa
Coleus	Jacobinia	Pisonia	Vallota
Cuphea	Lachenalia	Pittosporum	

Niedrige Luftfeuchtigkeit

Aeonium	Cotyledon	Gasteria	Pachypodium
Agave	Crassula	Gymnocalcium	Parodia
Aloe	Echeveria	Hamatocactus	Platycerium
Ampelopsis	Echinocactus	Lampranthus	Pseudomammillaria
Aporocactus	Echinopsis	Lithops	Rhaphidophora
Astrophytum	Espostoa	Lobivia	Sedum
Cereus	Euphorbia milii	Nerium	Sempervivum
Ceropegia	Euphorbia-Sukkulenten	Opuntia	Stapelia
Clivia	Faucaria	Pachyphytum	Yucca

Erdmischung

Die Zimmerpflanzen wachsen am besten in der Erdmischung, die der des natürlichen Standortes entspricht oder zumindest nahekommt. Im Hinblick auf das unterschiedliche Kalk- bzw. Säurebedürfnis der Pflanzen, wird nachstehend eine geeignete Übersicht gegeben. Im übrigen wird hinsichtlich der Erdmischungen auf S. 10 verwiesen. Pflanzen mit dem Bedürfnis für ganz spezielle Erdmischungen, wie z. B. Anthurien, Bromelien, Orchideen oder Kakteen, sind hier nicht aufgeführt. Die diesbezüglichen Angaben stehen in den Pflanzenbeschreibungen.

Kalkhaltige Erdmischung

Abutilon	Felicia	Oxalis	Sempervivum
Agave	Gasteria	Passiflora	Senecio
Asparagus	Grevillea	Pittosporum	Solanum
Capsicum	Hedera	Plumbago	Stenotaphrum
Catharanthus	Homocladium	Polyscias	Strelitzia
Cissus	Howeia	Rhoicissus	Torenia
Clerodendrum	Jacobinia	Rochea	Washingtonia
Crocus	Jasminum	Sansevieria	Yucca
Cyperus	Lachenalia	Schefflera	Zantedeschia
Cytisus	Lithops	Scirpus	
Euphorbia	Mimosa		
Faucaria	Nerium		

Neutrale Erdmischung

Ageratum	Exacum	Pandanus	Scindapsus
Ananas	Gynura	Philodendron	Smithiantha
Billbergia	Hebe	Phlebodium	Stenandrium
Bougainvillea	Impatiens	Phoenix	Stephanotis
Calceolaria	Ipomoea	Pilea	Streptocarpus
Canna	Laurus	Plectranthus	Syngonium
Chlorophytum	Liriope	Polystichum	Tetrastigma
Cleyera	Maranta	Pseuderanthemum	Thunbergia
Coleus	Microcoelum	Rhaphidophora	Tolmiea
Cordyline	Monstera	Rhipsalidopsis	Tradescantia
Dizygotheca	Narcissus	Rhoeo	Zebrina
Duchesnea	Pachystachys	Rosa	

Saure Erdmischung

Achimenes	Cotyledon	Hypocyrta	Piper
Adiantum	Ctenanthe	Hypoestes	Saintpaulia
Araucaria	Dionaea	Jacaranda	Skimmia
Azalea	Erica	Microlepia	Sonerila
Callistemon	Guzmania	Notocactus	Spathiphyllum
Camellia	Hoya	Pellaea	

Register